# 當號角響起

一九四九年的這些人，那些事

（國民政府播遷來台70週年紀念版）

**流離的痛、歸鄉的夢，**

**一切，都在時代激起的巨浪中，破碎、消亡。**

揭破家族逐漸癒合的傷疤，

窺見大時代烽火煙塵下生命的掙扎，

台灣、日本、中國，耗盡一生，演繹一首無法被遺忘的歷史變奏。

陸蒂 著

# 目錄

# 緣起

[1]這是本記念我父母的書，他們在世時，局勢的關係，很多事情是不能討論的，我以前沒想過自己父母的一生與時代有何牽連，因為他們似乎刻意活的沉默低調。不論是母親的出生地台灣台南市，或父親的故鄉四川[2]地廟鎮縣，他們都顯少和我們提到他倆家鄉的事。

他們在世時，除了外公來過一次家裡（姊姊說的，我當時尚未出世），小舅來過兩三次，就再也沒有任何親戚到過我們家。父母也很少向我們提及他們的親戚。不像他人的父母那般有許多親戚。

小時候，我覺得自己的家庭似乎沒有過去，像是從宇宙中突然迸出一般，我小時對父母的身事並不清楚。因為當時是白色恐怖的戒嚴時期，國民黨很多黨員都因無故的奇怪理由入獄或遭槍斃，大人們怕我們小孩子口不擇言的把在家聽到的事亂說出去，招災惹禍，因此盡量不向我們提起舊事，後來，更不輕易讓我們與村子外的人互動，省得遇到匪諜或有心人士。

1 本書為真人真事之記述，但為尊重作者親族之隱私，全書人名大多為化名，部分地名亦同。

2 為尊重作者親族之隱私，此處為化名。

長大後，透過知識的擷取、生活經驗的歷練、政治上的解禁，從他們所遺留的文件上拼湊，許多從前我不明白、不諒解的事情才有了答案，得到釋懷。只是，此時物換星移，人事已非，難免空留遺憾。

我是家中的老么，與父親的緣分不多，我十一歲時，父親突然中風，他便如鴻毛般無聲的從我的生命中消失了，由於他那軍人的性格與嚴格管教的方式，他剛走的當下，我那失怙的痛，竟壓不住一種解放與掙脫的竊喜，我大膽地向禮教嚴謹的家人陳述我的感受時，沒人敢多說話，但他們也沒有反駁我的言語。

我們都摯愛著父母親，也看見他們一生辛勞的為家庭奔波。只是，在那個當下，我們沒有足夠的知識與智慧去諒解他們，他也沒有能力掙脫命運對他的羈絆，沒有人太刻意去回憶他，甚至下意識的想忘掉他。因此，他又靜靜的在善導寺靈骨塔內，等候了三十五個年頭。

待我們也邁入中年，受了生活的洗練，知識的增長，與加上時間也與童年有了些距離，才有勇氣回憶；偶然的機會，我翻閱他所遺留的家書，知道父親的遺願是回鄉，於是開始延續他當年的尋尋覓覓。歷經十年的努力，終於和他在四川的家人取得連繫。

由他們的口述，赫然發現，像父親那樣的鐵人，竟也是有血有淚的一個個體。頓時之間，對他回憶的一舉一動，我都覺得痛；他如孤鴻般隻身在天地間盤旋，企圖尋找那回鄉的路。現在的我很想對他說，為什麼你當時都不說話，為什麼讓我們誤會你一生一世？也就是這樣矛盾的因素，讓我原先計畫用半年來替父母親做傳，結果掙扎了五、六年。我無法決定自己該用何種態度面對此事，如何忠實勇敢的面對自己對父母的情感。

我的母親，是個完美主義者，在情感上，一輩子都自囚在尋夢園裡，如浮雲般的擺盪在虛實之間，錯失了她身邊所有的美好；但在生活上，她是個勇者，有著唐吉訶德的傻勁，再顛簸的路，她都會堅持穿著那雙高跟鞋，忍著腳痛，努力平衡著，如淑女般的走過。

而我的父親，一生都在戰爭中渡過，他的性格深受影響。年少的他為了讓家庭走出貧困，國家走出衰敗，不顧艱難的遠走他鄉。戰敗後，故鄉家破人亡，兄妹四散，他看著自己留學救國的理想幻滅，流亡他鄉，困坐籠中，遇見他一生中最美好也最心痛的事——和我母親結婚。

母親受日本殖民教育長大，對日本有著愛恨集一身的矛盾情結，她與父親的共同夢想，就是移民日本；父親希望能因此與在大陸的親友自由的連繫，找出一條歸鄉之路，母親則是希望回到她心理上的故鄉——他們兩人都認為台灣是個沒有退路的戰場，要移民才有活路——但這樣一個求生存的夢想，卻銷蝕了他們的婚姻，也斷了他們的歸鄉之路。

由於他們在戰爭中，似乎都曾經參與過某種地下工作，戰後一直活在這樣的陰影中，對政治上的恐懼，使他們很少向我們這些子女提到他們的過去。當時，他們對我而言，只是一對不完美的父母，我深愛著他們，卻對他們難以真正了解。對他們的許多不解與迷惑，我從未想到會被解開。

父親去世後，母親與她青梅竹馬的日籍男友再度交往，但她一個人在那看似絢爛卻虛幻的情感中，踽踽獨行，終究未能再嫁。二〇〇四年，母親去世後，我才有機會見到一些父母當年的文件與書信；詳細閱讀後，才發現自己的父母，其實也是人，不是神，他們有難忍的七情六慾，也有血脈賁張的赤子之情。因為這些書信，我循線找到了與父親失散近七十年的姑姑們。

二〇一一年，我帶著父親的骨灰和家書回四川，與他的妹妹們見面，和他們深談；在他們幫助之下，我回到從前，將父親的事蹟如拼圖般湊起，然後才豁然了解，為何父親會如此沉默隱忍。但湊起的拼圖卻讓現今兩岸的家人之間，產生了無奈的尷尬——就如同我父母的婚姻，對我們這些在台灣的外省人的第二代所產生的尷尬一樣無奈。

# 第一章

# 人世幾歡哀，西岸綠蔭少

## 父親的童年

一九一二年，四川正式成為中華民國的一個省，當時的四川，曾有短暫的獨立，但就如那些[1]香蕉國家一樣，山頭主義橫行。就在四川陷入長達二十一年的軍閥混戰時期，民國十三年，四川省的一個小鎮裡，父親登上他人生的舞臺……

父親的家族是這個小鎮上殷實的大地主，一大片無邊的丘壑，本都是家族之地。我四川的曾祖父，是個勤簡的商人，從賣童玩的走販起家；他自己作了一個草掛架，手製一些童玩，靠一個靈活的商務手腕和一雙努力不懈的腳走販，翻山過水的沿村兜售。勤奮大半生，從兩袖清風走到家財萬貫，他終於攢錢，買地，又娶二房，做了個老來富貴榮華的大地主；他在四川蓉城（成都）

1 香蕉國家（Banana Republic），是指經濟體系通常是單一經濟作物如香蕉、可哥、咖啡等，擁有不民主或不穩定的政府。

的[2]罩子街，起了個大樓，並在城外買了大片土地，再將土地租給佃農，從此就靠收租過活，以為就此可以讓他的兒子們好好讀書，不愁吃穿。

白手起家的曾祖父，正房無子，遂娶二房，生下五子。各個接受良好的教育，我的大伯公，生在富貴之家，個性剛強，後來從軍，做了國民黨的要員。但他作事獨斷，么姑向我回憶起大伯公時，說他長得和中年的魯迅神似。我搖頭表示只知其人、不知其貌，姑媽只好放棄形容。

而老二正是我爺爺，他自學成醫，雖好施善行醫，經年無償的四處替鄉親醫病，廣受地方父老的尊敬，卻也是個牛脾氣，對自己的家庭非常嚴格；他謹尊八股教條，妻兒動輒得咎，別說我奶奶，姑姑們也常被打，就連他最疼愛的獨子——我的父親——都會因一些小事，被祖父親自帶到家族的宗祠去，受家法的鞭笞。祖父定的家規非常嚴格，那鞭條打下去可會皮開肉綻的，我父親好幾度被打得雙腳許久都無法站立，七十多年後的如今，我么姑姑回憶起我父親在宗祠被打的那光景時，還倒吸了一口氣；但偏偏我父親也不是省油的燈，總是沒兩下就又和祖父對上了。他個性是越打越牛，也埋下和祖父決裂的種子。

2 為尊重作者親族之隱私，此處為化名。

至於老三（我父親稱其為三爸），我么姑沒多說，倒是三媽這房親戚，後來與外戚一起倒了我父親的帳。而老四（四爸），我么姑說他娶妻後無子僅一女，又分到一部分家產，於是夫妻兩人活的像[3]頂客族般從容。老五則英年早逝。

我父親有五個妹妹，他是獨子，自然是家中的小皇帝。小時候，他上城裡的私塾去讀書，都是由家中的長工，用竹籃子一路背著去的；沒幾年後，祖父輩的分家，我祖父這房就被分到一個依山傍水的大宅子，一個小山谷，面向河灣，那長工一樣翻山越嶺的背父親去上私塾。等他再大些時，就改用兩人抬的[4]滑竿兒抬去學校。當時，成都市區學校都有平權教育了，但鄉下的民智未開，風俗舊陋，女性地位低下，祖父母准許我父親使喚妹妹們，姑姑們回憶時都說，他們小時候很敬畏我父親，因為只有他可以和老爺子（我祖父）平起平坐的槓上兩句而不被打。

當我祖父四兄弟尚未分家，還住在成都城內的罩子街大戶時，父親和我大伯父是一個院子裡最親近的好兄弟，因為當時還沒有其他的男娃出世，剩下一堆女娃又沒得玩。

3　頂客族，DINK（Double Income No Kids）的音譯，代表雙薪水、無子女的家庭。

4　滑竿兒，四川山區的一種交通工具，用兩條竹竿和一個竹椅搭造而成。

後來祖父輩兄弟分家後，我祖父這一房分到靠水的大灣，因為祖母就是大灣當地世家的大姑娘，於是祖父便分到那附近的一大片田地，和一棟氣宇不凡的三進式四合院大宅，是依山望水的磐龍處，在第三進的後院中，有兩株高大的樺楊樹，各踞一角，樹幹有一個大男人手圍起來這麼粗。

大宅位於山坡上，下方有一土方空地，左右兩方各有一排房，土方右邊是倉庫，儲藏佃農繳納的作物；左邊則是馬房，內有祖父懸壺行醫時用的白馬一匹，當時四川土匪為患，[5]袍哥子特多，為防盜匪強搶糧倉，祖父因此特別在馬房的屋樑上，暗藏有一把關刀，保家護身，以備不時之需，卻不知後來因此惹來殺身之禍。

民國成立後，土匪沒少些，卻又冒出一堆軍閥混戰，弄到四川各地民不聊生，即便是大地主，也活得如難民一般狼狽，父親約十歲時，蔣介石先生入四川平天下，當時家鄉的人本以為苦難終於過去，殊不知災禍才剛要開始。

一九三七年父親（十三歲）家鄉的一場旱災，由於國民政府忙著打仗，無力處理災情，以至餓骨四處，饑民流竄，死傷數百萬，造成社會動亂。父親家鄉的田地，寸草不生，佃農無法繳交糧作，好在祖父家中存糧有餘，才能安然

5 袍哥會，也被稱為哥老會，是清末民初四川附近盛行的民間幫會。

度過。父親曾在無意間，向我們提起他幼年時家鄉鬧旱災，遍地伏屍，當樹皮都被人啃光時，大夥兒掘地三尺，挖出樹根來吃；當樹根也被吃完後，就只好挖泥巴來吃。

生在富足台灣的我們，實在無法想像那個畫面。父親用他的人生經驗來警惕我們，要我們惜福知足，因為當時我們桌上的晚餐，除了公家配的白米飯，就只有一盤媽媽的創意快炒——醬汁西瓜皮丁——那西瓜皮是她從黃昏市集上撿來的，我們都很害怕吃它。當時，我們以為爸爸說的這段家鄉事，是唬我們吃飯的鬼扯蛋，直到父親去世的三十五年後，我一次無意的網上瀏覽，突然看到某一個談歷史的網站談到民國二十六年四川大旱災的景象和照片，那還真如父親所描述的人間地獄一樣恐怖，才知道他真的經歷了那慘絕人寰的大饑荒。

當年那場旱災過後，接著又有國民政府低價強行徵購穀糧。幾年下來，祖父家業虧損連年，老一輩的憂心忡忡，晚一輩的各作盤算，父親的大家族中，氣氛詭譎，和睦不再。

在那個災禍連年的時代，中國經苦難了一世紀。一個垂垂老矣，走入死胡同的文化，在面臨新世紀的來臨時，亂了陣腳；再生文化的陣痛期，不斷的拉長，成了近代所有華人的共業。

祖父知識淵博，卻非常八股，擺脫不了禮教犬儒的教條思考，他對父親的期待，只是承傳家業，明哲保身罷了，國共內戰期間，更以為可以偏安江南，並不希望父親志在四方，他對大時代的到來，不願面對，終至讓自己的家庭分崩離悉，子女流浪他鄉。

父親家庭是書香世家，既便是那樣艱難的條件下，祖母仍堅持不論男女，都要繼續升學，由於鄉下沒有像樣的學校，姑姑們都得到離家至少有三天以上腳程的地方去上學，因此被迫住校。

要女孩子們去上學，是祖母的堅持，對於身處封建環境下的祖母，卻有這樣的先進的男女平權觀念，讓我非常驚訝與感動，當然，姑姑們也沒有負祖母的期望。

# 第二章

# 映月相對井中來

## 母親的童年

母親大約是在我父親從竹籃換成滑竿兒被抬著去上學堂時，在台灣出生的。那時候還是[1]日據時代，我長大後，她偶有向我訴說她的童年及往事，有些事，我後來甚至懷疑父親從來都不知道。她是個謎樣的女人，這可能與她的出生有很大的關係。她曾描述當年她台南老家朱門酒肉臭的風光，老宅就在赤崁樓附近，祖先施琅，是鄭成功的軍師；她自許是大戶人家出生，但我從小就鮮少聽她談台南老家的事，她說，因為她和父親是私奔的，不受祝福，所以才與老家少有連絡。

1 台灣日據時期約為一八九五年至一九四五年間，自《馬關條約》至二次世界大戰而止。

母親的命就沒父親好，在那重男輕女的時代裡，外公基於兄弟義氣，受人招贅，娶了友人（同為招贅）的寡婦祖母作二房，立誓要替友人完成遺願，為對方妻家生個兒子，留個香火；無奈寡婦外婆肚子不爭氣，只生下我媽這個女娃兒，當時甚至被失望的外婆親手丟下後院的井裡。我母親在年邁壽終前，談到那一段過去，她都還會怨忿無奈的流淚嘆氣，然後立刻眼睛一亮的提起她的養母。

她說算是老天對她的補償，在母親府城家鄉大宅的旁邊有一棟獨戶的洋房，洋房是由府城當地的日本警察局長承租下來，用來作他日籍的姨太太金屋藏嬌的閣樓。一天深夜，雲淡風輕，那孤獨的戰國夫人，正在二樓小陽臺上對月獨酌，醉眼矇矓之際，見到鄰居偷偷摸摸的將一包東西扔下井，等那人走後，她搖搖晃晃的來到井邊一探究竟，當見到井中的嬰兒驚恐無聲的浮游時，這才醒來，費盡力氣的把我母親從井裡撈了出來。就這樣，我母親幼兒時，都是由這日籍養母帶大的。

養母待她如己出，她也以為那是她親媽，但她總覺得奇怪，她所稱的父親大人，不常來，既便來了，奶媽也會把她帶開，她印象中，那養父總是筆直英挺的出現在門口，養母總會殷切嬌巧的上前迎接，然後一起消失在她眼前；她試著學她養母一樣的向養父撒嬌，卻從未抓住過養父的眼神。直到她將入小學前，她的日籍養父被調往大陸關東地區，這位日籍養母，才把當時還自以為是日本人的母親，親手送回生父家認祖歸宗，而母親這才發現原來自己不是日本人。她沒想到自己竟會被送給那個以前常被養母偷偷咒罵的鄰居土紳，而這人居然又是自己的親生父親。

二房外婆是個獨生女，與外公婚後生了三個子女。外公的大房不詳，但外公入贅時，一併帶來大房所生的五個孩子：大房的大兒子，後來在日本軍部當隊長，在中日戰爭中陣亡；二兒子身材高挑，像貌酷似歐洲人，才氣縱橫，書畫詩詞俱佳，當大舅作戰身亡，日本軍方為其舉辦追悼儀式時，高級將領皆來悼念，大媽的二兒子為兄提詩一首，為其輓聯，一位日軍首長拜讀後，大為感動，當眾詢問提詩者為何人。

母親與她大媽的二兒子無所不談，在當年台灣進行全面皇民化的當下，他也自願從軍，當了軍官，外祖父家中，因而大受地方上的尊敬；當母親拿他當年從軍的相片給我看時，我有些傻眼，那黑白照片中，有一個明明就是西方臉孔的歐洲人，穿著皇軍制服，驕傲的一手護著軍刀，一手自然下垂，在椰子樹下，站得筆挺，笑得燦爛，媽媽說他是捲毛的，因為大媽有山地血統。結果，他後來也死在南洋戰役上，這對母親打擊很大。

至於外公，他貪杯又好賭博，脾氣暴躁，常鬧脾氣而對家人暴力相向，家裡的大大小小都怕他。媽媽曾向我形容外祖父家暴的場面，說他有一回心情不好時酗酒，大媽的三兒子當時才十二、三歲，就這麼不湊巧地出現在外祖父面前，他老人家一個不爽，舉起飛腿就往那孩子的胸前踹去，她那同父異母的三哥滾個老遠，攤在地上喘著，咬著牙，不敢哭出聲；媽媽的親二弟（我大舅）向前去扶他，也被追上來的外公給補了一腳，最後，是我媽媽跑去扶起弟弟們，外公看她出現，才收住脾氣，轉身走掉。後來外公酒意稍退，心生歉疚，拿著大把錢想去安慰他，忿忿的將錢丟在地上；不過，為時以晚，那孩子怎能撐過那一踹，當晚就過世了。

就這樣，大媽的三個兒子全死了，只剩兩個女兒，後來一位嫁到高雄的漁港邊作討海人的媳婦，一位則嫁到台南府城外。母親和她在高雄的同父異母的姊姊感情很好，婚後與父親吵架時，母親偶而會帶我和妹妹到她家的漁船上談心；而母親卻和自己那個同母的親姊姊感情並不好，她在家中常和親大姊爭寵，常說外婆非常疼愛大姊，將她照顧的無微不至，使得大姊在生活上處處依賴外婆，後來外婆自殺，那弱不禁風的大姊，無人呵護，不久也病死了。從此，母親得寵於一身，脾氣因而更任性了，她有兩個同母的弟弟，大弟從父姓，二弟從母姓（那是外祖母的娘家姓，是外祖父母婚姻的目的）。

母親說，外公因為將她扔下井一事，對她懷有愧疚，加上她當時舉止很日本，更有個日籍警長的養父母作靠山（雖說他們離開後從此音訊全無），崇日的外公很寵她，很少對她說重話，更別提打她了。

外公好大喜功，在那備戰的時代裡，人們省吃儉用，連三餐都要用配給票才能得到；可是不知外公是如何獲得大量食物的，他時時在自家後院辦桌擺流水席，粥賑鄰里，攏絡鄉紳，母親回憶起那情形時，嘴裡雖諸多埋怨，但聽得出她的炫耀心理。

母親說，養母後來幫助她去日本本島讀書，在明治小學及明治女子高校讀過一段時間，大約是這個時期，她遇到她兒時的玩伴岸原先生與小林先生、成田先生。岸原的父親是廟裡的和尚，他原先被寄望能繼承衣缽，戰後，他上了日本大學的建築系，畢業後，作了一兩年的和尚後便還俗開建築公司，後來又轉行在橫浜的中華街創建一家頗賦盛名的中國餐館。情緣天定，母親去日本打工後一年，遇見了他，之後便跳槽到他的餐廳作領班。在父親走後，他逐漸成為我母親後半生的祕密情人。

母親在約十四、五歲時，回到台南老家，轉讀台南商職，母親又認識了她一生的好友——藤子阿姨，藤子是個非常傳統的日本女性，她很年輕時就嫁給一位楊姓的台籍日軍，結果，楊姓日軍在作戰中斷了左腿，被迫退伍回台；而這時又恰好遇到日本宣布戰敗，他還來不及受到日本政府撫卹，日軍就撤台，半殘的棄兵在台生活非常辛苦，貧賤夫妻的生活，問題很多，於是母親便成為藤子精神和實質生活上的依靠。而在母親和父親結婚後，藤子也成為母親精神上的某種依賴，她們是一對同生死共患難的異國姊妹淘。

母親曾對我說，她家族是清朝水師施琅的後代，是官宦人家，所以早些時候我一直以為父親家族是四川世代書香的大地主，母親家族又是台南望族，自己儼然就是貴族菁英之後，因此自我感覺良好。直到上了國中後，本以為自己系出名門，但同學卻說我是海盜的後裔，而且居然連歷史課本都有寫，我只好認了。

不過後來在母親臨終前，我們全部的子女帶她回娘家探望舅舅，坐四望五的我，才從大舅那兒知道，外祖母家雖是府城當地富有的好野人，卻是幫派角頭，是當年台南檳榔走私的大盤商，祖父母的結合，只是黑道上的結盟安排；不過人算不如天算，原本一場精心的設計，卻被浮華貪杯的外公把整個幫派給敗掉了……這不知是不是件好事。我這大半輩子原是活在貴氣逼人的宇宙無敵中，突然間，卻聞到自己血液中陣陣的土腥草莽味，我於是驚訝的跑去告訴母親我的發現，沒想到惹得她大發脾氣，近七十三歲的她，涕淚滿面，哭得像個掉了娃娃的小女孩，她氣我為何要去追問這些往事；我又愧疚又難過，不論是真是假，她盡力為我們子女刻劃了一個美麗新世界，想不到卻在她人生的盡頭，被我給無意間戳破。眾人原是想安排一趟美好的家族聚會，卻想不到因此惹她傷痛，兄姊們都被我給氣炸了。

# 第三章

# 更山鬼吹燈嘯，驚倒世間兒女

## 父親的少年

一九三八年十一月八日，日本軍機十八架首次空襲成都，死傷無數。那時我父親人在四川省立中學，常躲防空洞，看盡了生生死死，心裡對生活產生很大的懷疑；見到自己的家園遍地烽火，流寇土匪亂竄，內憂外患，連家族內對時局的看法都相互傾軋，半左半右加犬儒，團結不起來，他胸中怒火無數、義憤填膺，深覺這庸庸祿祿的人們，隨生隨死，似乎無法掌握自己的命運；於是他不禁要問，是否自己能跳開這樣的命運，要用什麼力量？

這種生活背景的壓力，使他對自己的存在有了好奇，因而對當時的新興科學——哲學，有了興趣，他重新省思：父死子繼般的承傳非他所願，他看就自己的將來，要自己去闖，寧做流亡他鄉的戰士，也不作鑾駕上的傀儡。

於是，少年的他，開始勸我祖父離開鄉下那安於貧困的故居，到城裡加入大時代，為生活找出路；但習慣了舊社會的祖父，哪肯遠離家鄉祖業。其實，當時雖美其名為地主，但民國後，大部分的莊稼收穫都叫國軍強行徵收了，要不就是讓山賊給盜走，可憐佃農擠不出幾粒穀子繳納給地主，即使是大地主也活得淒慘，每餐，大地主的桌上也不過幾個醬油碟，裝幾顆花生、些許野菜，就打發了一餐，生活清苦。但祖父卻怎麼也不肯遷家入城內求發展，就這樣，他父子倆常起爭執。我父親年紀越大，就鬧得越兇，弄得他的母親常常帶著姑姑們，逃去娘家或到親友家流浪。

此時的四川，身為大後方，全民抗戰。祖父的大哥，人稱虎霸（我的大伯公）是個老國民黨，他鼓勵兒子樹恩（我父親的堂哥，我的大伯父）參加國民黨組的[1]三青團；樹恩在黨內表現良好，當上了當地鄉長的位子，公務繁忙到常坐滑竿過家門而不入，在那鄉下地方好不威風。他是父親從小一起長大的哥倆好，在祖父輩尚未分家時，在成都的罩子街大宅內，一起渡過童年。父親看見他的發展，深受影響，於是後來也加入了國民黨。

1 三民主義青年團，簡稱三青團，是由國民黨所領導的青年組織。一九三八年於武昌成立，首任團長蔣中正。一九四七年因捲入二二八事件導致解散，後併入國民黨。

父親自四川省中畢業後，自覺生為長子，有責任改變家道中落的命運，他試著說服祖父，賣掉一小塊土地，籌錢讓他到城裡做生意；祖父被他鬧得沒法子，便依他行事，把一小塊農地賣給了一個辛苦大半生的佃農——不過那倒楣的佃農才當了幾年小小地主，四十九年年底，就被共產黨因地主身分，頭掛示牌，打斷雙腿，拖到街上給折騰死了。

高中畢業後的父親，才十八歲，以長男的身分，拿了賣地來的錢，帶著全家老小到地廟鎮上租了個兩層樓的店面。他和三媽（祖父的弟媳）及徐姓的遠房外戚合夥，在一樓開鞋店；店面後邊，過了中庭有間後廂房，祖母和三姑都住在那兒，二樓靠街面的房間則為我父親的房間，後邊還有幾個廂房則讓姑姑們住。我祖父死守舊家園，怎麼也不願跟著搬來鎮上住，寧願一個人住在大灣的老宅，只有偶而到鎮上行醫時，才會順道來看看家人。

父親鞋店生意還不錯，他白天忙著進出貨，招呼客人，晚上還得挑燈夜戰，準備考大學。我一想到他當年，也不過是個高中剛畢業的小夥子，就得以長子身分，帶著全家老小出鄉找前途生計，還得應付大學入學考試，就覺得他野心勃勃，不可思議。

么姑在後來回憶時，還甜美的回憶道，當時，父親白天在店裡努力工作，晚上夜夜苦讀，有一陣子，每到子夜，街頭會出現賣湯圓的小販，挑著擔子，深夜叫賣；在二樓讀書的父親聽到叫賣，便會把竹籃綁上細繩，將空碗和錢放入後，由視窗緩降到一樓街上，小販便會很有默契的將錢收下，端上湯圓於籃中，再向父親揮手致意，父親收線，拿到湯圓後，就會向後廂房輕聲叫著：「丫頭們，睡了沒……」姑姑們不論睡得多熟，都會跳起來，就為了那一口甜湯，外加一顆湯圓，因為在那艱辛的日子裡，吃甜食是難得的事。講到這兒，年邁的么姑擦去嘴角的口水，邊笑邊流淚的說：「你爸爸是很愛我們的……」

一九四五——民國三十二年九月，二十歲的父親，如願考上當時流亡四川的南京金陵大學文學院哲學心理系；金陵大學是美國[2]美以美會在中國創辦的教會大學，因對日抗戰，遷至四川成都華西壩，和其他流亡學校一起，借駐在當時的華西協合大學校區辦學。

我父親考上了那貴族學校後，便無法再開鞋店，遠戚徐姓合夥人見父親急於將店脫手，便與其母親共同設計父親，倒了鞋店的帳，共三萬三千法幣——在當年，那是筆大數字——由於這筆開店錢是向祖父賣地借的，結束營業後理

2　美以美會（The Methodist Episcopal Church）是一七八四年到一九三九年間的一個基督教教派，該會屬於新教中較大的宗派——衛斯理宗。

應還錢於祖父，剩餘的則須用來支付學費，因此父親急著要求徐先生還款，但對方托辭無現款給付，改以借條暫代，且要等日後再無息的還予父親；最後父親基於對方的母親是族裡的長輩，加上祖母相勸，只好暫時答應他的請求。

於是，父親要花大錢到省城讀大學之事，後來就成了家族反目成仇的導火線之一，因為那意味著要從家族共業中，提領大筆款項來支助父親求學；因此，除了他的母親和妹妹們，其他族人全都反對。後來，父親不顧祖父的反對，拿著所剩無幾的生意錢和他娘的私房錢，硬也去上了大學，但才上了半學期，就因對日抗戰，學校學潮不斷，一回，他在聽了蔣介石於四川大學所作的演講後，便康慨激昂的投筆從戎去當青年軍了。

## 母親的少年

而我的台籍母親也在這一年，由日本明治女子高等科二年級轉回台灣的台南商職，大約此時，她最親近的二哥（大媽的二兒子），與美軍在南洋的叢林遭遇戰中陣亡，屍骨無存，只由同袍寄回了一些個人遺物，令她心碎不已。但家中為此受到日軍長官的慰問，由於家中兩男都為日本天皇而死，深受地方上的敬重，外公感到與有榮焉。而母親自己也知道，自己從一個被父親丟入井中的棄嬰，到如今變成父親的掌上明珠，其實也是因為她有著日本養父母的關係，因此，對日本，她有恩同再造的依戀。

此時，日本在大東亞的戰況吃緊，隨著戰場的擴大，對軍夫的須求量大增，因此也要求殖民地的人民加入軍隊。為加強殖民地軍夫的忠誠度，日本不斷地在台灣島內擴大、深化[3]皇民化運動，母親的學校，每天朝會都會有為天皇效忠的宣示及精神喊話。

同年，美軍B-29轟炸機對台實行全島大轟炸，每天來兩、三次，被報警報的台灣人稱為「定期班機」。母親曾描述當時她自己的經歷，她說當時某日的一個下午，一切都很平靜，一如往常，卻怎麼也沒想到戰爭就這麼突然地在自家門前開打。

在拉警報後，老師帶所有同學迅速而有序的進入防空洞，就像平時演習一樣。接下來就聽到外面隆隆作響，黑漆中，只聽到老師叫大家用手按緊耳朵，嘴巴盡量張大；大家開始害怕起來，沒想到這次是真的！剛開始，女學生們在洞內還算鎮靜，不知過多久後，突然一聲轟隆巨響，前方的洞口被爆開，人肉

3　皇民化運動，即日本化運動。是日本對本國少數民族以及殖民地所實施的同化政策，範圍包括朝鮮、琉球、台灣與滿洲等地。自一九三六年日本確定南進政策開始，大東亞戰爭造成國力劇烈消耗，因而開始了對台的皇民化運動，要求台灣人說國語（日語）、穿和服、住日式房子、改信日本神道教、每日向日本天皇的居所膜拜、改日本姓名。一九四二年後，日本在台灣陸續實施陸軍、海軍特別志願兵制度，並於一九四五年全面實施徵兵制，凡上戰場替軍隊勞動的人，其家可貼上「榮譽之家」的字樣。

夾著石塊橫飛，塵土在刺眼的天光間飛揚，所有的同學驚嚇的狂叫，並拚命的向防空洞的後面擠去，許多人因而被踩擠受傷。母親拉著嚇得癱軟的同學，躲在血淋淋的壁邊，才免去被踩的命運。但她後來才發現，那同學不知怎麼的，已經沒有了氣。

她在我童年時，還有著那種對生命無常的恐懼，時常告戒我們要重視防空演習，並不斷提醒我們，萬一發生空襲，要如何如何的應變，要背好父母的名字，並一定要帶著祖先的神祖牌、身分證和畢業證書這三樣東西逃難，她還特別把全家的證件包好，放在神祖牌的祭壇上，以備萬一。

我那謎樣的媽，始終不肯多說她的青少年是怎麼過的，從後來生活上片斷的談話中隱約知道，她在台南商職畢業後，大約是到郵局去工作；我記得小時候她常提醒父親，寫家書時要如何避開特務的檢查——因為她在郵局的工作，就是信件檢查員。

與父親結婚後，她知道父親非常思念大陸的家人，為此，她還特地替父親跑了趟日本，在橫浜找了親戚做轉信站，父親借著此一安排，終於才能順利的與他四川老家連絡上。在當時，現役軍人與大陸連絡是「通敵罪」，台海兩岸皆是，讀一頁家書，兩岸親友都得冒著生命的危險；因此，每次家中有日本方面轉來的家鄉信，媽媽都習慣先檢查信封各個角落，確定此信沒有在送信的途中被拆過，檢查完後她才讓爸拆信。爸爸似乎很信任她的專業。我還記得他們夫妻兩擠著頭，在小茶几前，媽媽靈巧的一手壓信封口，一手拿拆信刀像切魚片一般，把信封俐落無痕的打開，父親看得目瞪口呆。

## 父母的相遇

在台灣的母親，求學倒是順遂，她在大戰中把學業勉強讀完，拿到了台南商職文憑，民國三十四年八月十四日，二戰終於結束，日本戰敗，無條件投降，台灣由中華民國政府接收。那時剛畢業的母親，於是對中國產生好奇，不顧外公的阻止，決定和幾個朋友到中國旅行；她們由沿岸省份一路玩到東北，看完了關東軍的舊占領區後，便直奔四川，想一探祖國的作戰總部——大後方長得是什麼樣。

我只記得父母大約說過他們彼此認識是在大陸，但從未提過細節。父母走後，二〇一〇年，我去台南看我大舅媽，她在話當年時才告訴我，我母親當年去大陸玩時，在成都的某一地，見到一個大宅邸，張燈結彩，豪門大開，一大串人龍排隊進入，每人手上都包著禮物，穿戴整齊，一旁還有許多村民圍觀；我母親和她朋友很好奇，也湊上前去看個究竟，原來那是我父親的祖母過大壽，子孫們正在獻禮。當時她看到父親也在列中，一身長袍馬掛、英俊挺拔，好奇的多看了兩眼，於是就這樣展開一段姻緣，那年她十七歲，父親已二十三歲；至於後來怎麼發展，似乎曾有一段中斷的序曲，但在那個保守的年代裡，我們不敢多問父母間的愛情故事，只知最後因為父親來台後，曾在台南的砲兵學校服役，距離我母親的祖宅很近，才又有了聯絡。

第四章

# 鴻鵠高舉，天地睹方圓

## 白馬出關

一九四六年抗戰勝利後不久，政府頒布復員令，青年軍受國家鼓勵，回校就讀，根據二〇一〇年我與四川家族耆老探尋的結果，這位當地的歷史學家兼國家圖書館館長告訴我，當時，父親考上日本留學官考，原本想出國留日，但在回家找祖父商量希望獲得祖父的諒解與支助時，原本好不容易平息一陣子的家庭風暴，隨之又起。因為，那時祖父家還有部分家業是共同擁有的祖產，經他這一提，卻引起其他繼承者的憂心；而祖父受到這一些族人見縫插針、從中挑撥的影響後，便不願再出資幫助父親留學。

父親最後沒辦法，便想到三年前，徐姓遠戚有筆三萬三千法幣的借款到期，於是他便要去找對方討債。其實，當時法幣早已貶值許多，說起來也不過是筆小錢，但誰知對方居然避不見面。眼看留日期限出發在即，他急得如熱鍋上的螞蟻，便找祖母商量；祖母基於對方母親為大家族的長輩，怕有失倫理，又擔心父親的脾氣火爆會壞事，因此不准父親親自去要錢。

父親急了，便叫在場的妹妹（我的八姑）拿借據去要錢，祖母仍舊不贊成，八姑因此便不肯去討債。父親氣急敗壞下，失了理智，掏出未裝子彈的手槍，比在八姑的太陽穴上，大聲喝道：「你去是不去，去是不去！」八姑嚇得跪在地上大哭，父親這才發現自己作了蠢事，只好作罷！

二〇一〇年底，在我生平第一次見到八姑時，她激動的抓住我的手話當年，場面充滿溫馨，當下也未提起父親曾向她拔槍之事。不過幾天後，當我提起勇氣向么姑說明父親在當時其實是個國民黨員後，隔天，我們在前往人民醫院宿舍探視五姑的家庭聚餐場面上，氣氛開始變得有些詭異；八姑幽幽的無奈表情，引起我的注意，細問下，她才鬆口說出此事。我心裡評估，她知道我的父親是國民黨員後，是否影響了她對哥哥的回憶方向？父親在她的記憶中，還會如當初所說的「一個愛她們的哥哥」嗎？在姑姑們這樣忠誠的老共產黨員心中，意識形態與道德等同，她會如何看待這一份血親關係？肯定很掙扎，畢竟我們都是凡人，很難完全的超越意識形態對我們的羈絆。

當年父親在無法討回欠帳後，只好再硬著頭皮回去找祖父商量。祖父只是個傳統書生中醫，殷實的大地主，祖父家族世代務農，書香世家，安於貧困；不像我台南外公的祖先那樣，一代戰將，世代行武出身，全身充斥著華南南島的海洋民族基因，願意冒險犯難，賺一票，然後快活過三冬。四川的祖父，雖然學問淵博，卻八股犬儒、故步自封，雖說祖業算大，但大家族一同經營農地，財務共理，長老分配之下，看似偌大的產業也所剩無幾，哪有辦法像台南府城的外公家那樣，都烽火連天了，還三不五時的辦流水席。

祖父不論如何就是不准父親留日，說家族世代單傳，要他顧及傳宗接代之大義，死守家業，就此終老。父親當時才二十二歲，年輕氣盛，志在四方，怎堪如此人生。

某日，我父親再度找祖父商量留學之事，又吵了起來，他父子倆同一個牛脾氣，僵持不下後，竟打了起來，於是祖父放話，說他如果不顧傳家大業，就要把他逐出家門，斷決父子關係，說完祖父便拂袖而去；祖母和姑姑們見氣氛不對，都先跑到父親的大舅家躲起來，留我父親一個人在家。誰知我父親盛氣之下，為了抗議祖父死守老宅，一個人便把所有的傢俱、家當都搬到院子裡，然後叫來全村的村民，把所有的家當一一送給村民。我年邁的么姑回憶到這段時，說：「當時，村民都以為他就是共產黨，才會把自家家當往外分送。」

結果，待東西都送完了，村民散去，他便到灶房裡把備用的薪材放了把火，任其燃燒；大火引起了鄉人的注意，都來救火，並報了保甲官，由於當時還是軍事戒嚴期間，縱火是刑事，非同小可，官兵因而前來捉拿。

一些好心的鄰居，通知了父親，父親見官兵將至，才發現自己闖下大禍，急忙跳上祖父行醫用的白馬，衝出山邊大灣，頭也不回的往他大舅家跑，去向他母親拜別。當時祖母和姑姑們正坐在父親大舅家的大廳前，和他們的大舅情商家事；只見父親騎著白馬衝入院前，他一入門，見到祖母後，便撲跪在她跟前，低著頭，淚流滿面地說：「媽，我作了件錯事。」么姑在七十年後向我陳述這段往事時，還激動的流淚顫抖著。

祖母一向很支持父親的決定，她不懂我父親的選擇，但她相信我父親，他同血脈的親妹妹們也很支持他，雖然她們並不懂政治；當時還是軍事戒嚴期間，縱火是重罪，祖母只好放他逃命去，她拔下手環戒指，讓父親作盤纏，淚送他騎著那匹白馬趁暗夜逃出了家鄉。么姑說，我的父親到死都不知道，他離開後，要捉拿他的追兵接踵而至，帶隊的，並非他人，而是他的鄉長堂兄、兒時的玩伴、他口中的大哥（大伯之子）。

父親由老家山邊大灣騎白馬一路風馳入地廟鎮後，在他七姑開的旅館借住一宿，隔天大早，官兵未至前便離開，前往成都的友人家寄宿。二〇一一年年初，我到四川時，見到這位開旅館的七姑，我很驚訝她才八十好幾，幾乎和父親同年紀。她也向我提起這事。而這是父親一生最後一次見到他的父母和妹妹們。

么姑和八姑還回憶著說，當年父親剛離家的那陣子，三姑和祖母曾將一本書中間挖空，用白帕兒包著祖母的金飾，塞入空心書，避開族人的檢查，然後郵寄給父親，希望供其在外生活。

抗戰後的幾個月，蔣委員長再度吶喊，要求國民繼續支持剿匪戡亂，父親深受感召，認為自己義不容辭，因此雖然才剛拿到青年軍部隊復員令，卻立刻就又到重慶南溫泉去報名[1]中央訓練團，做軍官訓練了。

而當時，國民政府也對各機構下達復員令，所有因戰爭流亡大西南的機關學校，都須鳳還巢，暫駐四川成都華西壩大學的金陵大學便被迫返還南京。同

1　中央訓練團，簡稱中訓團，一九三八年由中國國民黨中央訓練委員會創辦，口號是「訓練重於作戰」、「統一意志，集中力量」。一九四九年解散。

年三月，父親所服役的中訓團，正好也由重慶遷往南京孝陵衛，父親便跟隨中央訓練團移師到南京，一邊再申請恰好也遷回南京的金陵大學續讀，一邊亦受軍方安排到軍醫院工作。那醫院是在民國三十五年六月一日才創制成立的華南剿匪總部聯合勤務總司令部所屬的徐州總醫院，他以中尉事務員的身分，作管理藥庫的庫員，暫時解決了為五斗米折腰的窘境。

以下是父親當年的家書，多多少少能勾勒出他當年的戰火浮生錄。

---

民國三十五年十一月十三日　To：徐州聯合勤務總司令部 徐州醫院 交詢問股

正誠[2]吾兄賜鑒：

前發兩函均以先設奉到，每日間在遲疑不決之中，至今仍未或得機會。昨日家函方能確定，最近半月均無出遊可能，故于今日方時確定正式答覆，謝謝吾兄雅意，好在卿拒可預。吾兄自然原諒，未能如吾兄所遊，即日成行，代以後有機會時，再來徐拜望。敝校現又延期，上決至二十日方能辦理註冊手續也，吾兄公幹發展可期，仍盼安處，前途自有發展之一日也，容後再陳。

[2] 作者父親的名諱。為尊重作者親族之隱私，此為化名。

弟延仁 于十八日晚十一時拜

From：南京 國立中央大學 南京 四牌樓

---

延仁所讀的中央大學醫學院，抗戰期間，也是借用四川華西大學校舍，正好與父親的金陵大學是同校區，兩人因此成為校友，一起參加學運、參加青年軍，復員後又一起隨校回南京求學。

信中，苦悶的父親想邀延仁出遊，其時，內戰打得慘烈，民生凋敝，民運學潮四起，且當時正值全國（兩岸）第一次普選，中國有史以來，第一次全民投票，社會鬧哄哄的，亂成一團。父親才剛從那神秘的上海之旅回北平，怎會想到要和在南京的延仁出遊，這個提議很不對時機，似乎另有隱情。難怪延仁拖詞拒絕了。

三十五年十一月十八日 林鈞 To：徐州聯合勤務總司令部 總醫院

正誠學兄意雅：

不通音訊有日矣，兄晉京已有月餘，今於啟慧兄處得知悉，兄以金陵開學未能入校，暫于聯勤總務服務，得悉之後，不勝歡欣。蓋以吾校同人能去京者，唯兄一人，實我輩行中之富冒險精神者，盼兄能下期復學為量。弟以環境關係不能晉京，現以轉入川大史學系，亦已改史院。上學期學分不能含及，只能讀一年級保留一部分學分 兄來示可交——外京建國紙廠新生院，第五宿舍，壹號可也，弟在川大已改昔日金陵生活，華西習氣，埋頭潛修這四年中，決能有個新得，弟決貫徹始終，完成學業于既頌。

學安弟 林鈞 十一月十八日 From：國立四川大學

這位久未連絡的李同學，是父親在四川金陵大學的同窗，三十六年初，父親在四川軍訓後，想回南京的金大續學，竟遭刁難，消息傳回四川，他的舊識紛紛來訊關心。好在，不久金大收回成命，讓父親重回金陵大學。

由於抗戰時，中原一些菁英學府流亡四川，許多四川當地年輕學子占地利之便，有機會進入這些名校。但戰後，各外省名校回鄉復員，就讀各外校的四川當地學生，就得面臨隨校離鄉，或轉校的問題，這位李同學，原是父親四川金大哲學系同學，因無力隨校復員南京，只好轉到四川大學史學系。四川大學的前身為一八九六年辦的四川中西學堂，一九三一年，定名為「國立四川大學」，校風樸實。

父親有許多親朋好友，在當時復員轉校時，都選擇川大史學系。想來一則有可能因當時通膨，原來讀貴族學校的同學在被迫轉學時，會選擇名聲較好的國立大學，以節省開支；二則很可能川大的史學研究辦得真的很好，在時代交替的當下，吸引了那些原本一心想革命的年輕人，也想回頭研究一下中國歷史到底是走錯了哪一步，才將國家帶到當時那般田地。從川大當時將史學系升格為史學院，不難想像那科系成為一時之選的夯熱局面。

李同學對轉校的無奈，溢於言表。許多學分因科系不同而不被採納，聽他言及「一改金陵生活，華西氣習」就可稍知，那些當時在四川流亡的中原名校，校風不改私校的奢靡，顯然與四川在地的國立大學在氣質上差異甚大。至於他讀書的決心，就向他當代同年紀的年輕人一樣可佩，國共戰爭時期的大學生，幾乎都是一面讀書、一面作戰，斷斷續續的拼湊出學歷，卻每一步都在創造中華民族的新紀元。

一九四九年後，因為四川曾是國民政府三度的大後方，最後幾個淪陷的省份，當地人對國軍的忠誠度很高，許多當地學生死心踏地跟隨「國民政府」從南京流亡到廣州，又從廣州流亡到重慶，所以在淪陷後，全都被迫參加下鄉勞動改造，思想改造去了，李同學是否能完成其心願，不得而知，只聽說在淪陷後，當地的學生都被迫下放到大西北墾大荒。我的三姑即是其一。

林同學信上說，抗戰後，金陵大學回遷南京時，除原來的流亡學生外，金陵大學在地的四川同學中，只有我父親一人隨校至南京；大概，大部分四川的當地人，在戰後都想追求穩定的生活，只有父親那顆不安定的心，如初生之犢，才會拚死的要到南京吧！這是他第一次來到他嚮往已久的首都京城，許多他當年同校的四川同學都非常羨慕他，認為他是抖去了蓉城鄉下的那身塵土，沒入在令人炫目的京華煙雲中。

# 第五章

# 人在湖海，家書萬金

## 復學

民國三十六年正月，軍方再度調他回營，使他無法回校續學，他的部隊從南京孝陵衛又回重慶，再轉武漢，北平，最後再回到徐州，三個月內一路奔波，也不知是什麼樣的軍事行動。其間，他還一邊讀書準備回校，一邊寫信到處央人代為處理金陵大學申請復學之事。

父親的朋友延仁，便是其中一位受託代辦申請之人，延仁所讀的中央大學醫學院，抗戰期間，也是借用四川華西大學校舍，正好與父親的金陵大學同校區，兩人因此成為校友，復員後又一起回南京求學。

二〇一一年，我也曾去當年的[1]華西大學校區看過，現在已是併入四川大學。在校區的一個角落，看到一塊大石碑，撰寫著當年曾在華西大學借過校區的各大名校，其中確實記載著央大和金大等校名，為當時的流亡學生留下雪泥鴻爪。

金陵與中央大學的因緣還不只在四川華西壩。一九四〇年四月，[2]汪精衛政府在南京成立「中央大學復校籌備委員會」，將央大遷至金陵大學南京舊址；抗戰勝利後，在南京的「偽中央大學」解散，由四川遷回的央大與金大協商分家，圖書雜誌歸金陵大學，儀器設備與檔案由央大接收。民國三十五年十一月，國立中央大學遷回南京四牌樓原址。而此時在中央大醫學院的延仁，因地利之便，經常幫父親跑金大，辦理申請復學一事。

當時，南京的學校方面並不平靜，由於民國三十五年十二月二十四日晚，北平發生了[3]美國海軍陸戰隊士兵皮爾遜強姦北京大學先修班女生沈崇的事，南京的學生在往後的半年，不斷鬧學潮，學校的左翼份子越來越多，也越來越公開活動，父親和他許多金陵大學、中央大學的好友都加入學潮。而不僅在南京，台灣方面也是一團亂，更不幸的是當年的二月底，台灣就發生了二二八事

1 華西協合大學，又稱華西聯合大學，一九一〇年由美、英、加的教會組織創辦。一九五一年更名為「華西大學」，一九五三年改稱「四川醫學院」，二〇〇〇年與四川大學合併。

2 汪精衛政權，是對日抗戰時由投靠日本的汪精衛等所建立的政權。一九四〇年在日本扶持下成立於南京，以「國民政府」為名，是一親日政府，由汪精衛擔任該政權的國民政府代主席及行政院院長。當時因戰爭而遷都重慶的國民政府，稱其為「汪偽政府」或南京「偽國民政府」。

件；事件的發生，結果又遷引出南京各處學潮民運不斷的示威抗議場面，父親的學業，就在那亂哄哄的情況下，又走了一學期。

後來他入寒假軍訓營後，另一位金大的好友叫世幀的，暫代替他與金大交涉處理復學一事。三十六年二月八日，世幀將金大的處理結果，寫信告訴我父親。

正誠兄：

前既申請復學一節　業經校方覆函　請自閱　兄為友何打算　而須弟代勞時　既請來示為何　現校方已放假數日　定本月二十四日上課　有無再設法　必須火速辦理　徐州公事為何　有暇希閒談

弟　世幀　上　三十六年二月八日

3 沈崇一案，是一九四六年平安夜時發生於北平的一宗社會案件，旋後引發政治波瀾。在疑似美軍士兵強姦女學生的新聞傳開後，成為當時中共策動排外反美運動的利器，之後並造成中國國民政府與美國之間的緊張關係。

他並附上他代收的金大的覆函：

一九四七——民國三十六年二月一日 From：金陵大學教務處　To：徐州總醫院

敬啟者：

來函悉查，臺端申請復學一節，業經交會審核，因既以停學，無從照準，特此復希察照為荷。此致 陸正誠君

金陵大學教務處……復學須交教務常務委員會

寄信的當下，父親正參加中央訓練團課程，信是寄到陸軍剿匪總司令徐州總醫院，再轉到部隊上給父親，時間上耽擱了許多。

同時間，父親因為從原徐州後勤工作單位，調回營隊之事，不能事先讓人知情；所以等他一調離徐州醫院，他的家人和朋友都在急著找他，與他最親近的三妹叫正華，四處遍尋他不著，急的像熱鍋上的螞蟻，因為當時共軍就在徐

州東北方的魯南與國軍激戰，離父親工作的徐州醫院不遠。結果，還好皇天不負苦心人，正華[4]親嬢（我三姑）終於與我父親連繫上，信上她道：

36/2/12

哥哥：

於上個星期，使得讀安繼哥的來信，知伊現住重慶，不久可能返蓉，同時，從他那兒得知兄切確住址，今住江蘇徐州，以前從大舅那兒知道，可是後來又聞返京，同時那時我的信尚不獲自由，我極端的設法離開，現在終真離開了。我的作息開始過稍有秩序的生活了，什麼都解放了似的，環境真像陷阱，要不是為了媽，我將永遠不望見那兒！

哥哥，我想你見到這封信後，會引起無限內心的創痛呢，你會煩厭它吧，也許會引起不可慰藉的悲悽。我是今年二月初來這兒，想兄定是關心大姊，伊現病況正常並無增減，媽的身體亦較好若前盼均勿念。你常給么叔和樹恩有信嗎？也常從他們那兒問到媽吧，他們對媽態度想兄是知道的吧！希望以後經她們信時，不必提及媽，現在我離開那裡並知道住址，我會隨時報告你的，哥哥，你許我隨

4　嬢，是四川人稱呼姑姑的用字，現在仍然通用。

時給你的信吧，現在我住繁月[5]，繁月師附小只要我一天不回山邊大灣老家，我會總有信給你，告訴媽媽的近況，為近頌你貴體珍重為盼。三妹 正華筆

於繁月師附小校 一九四七——三十六年二月十二日

---

父親去世的三十多年後，我第一次打開這些信件細讀，才發現原來這世界上還是有人摯愛著父親。

正華三孃信中透露了家族內鬨的訊息，正華三孃和父親只差三歲，情感上很親近，也很崇拜父親。父親被逼著離開家鄉後，正華三孃的心理上很受打擊，為父親抱不平，她的母親和妹妹們，在家族內全力為我父親護航；獨獨我祖父，受族人影響，極力反對我父親進京學習，這使我父親的五個妹妹們與他的母親皆遭到某些族人的排擠，尤其是輩分嚴明的家族內，受到輩分高於自己的族人的壓力，更是無力反抗，讓他人借倫理之名，尋己私之便，壓得我父親的直系血親們各個喘不過氣來，無形間犧牲了許多個人權益，連寫封信都受到鄉人的監視。所以父親的姊妹們，便以工作或求學為藉口，一個個的逃離家鄉。

5 為尊重作者親族之隱私，此處為化名。

正華親孃是她同輩間，繼我父親之後，第二個逃離那封建大家庭的人。信中提到的大姊（我二姑）是父親家中的的老二，她身子單薄，有肝病，我父親很憂心她的身體狀況；後來，她身子稍好後，也回學校教書了。正華三姑和我二姑正雲都在繁月縣五合鄉的小學教書，當時家道中落，社會經濟蕭條，生活本不寬裕，幾個姊妹又體弱，五姑（家中的老四）當時也曾休學在家養病；但最後由於祖母的堅持，她們姊妹們各個都仍有上學讀書。

天真的父親，對他的族人並無防備之心，信中提到的安繼哥，是父親三媽（我三嬸）的兒子，和大伯樹恩一樣，曾和父親在大家庭的一個屋簷下長大，當年情同親兄弟，長大後，與樹恩大伯很親近。父親去京後，仍與他們保有連繫，這使父親的姊妹們擔心父親在和族人們連繫時會不小心說溜些事情，進而遭人陷害，因此才提醒他，別在族人面前提及家人，省得有事。三姑信中向父親含蓄的提到一些親人對他不利，請父親小心，沒想到後來竟一語成讖！事隔三十年後，同一匹親戚，不知是無心或有意，竟成了阻絕他們兄妹再相聚的始作俑者……。不過那又是另一段故事了。

父親離家後，族人仍持續對父親家人施壓監控，希望掌握父親去向，由於三姑極力想與父親保持連繫，因此倍感壓力，最後才設法逃出家鄉。父親的視野，望向家庭的脫貧、社會的革命、國家的興亡，他對家族的內鬥並不了解，也不以為然，卻也因此在日後受人蒙蔽，甚至永不得見自己的血親。而他在四川的家人，也只知他曾加入國軍，後來去京讀書，並不知他後來入了國民黨。

當時的祖母和五姑，仍然在地廟鎮租屋而居，祖父若從山邊大灣老家到鎮上行醫時，偶而會送些肉或錢到祖母家，或稍作停留。二姑、三姑與八姑和么姑（這都是加入堂姪的大排行，親姊妹的排行則是老二，老三，老五，老六）都在外地工作或求學，家中只剩下體弱多病的五姑（老四）一人與祖母生活。正華三姑和正雲二姑的教職薪資除了金援父親之外，還得寄回祖母家，供養祖母與妹妹們的住校費，經濟負擔之大可想而知。

父親在離校回營隊其間，央請諸多朋友，代辦爭取金大復學之事，後來也終於有了苗頭，在出據軍方證明後，金大教務常務委員會經過審議，終於同意讓他回校，父親於是請他在中央大學醫學院的好友延仁，親自將學費款項交給金大教務處，一位叫馬爭雙的雇員，並向父親報告了事情的發展：

36/2/21 To：徐州聯合勤務總司令部 徐州醫院

正誠學兄：

前日寄來之信已悉數收到 馬先生之款已親自交到 請勿念 關於貴校註冊事 現已開學進行 吾兄是否可能于月底前返京 至候學通知 不知是否寄還到徐 日前打如何移交 可否于月底交清 吾兄準備下月初返京 未知是否過遲 今將小板剪送以作參考 餘待明日再函相告在定 並候 柔小姐　近安

弟 延仁 36/2/21 From：國立中央大學 校址 南京四牌樓

由於父親中央訓練團軍事行動的時間太長，有些耽擱學校的事宜，連他的好友都替他急了，延仁信上說的「小板」，可能是指學校在報紙上公告的開學日。

而在他的信中，有特別問候了父親當時的金大女友趙柔小姐，當時她與父親是校園情侶，凡是他朋友，任誰都知道的。趙小姐的照片我也見過，那黑白照片是在金大某個教室的雕花格稜窗前拍的，才二十三歲的父親，穿著長袍馬掛，似乎是制服，雙手前扣，胸有成竹的微笑著；趙小姐燙了捲髮，抹了口紅，短髮及肩，還用個夾子側分著夾著，身體大方的倚向父親，雙手挽著父親的手肘，開朗的笑著，一點也不怕露出牙齒。總之，看起來實在很登對。

延仁在信上問父親，是否已將徐州總醫院的差事給辭了，看來似乎父親與他談過辭職之事，雖然他當下並未立刻辭去，但後來竟意外的被資遣了。

三十六年三月中，國共戰爭全面爆發，當父親隨春訓的中央訓練團回到南京時，南京已經大亂，通貨膨脹的離譜，百姓叫苦連天不說，由於是年初國共在魯南的激戰，更造成十多萬的難民逃到運河西岸，向徐州湧入；國軍在徐州設立了十七個收留站，父親所服務的徐州總醫院，是軍方直屬的後勤總司令單位，為此，也是忙得不可開交，半工半讀又半從軍的父親，似乎漸漸無法消受。

聰明的父親，絕不放棄認何改善自我狀況的機會，他在付學費給金大教務處時，不忘詢問一下武漢地區有無其他打工的機會，因為金大位於南京，離徐州總醫院有很長一段距離，每週坐火車往來學校與工作處，實在辛苦，何況鐵路沿線常有共軍游擊隊出沒，可以說是危機四伏。可惜，教務處馬先生的回答道：

---

三十六年三月二十五日 To：聯勤總部 徐州總醫院

正誠吾弟：

享書紙類求學因屬急務，但[6]漢事亦屬不易。目前[7]尚與心徐供職，容有機緣再當玉告，然想不易有適當機遇耳，陳琴大夫是否仍在晤時，已代詢君前，有一函波波來誠，曰汲否思曾雙行近。

馬爭雙　From：私立金陵大學

---

馬先生預告求職機會不大，父親碰了個軟釘子，最後他只好乖乖呆在徐州總醫院作事。當時，因政府經濟政策失敗，導致通膨及高失業率，全國顛沛流離的游民、苦力，四處流竄，他擁有一份固定差的工作還算得上是幸運的呢！不過，好景不常，半年後，父親就因國庫短缺，被軍方醫院給裁員了。

6 此指在武漢求職一事。

7 此為對方勸慰其姑且專心於徐州的工作。

## 槍、戰亂、通貨膨脹

由於首都生活消費太高，父親不敢在南京消費，於是寫信給他四川故鄉那情同手足的友人啟慧，他也是我父親在四川華西協合大學同校區的死黨。父親在大學中，參軍又搞學運，與一幫同進退的同學發展出深厚的革命情感，父親屬金陵大，啟慧屬華西大，家住成都的[8]壺子街，父親離開四川後，仍與他有密切的書信來往；當時，父親托他在四川買些好料，當地物價比起首都南京相對低了許多，啟慧替他在四川採購後，回了父親這樣一封報價單：

---

36/4/1 From：成都 壺子街寄 To：徐州聯勤司令部 徐州醫院

正誠兄

久未敘書相候，實因恐貴處有所更改今事，匆書不勝欣慰，不知復學事誼差何，近來工作為何，書云生活枯燥如沙漠，不知是何原因，德之書吾，兄勿作消極之觀，人生奮鬥，任何艱難困境，皆有方法解決，弟過去頗悲觀，而今思之，誠一憾事，蓋煩惱有損而無益也。如今，唯一所思及，乃不斷努力工作也，所以

8 為尊重作者親族之隱私，此處為化名。

月前雖生活清苦而精神頗感痛快。

所托之事，皆一一問要，被蓋（綢緞約一百二十三萬，緞子約一百四五或一百四九萬，錦段單幅四九萬），皮鞋合適的每雙約兩萬幾至三萬元，西服每套一百三十九萬，呈色八分質料係好西服呢。手槍之事，已問陸己章，彼及渠云曾接兄函，言及此事，郵匯不便，寄送又無妥人可托，不知吾兄意為如何？

啟慧

父親在讀四川的金陵大學時，是借成都華西壩的華西協合大學教室上課，啟慧也是成都當地人，就讀華西協合大學，當年在校和父親一起響應[9]「十萬青年十萬軍」的口號，與父親情同兄弟。這封信裡有提到，父親當時的心境非常沉重，生活上的勞苦與他對家庭、國家的憂心，使他不只一次的向許多友人表達他對時局的不滿與挫折。

信裡，他提到央請友人去取槍一事。當時由於我父親常常要搭火車到徐州總醫院去上班，路上常有土匪或共軍游擊隊，而此時國軍在徐州北方與共軍形

---

9　對日抗戰期間（一九三七年至一九四五年），為招募新血，蔣主席於第七年（一九四四年）以「一寸山河一寸血，十萬青年十萬軍」號召知識青年從軍，激發出一股青年從軍熱，鼓動全國人心。

成拉距戰，戰況膠著，時贏時輸，兩軍都在隨機拉伕（捉人去當兵），父親可能基於人身安全，想擁槍自保；另一種猜測，可能是與父親當時的身分有關——父親一直參與一些連他最親近的家人與友人都弄不清的軍事行動，行蹤忽東忽西，飄忽不定。多年後，二〇一一年時，我到四川老家問一些對父親尚有記憶的遺老時，一位家族長老說：「你父親當年是地下黨，搞地下活動的……」他並不知道父親是國民黨；更奇怪的是，即便是與父親最親近的三姑正華，一九七六年時，當她聽到父親過世於日本（其實是台灣）時，一開始還不肯相信，安慰她的姊妹們還說：「哥是搞地下黨的，可能是詐死，出任務！」

不論父親對槍需求的真實狀況為何，那手槍原本就是父親的所擁有的。當父親隨軍赴寧（南京），離開成都時，因身在部隊，帶外槍不便，曾將手槍轉手給他的好友陸己章代管，後來因為徐州與戰事，父親想要回那手槍，擁槍自保，但他人在南京，無法親自去四川要回，所以央請好友代索，卻意外扯出一些事來……不過那把槍，最後終就回到了父親手中。

二〇一〇年，我看完信後，仔細的回想了一下。那槍我似乎見過，在我童年時，父親的酒櫃抽屜曾藏有兩把手槍，一隻是一般大小的手槍，另一隻則很迷你。結果都叫政府給強制收回了。

我還未入小學時，有一次，父親坐在藤椅上，我坐在父親腿上，面對著他，看他把玩著一把炭黑色的迷你手槍，只記得那手槍有個大肚子，後來才知道那是旋轉的彈夾，那種槍像似掌心雷來著。那時，父親還把那約莫二．五公分高，一．五公分直徑的小子彈放在一個藍色天鵝絨的小布袋裡，父親拉開小布袋後，我搶先往裡看，只看到一堆金金亮亮的東西，覺得很漂亮；他順手撿出一個，放在指尖上站著，然後告訴我那東西叫作子彈，並比了比彈匣的地方，告訴我怎麼將子彈放入彈匣中，不過他並未真的放入那子彈，我於是催促他，放入子彈給我看，他笑著說：「不可以，那一個不小心，會走人的。」我聽了很害怕，看著他半天不說話，他看了看我，問我：「嚇著了嗎？」我頓了頓，然後才小聲的問他：「你殺過人嗎？」他看了我一眼，欲言又止，然後又開始擦槍並陷入沉思中。我也不敢再多說話了。

後來，有一天，眷村村長送公文到家裡，說軍方要大家繳械，要填繳械清單，而且如若過期不交，待憲兵來盤查時，一有發現，將依軍法審判。當時的軍法，動不動就槍斃，小事大事都一樣，連鄰居偷電都被捉去槍斃（媽說的），所以大家都乖乖繳出。我無意間聽到爸媽耳語，說村子上的某人還繳出長槍，看來爸爸的掌心雷和那隻手槍實在不算怎麼一回事呢！

當時，台灣已成為類似四川在抗戰時的大後方，高雄鳳山，已成為孫立人將軍的剿共的練兵場，許多優秀的官兵在上戰場前都會被先調去鳳山訓練，軍官們都以在鳳山受訓為傲，那是精英部隊的象徵。但派來駐守台灣的士兵，素質就有問題了，有許多軍人的前身是北洋軍閥、散兵游勇、甚至是拉伕來的草兵，到前線打仗不行，連到後方駐軍都出事，氣死在地的台灣人不說，後來也間接影響了我父母的婚姻。事實上這種素質的兵種，就算是在大陸本土，都遭人唾棄。

政治經濟的亂象，加上反內戰的氛圍，旱災、通膨，弄得民不聊生；父親的家鄉四川，也因此有越來越多共軍的同情者，由正華親孃的信中，可約略了解：

三十六年四月七日　To：江蘇徐州聯合勤務總司令部　陸軍徐州總醫院 詢問股轉

哥哥：

從三月至今，終於讀到了你由中訓團去北平寄來的信。於渴望中，總算數到了你的行蹤，家內的人內心吊懸的石塊，此刻真是安放了，中訓團我亦曾去過幾封信，終於不見回音，我數道那是短期受訓，但不知你是換得竟是什麼地方，也許不定離開，故終在疑團包圍中，關於來平之事，定是我久望不可得，解放而近光明的機會，目前當無離開。

我打算在秋收後，或者明春，因那時還可將正霓安放一適當的學校，正于自待伊縣中畢業。應為，故於近一月曾下幾次大雨，所乾的田完全灌溉了，市場情形，每場上漲不降，天時助行情轉變，人真無法測定。稍待穩定後，雙親曾云與你設法兄一點款項，偏僻的故鄉似陷人的陷阱，當希望能出外看看，和吾兄給以一些鼓勵和助力，對自己前途或許將會完全失望……

近來北方氣候若何，已暖和了吧，雙親近來均好，勿念，唯祈吾兄起居珍重為禱，暫別。

瑞祝 時福 三妹 正華 拜 四月七日

From：四川繁月師範附小

---

在三十五年末到三十六年春天的四川，鬧了一季的旱災，餓死了許多窮人，四川省向中央政府求救無援，幸好晚春時，下了幾場大雨，解決了旱災之苦。四川得救了，但卻造成長江下游幾個省的大水災，父親家族的農地欠收，加上通膨的太厲害，即便是祖父同意給父親一些經濟援助，也是力有未逮。

父親讀的金大，是私立的洋人辦的教會學校，學費特貴，南京城的消費水準又高，整體開銷非常大。父親在徐州醫院的薪水不敷使用，到處張羅著湊學費，家鄉的祖父母知道後，釋出善意，曾表示願意幫忙；遠離家鄉的父親，受到祖父的再度關懷，心存感恩，寫了信去向我祖父道歉，並用他僅有的儲蓄，託人買了一些衣物作為禮物，送給他父親。

可憐我祖父，當時也不過是四十出頭的壯年人，為了我父親負氣離家之事，萬分苦腦。家族的人，用倫理的大帽子扣在祖父頭上，逼著他不能支持自己的兒子去留學，親手把獨子逼走，看著他在戰火中遠走他鄉，這一切都啃食著我祖父的靈魂。為了符合族人的期待，他表面硬裝鐵漢，說什麼也要家有家規的對付父親；但他情感上以幾近崩潰，和我的外祖父一樣，開始染上蓄酒的習性。雖說他乃一界文人，不似我台南的外祖父那樣行武出身，動不動對人拳腳相向，但他時而發癲，時而胡言亂語的，在精神失常後也會出手打人。我父親知道他的狀況後，很想安慰他，所以即便時局艱難，他還是硬湊了錢買禮物給他父親，略盡人子之意。

而正華親孃當時大約才二十歲，在祖父心智出亂子後，加上長子離家、二姑體弱，老三的她，有實無權的代為掌家，幾個妹妹都是由她安排著去上學。而祖母是舊社會的人，在家沒有地位，壓抑的很。我看過一張父親自四川老家出走後，他家裡寄給他的全家照，全家人都穿中式旗袍而爺爺穿著長袍，我么姑卻穿著西式的洋裝（後來才知那是祖母親手縫製的）盤腿的席地而作，當中的祖母看起來像是我祖父的娘一樣，當時才四十出頭的她，滿臉愁苦，特顯蒼老。

這信中透漏了父親又隨中央訓練團而至北平的訊息，也顯示出三姑弄不清父親與中訓團的關係為何。當年，中訓團在四川重慶時，父親一邊受訓，一邊就讀四川華西大的金陵；中訓團轉進南京時，父親隨隊入京，轉南京金陵大學；當中訓團轉駐北平時，他立刻隨隊轉住北平，並轉考北平朝陽大學法律系。她不知當年有許多青年軍，在抗戰復員後，再次受蔣介石的感召加入剿共行列，自願回營，做戰地的政務工作。父親亦為其一。所以他跟著中訓團跑，以中尉輔導員的身分，替營隊訓練新兵。

當時，父親已準備轉考朝陽法律系插班，他將轉學之事告訴了他三妹，並邀請她一同到北平讀大學，因為他知道，三姑在家鄉並不快樂。但三姑最後還是作了個孝順的選擇，她擔心其母親一個人在家鄉，會受族人的欺負，所以沒有接受哥哥的邀請，只在當地的川北大學報了名。她真的是一路的照顧著她母親，即使在共黨統治的時代，她因地主女兒之名而入罪，被迫逃亡他鄉，與祖母有過短暫的分離，但終究還是她帶著我祖母下鄉參加勞動生產，一路照顧。

祖母後來患了乳癌，也都是她在病榻前伺候祖母，直到祖母去世，她親自埋葬祖母為止。她對政治不熱衷，她當年將所賺的錢一半寄給異鄉苦學的父親，她一切的努力，都只為了成就父親與家人。

父親當年在四川華西大投筆從戎時，班上有大半同學都參加了。戰後，經濟大蕭條，許多學校又遷回南京，他的許多四川當地同學，或是無力隨校至南京，或因戰後經濟蕭條無財力再回到學校，加上工作難找，因此很多人都自動留營從軍，斷了大學路，當了職業軍人。他們接受軍方的安排，先依專長作特定訓練，然後分配到軍中的各部門服務，他抗戰時的同窗——研君，就是其一。

在他與我父親的書信往來間，可略窺當時青年軍復員令在四川執行的情況。當年那十萬青年軍中，幾乎有一半來自四川單一一省；國民政府雖努力的安排青年軍鳳還巢，無奈時局艱難，國庫又被人掏空，造成許多優秀青年在報效國家之後，竟因此失去生存或向上的機會。最後，這一批菁英好漢，在對國民政府恨鐵不成鋼的情況下，由愛生恨，轉而報效理想主義更為強烈的共產黨，變成國民政府的回馬鞭，這真是當初始料未及之事。

父親的朋友研君，在受了半年訓後，通過考試，等候分發省政府公務員職務；殊不知當時全國退役青年軍，在受訓後，全國等候分發各政府單位的人實在太多，也等候太久，各地抗議聲不斷。能否實際獲得職務，還真要看運氣呢！

於是研君來信寫到：

---

36/4/21 From：中央訓練團 重慶分團 地方行政人員訓練班　地址：巴縣 小溫泉

五大隊 七中隊　To：徐州聯合勤務總司令部 陸軍徐州總醫院 藥庫探交

正誠家兄：

轉瞬一別，不絕半載餘，公私如意否？今日接兄一函，才知道兄在原處，弟調赴重慶時，將要半載，受訓期間已滿，考試已結束，本月底奉令分發四川省府，想來人數過多，大概要分發各縣市，此刻博業好友並無都是其他總隊調來的，蓉市（成都）總隊考取百餘員，共計再班受訓學員一千七百員，四川同學暫七一員。重慶生活跟過去照常，米一斗（四十五公斤一斗）等於魚肉一斤，蛋一個一百元，前次正華三妹寫信至弟處來問兄的通訊處，當時弟只收寫信告訴在聯勤司令部，其次是蓉市陸己復那裡知事，礙未收到，他言親與兄兑來，縣克不知兄收到否，希 兄隨時通信，下月返成都辦事，再寫信問候。

祝兄鵬程萬里 前途遠大 弟 研君

4/21 十點 於渝 南岸小溫泉中訓團行政班四大隊 二中隊 處批

弟 駐成都外南慶門街二十五號 何君華 轉交

---

由信中得知，當年的農業社會裡，畜牧業不如現代發達，肉品與穀類的價差甚大，四十五公斤的米才換得一斤肉，比起我們現在二十一世紀初，用二～三公斤的米換一斤肉，可能會氣死我們的長輩（若他們還活著），害死我們的後輩呢（若他們吃太肥）！如果又逢天災，蔬果穀物價格高漲之際，還真的要高唱「何不食肉糜」呢！

信中也提到研君受父親請托，向陸己復取槍之事。其實，擁槍者是陸己章，陸己復可能是其兄弟。當時我父親急著要槍，所以邀了不同的人，代辦同一件事，大家都找不同的藉口，想把槍弄到，結果擁槍者陸己章反而被弄糊塗了，因而造成些小誤會。好友研君去幫父親要槍時，遠戚陸己復不放心交付，因此才會說要他親自兌來。

其實，最初是要槍，但父親的堂哥樹恩，不知是如何的知道了此事，他也去要槍，但可能是擔心陸己章會藉口槍支郵寄不便而不還，所以樹恩大伯編了個恐須用錢的藉口，要對方乾脆將槍論價，再與匯款；陸己章照作後，卻因父親當時隨軍營輪轉陣地，所以款項無法匯到他手上，造成更大的誤會。

三十六年四月中，父親終於完成了那神秘的軍中行動，回到南京，金陵大學早已開課，他發現所有親朋好友都在找他，於是一一回覆來信。其中一封正華親孃的信寫的哀淒無奈，她在家中排行老三，所以稱三妹，與父親在情感上最親近，父親被逼著負氣離家，對她打擊很大，因為她對父親充滿著崇拜與關愛。正華親孃在民國三十五年～三十八年間，與父親的書信往來間，態度從一個天真的小女孩逐漸變成一個滄桑的女人，到後來她變得憤世嫉俗，盡一切努力去保護、去成就我父親，是父親生命中的貴人。為了父親的出走，她與她的姊妹們向家族宣戰，從此老死不相往來；她的個性像父親一樣耿直，當父親在外鄉為國家窮於應戰時，她們也忙著應付家族間的內鬥。

這封信是她焦急地遍尋不到我父親時，終於盼到父親由北平回京並覆函於她，而她在這封回信中只有高興，沒有怨言，像個小妹妹向哥哥撒嬌一般，叫人憐愛。

---

三十六年四月二十一日 To：徐州聯合勤務總司令部 徐州陸軍總醫院詢問股轉

哥哥：

你給我的信，於今天下午收到，那時我正同南姐一道玩，見到你的筆跡，我真高興的跳起來，哥哥，你真較通俗一股的作法不同，你比他們高得多，你是那樣的寬恕人，原諒人，永遠會指導我們，你在我們路程上，就像明燈，用你的光輝，時刻的照耀著這一群小動物，這一些血脈同樣的弱者。

這期我來這兒，我真用盡力量的掙扎，方脫離了地獄，來到此地，很早就想給你寫信，可是死娘大的圍繞中，我失去了勇氣，並且我是明知，就寫也是相思，不能收準。

哥哥，我真想得這地獄離遠些，好容易現溜到繁月，我真想到你那兒來，我歡喜過異的生活，並且在遙遠的地方，也多一個魚肉一樣的人相互照料，我只管這樣想，我這樣的希望，可都是，哥哥，在短時間以內，我無法離開這煩惱的地方，因為現在媽媽的眼前只有我較大些，可以慰藉慈心眼前的寂寞，哥哥，你不是說算了麼，請你不要灰心吧，抽空多看自修的書籍，學校找機會完俊吧。

只要有志向，有沒事不成功的。你不是告訴過我，歷盡難中難，方做人上人麼，請你多念深意，起居保重身體，在會體念你的媽媽，只要你很健康，她的心也可慰藉的，這也是妹妹們唯一的期盼。哥哥，我這樣多言，你會不會煩呀！

哥哥，你給我的相片真好玩，相片是從金大又晃到遠方的景物，你要我的照片嗎?最近還沒有照，我照好了再與你寄來，現只得寄上一張去年的和奶奶同照的，等照好再寄吧。這兒的食米每斗一萬，肉每斤一萬三，我們的伙食是每月三萬多，可是薪金呢，盡算也只好七萬餘，只好簡單的夠當時支用，寄上合影照片一張，哥收。

身體珍重 三妹 正華 四月二十一日

信中提到我父親，因年初想復學金大，卻被金大拒於門外，其實，當時有許多同學都像他一樣，邊讀書，邊打仗，停停走走。我不了解金大為何在這方面沒有考量彈性處理，而讓他吃足了苦頭，灰心喪志的，差點就放棄了志向；不過所幸父親有著剛強沉鬱的性格，這從他在戰爭時期還選擇主修哲學心理學便可略見一二。

他的許多友人，在這個艱難的當下，都跳出來勸他要撐到底。他雖在軍中服役，但在各個大學的朋友們都幫著他向金大爭取權益，眾志成城，最後金大教務常務委員會通過審議，終於同意他回校。於是他高興地跑回學校，照了張相片，給妹妹分享他的喜悅；那用來拍照的相機，小時候我們也用過，好大一台，四四方方的，底片是一張一片，觀景窗是在相機的上方，是機械式的鐵拉架伸縮鏡頭，照時快門會響的很大聲，以前父親在換鏡頭時，我們都會頑皮的去撥轉快門的轉閥，然後享受著聽快門嘎嗒嘎嗒地作響，還把指頭伸入快門的葉片中，讓它夾住手指，感受一下它的力道，連裡面的反光鏡都被我們拆下來，父親總是修得回去。那台相機好像是萊卡的，很耐用。

正華親孃在信上寫到她與奶奶一同照相，這是我平生第一次、也是唯一的一次知道有曾祖母這個人的存在，父親生前隻字未提，古代的女人家可能是隱形的，沒人知道她們存在過，連家譜內也只寫個娘家姓而已，標準的無名氏。後來，才知道父親有兩位祖母，一位姓唐，一位姓徐，可能是二房生了我爺爺，而這個兒子正是曾祖父娶二房的目的。而就是她，這位曾祖母當年過大壽時，子孫滿堂的好不熱鬧，連遠從台灣來的我媽都湊上前來觀看，這也才使我的父母見了面；可惜當時並未發展出有承諾性的感情，我的父母親在短暫相會的一段羅曼史後，就各奔東西了，誰知後來因緣際會，竟以一種最尷尬的方式——大撤退——再度見面。

信中說道，當時國小老師的薪資是七萬，與現在台灣的國小老師薪資是三萬五左右比起來，數字上是多一倍；但是人家當時（民國三十六年）的肉一斤一萬三，我們現在的肉價一斤一百二，怎麼比！你看當時的物價離不離譜！那還沒了呢，到正華親孃的下一封信裡說，又調漲了！原來一斗米本是一萬元，隔兩個禮拜後就漲到十七萬了，那還只是四川的物價，算來還比全國物價相對的低價，若是首都南京就漲得更兇了。台灣當時物價上漲率則為百分之五〇二，相較於全國物價飆漲的幅度，還算是輕災區呢！

這段時間內，父親大部分的書信往來，都提到通膨的問題，小市民並不太關心國共內戰的事，但生活息息相關的物價，卻無法忽略，因此，共軍挾民怨之勢，趁機在上海、南京等十八個城市都發動「反飢餓、反內戰」的罷工罷課遊行活動。

當時失業率居高不下，農村狀況更是到處路有凍死骨，有些地方，又回到啃樹皮、吃人肉的情況，民怨紛紛指向當時的國民政府，所以民國三十六年後，農村很快地向共軍靠攏。父親的家族雖處於農村，但因為是地主，且族人多受高等教育，生存機率仍較其他鄉親為大，加上四川是抗戰時的大後方，所以在政治態度上仍傾向國民政府，不過也是厭戰，反對內戰。

天真的父親，對妹妹們因為他的出走而仇視族人感到遺憾，他不認為妯娌兄弟會刻意計算他，所以反過來勸妹妹們看開些；同時，他也向正華三姑舒發了他對時局的沮喪，與對回校之事的挫志，信中看得出他們兄妹情深，相互愛憐與鼓勵之情。父親見三姑在家鄉生活難受，為她心疼，故邀她一道去北平發展，但孝順的她，擔心家裡沒人能照顧被族人夾擊的母親和妹妹們，因而婉拒了邀請。

---

36/5/7 From：川 繁月縣 五合鄉 師範附小
To：徐州聯合勤務總司令部 除州總醫院 交詢問股

哥哥：

連接到你兩封信，同時我也連發兩封信，有一封是寄著我的照片，你收到了麼？批前幾封信的日期算來又該得到你的信了，可是怎麼這幾天沒有你的信呢？哥哥你是工作很忙吧？關於趙小姐那兒，你替我致謝了麼？最近四川生活真是高，繁月城每一市石米須款十七萬，蓉市曾有一度鬧看末薪，哥哥，你們那兒怎麼樣？該不會比這兒高吧，你們的薪事錢麼？還是以食糧計呢！這期是以安北她們同一塊，這兒的小朋友真是太天真活潑的可愛，我和一些天真的小朋友天真的照片，一照好就給你寄來。現在天氣是一天比一天熱起來了，在這處的妹妹敬請吾兄對起居時珍重吧 近安

三妹 正華 36/5/7

五月七日的信裡，看得出正華親孃和我父親這些日子以來都有固定書信往來，正華三孃當時在教小學生，由她信中不難看出，她真真的喜歡孩子，知道如何欣賞孩子的純真之美，也希望與父親分享她那份喜悅。而我父親也已正式介紹了女友趙柔小姐給他三妹正華，趙小姐也可能送了什麼見面禮，讓正華親孃非得致謝呢。這信中顯示了他們兄妹倆可愛深情的互動。

其實，當下正是魯南戰役爆發期間，國共大打出手的時候，地緣上與徐州算是近的，但姑姑似乎對當時的戰爭沒有概念，並不知父親身處危機之中；只知道物價飛漲，幣值貶到市面上幾乎以物易物的地步，連薪水都用物資代替。這些與生活息息相關的事，鄉下人感受最深。我父親當時並無法如數的收到她的信，或寫信給她，是因當時國共在山東激戰，局勢緊張，徐州總醫院的後勤比以往忙錄，結果五月在[10]孟良崮戰役中，國軍第七十四師竟被完全消滅，震憾了徐州的剿匪總司令部，父親上班的徐州總醫院，士氣低迷，人心惶惶。

10 「孟良崮戰役」是一九四七年五月第二次國共內戰期間在山東省中部的一次重大戰役。主力戰將張靈甫率領的「王牌模範軍」整編七十四師是國軍方面的主力，其軍隊受命固守孟良崮山頭作為誘餌，吸引並牽制陳毅、粟裕等華東野戰軍的二十萬共軍主力，並意圖讓外圍的四十萬國軍從外反包圍，殲滅所有華東軍。可惜外圍國軍作戰不力，反致精銳的七十四師在血戰三日後全滅。

繁月城是成都郊外的一個小城鎮，介於地廟與成都之間，照信上來看，鄉下物價都如此高，難怪成都弄得連薪水都發不出來，更不消說首都南京了。許多地方根本對幣制失去信心呢！據說，這都是因為國民政府要應付剿共戰爭的支出，拚命印鈔，才使得法幣三年內在市面上的流通量增加超過一千倍，造成了民間的惡性通貨膨脹。

---

三十六年六月三十日 From：川 繁月縣 五合鄉 師範附小

To：徐州聯合勤務總司令部 徐州總醫院 交詢問股

哥哥：

你生日寄來的信，我已於我有由家返校之後得到，即令今天下午獲讀，請不念，以前我曾寄我和舒玉如死黨的合影照，看今不曾收到，是失了吧？不關係，我以後照好，會寄來給你，你需要的鞋子，因現在關於襪底一類的東西尚未作好，待作好即與之寄來。至於你的入校費用，你不是說於每期約一百萬元整之數竟可了嘛？本來四川的生活程度是極低的了，可是每期一百萬元，吾兄之必須矣，我一定甭管家裡怎樣，定盡我所有力量來替你辦來。

家裡說，你給父親寫了信，並言你送他的衣服，據說是沒見過的衣料。這些你以後都不要買吧！本來那邊（南京）的東西貴，又很費事，媽媽和我會隨時得到你的信，我也隨時告訴她你的生活情況，她也很快活，高興，請你隨時保重你自己吧！

聽說你隨時給四爸和樹恩他們有信，並言你誠懇的信任他們，不過我也不得不向你告訴，我們相信一個人也不要太相信過度了，你焉知道別人也像自己姊妹們一樣麼，[11]雖一根紗到紙差的，尤以樹恩氣你得很，同樣的也氣著我們。

不過我們今天只有努力將來為我前途作想，我們用不作去理會這些，他顯然今天盡力佈置他的勢力範圍，可是我們也得向另外一方面發展，地廟鎮那環境中，今天就剖心也得不到人對你的好心，那環境根本不是好環境。

現在校內已是二十週了，於不久就快秋假了。下期大約能再工作繁月縣，你替我定文藝訂莫有？若沒有就算了，若行，可暫訂一月，交地廟也要得，或交繁月縣北外桂林莊，秦安北樓便可。恐怕我隨時在這兒也說不到一定，我隨時均有信給你，請你對身體多多保重，並請你修信給四叔或樹恩時，信中不要告訴他

[11] 此處應是指，雖同為親人，但其間仍有紗和紙的親厚之差、遠近之別。

們，我與你寫信，或關於我的事，他們最膩我了

三妹正華 近安 三十六年六月三十

寫此信的當下，三十六年六月三十日，正是劉伯承、鄧小平部隊暗夜強渡黃河，發起魯西南戰役之時。國共之間的談判完全破裂。七月四日，政府通過「勵行全國總動員堪平共匪叛變方案」，即宣布動員戡亂時期的開始。

但由這封家書中，看出鄉下女人家所關心的事，只知生活動亂、物價飛漲、家族內為了生活內鬥不斷，她們看不出有戡亂戰爭、禍之將近的影子。

為了省錢，父親在當時的許多消費品都托人在四川買，再寄去南京，因為四川消費較首都南京低了許多。信中提及學雜費每期約一百萬元法幣，那是六十多萬的學費，加上四十多萬的住宿費，並不是每個月七萬的公務人員可負擔得起，父親在徐州總醫院賺的錢頂多只能應付京華生活罷了。不過，父親為了討祖父的歡心，他花大錢請四川的友人延仁，在成都買了洋貨的綢緞子、鞋子等寄給祖父，向祖父輸誠表意，家裡人知道了都難免心疼，希望他能為自己多省點生活費。

這信中也提到父親和其他家族的互動情形，三姑正華再三提醒我父親，族人間刻意要算計他，要他小心與其他族人間的互動，請他不要全拋一片心，但父親不知為何如此輕乎她的警語，終至逃不出這些族人對他的計算。

三十六年七月三日 奉諭
派司藥許雲接管藥軍即日起辦理交接 此至 陸正誠司藥 陸軍員 七月三日聯勤
總司令部徐州總司令部徐州總醫院藥局便條

國軍在魯南重創後。損失慘重，為了節省開支，精簡部隊，進行大量裁員，是年七月，由後勤部隊的徐州總醫院先開鍘，裁員近三分之一，父親不幸上榜。好在，早在被裁之前，父親便已準備轉往北京朝陽大學去讀書，不知是否與中訓團轉駐北平有關。且當時北平物價遠較南京便宜。但當初是為了徐州總醫院還有得一口飯吃，他始終不敢妄動，如今被裁員，他反而無所顧忌。

## 轉學、家事、國事

三十六年暑假，他一鼓作氣，考進了北平朝陽大學法律系插班，他的努力有了代價，以國家當時的情況，他認為那會是一個積極入世的選擇。朝陽大學是當時中國最著名的法學院校之一。一九二〇年代，世界法學會海牙會議期間，各國代表肯定朝陽大學為「中國最優秀之法律學校」。

這樣美好的結果，卻帶來更多惱人的問題。他必須離開他正在交往的金大女友，到北平發展。那樣一個痛苦的決定，使他後來漸漸有了憂鬱的傾向。正華親孃雖是父親的妹妹，但母性堅強，對我父親的關懷無微不至，她也發現我父親開始有了沮喪的念頭，在這期間，她也含蓄的向我父親介紹了一些自己的好友給父親，可惜當時父親的心已給了趙小姐，對其他人提不起興趣，又不想讓妹妹難過，所以沒有正面回覆妹妹的推薦，但正華親孃還是不放棄，又藉機寄了其他女子的相片來試探父親。但結果是一樣的。

民國三十六年八月二十四日

陸先生：

今同學自湯來京談關于趙小姐的事，湯山陸院方以給徐陸院信，徐詢問趙小姐之事，俟回信後再予定奪，請趙小姐暫候為盼。趙小姐仍在京嗎？請來玩是盼。您近來如何？快開學了，請您見信後報告趙小姐為盼 近安

李蓮

民國三十六年的暑假中，父親考到北平朝陽大學後，被迫離開他金陵大學的女友趙柔，趙小姐因為不曾休學過，所以按時畢業，由於當時大家求職不易，我父親臨行前，還透過自己在徐州總醫院的人脈，替趙小姐找尋醫院的工作；湯山陸軍醫院比徐州總醫院更接近南京市區，離戰區較遠，也較為安全，趙小姐家住南京，這樣的安排，看的出父親對趙小姐有情有義。他可能也是想藉此表示他的虧欠之意。那時他才二十四歲。

三十六年八月 正霓來信

哥哥：

二五號，中姊寄予與你的信，你收到了麼?至於妹妹的學費一事實是困難，因父親精神失常，所以諸事都不易辦理，須經姊妹們再三懇祈終是無效，他老人家不是惡語罵人，就是打人，終日吃酒為事，都是精神失常之故。父就如此，但兄入學在即，父母親辛苦半世，理因也只有我們姊妹兄等，所以只好我們與母暗地磋商，兄只有這一個機會，以後就是有錢亦不能入校。因此我們與母親再三設法借了一些，又瞞著父親不理論時，賣得一些穀子，好不容易集得一百五十萬與你兑來，暫著繳令之用，以後每月伙食看再設法可能多弄到錢，便與你一齊兑來，如不能，便每月兑來，因我弄錢是要等父親不理論的一個時候才能提到，希兄東到速回信為盼 敬祝 安樂

妹　正霓　八月三十號

---

現留的家書中，這是唯一一封五姑正霓的來信。正霓是父親的第三個妹妹，家中排行老四，當時正華三孃在繁月縣五合鄉國小教書，偶而才回家，老二正雲已去世，家父到外地求學，祖父時有精神失常；家裡方面，就只好由在

家養病的四親孃（五姑）——正霓她代為處裡，當時她才國中，因病而待在家中，忍受妯娌堂叔相欺，她與她母親和姊妹們，想盡了辦法替外地求學的哥哥，湊學費及生活費，她們姊妹都看到哥哥在外辛苦求學的困境，眼看著考到了全國頂尖的學校，卻無力繳費，姊妹們都替他著急；偏偏這時，那經濟大權又握在情緒崩潰的祖父手上，病況嚴重時，不能溝通，對所有家庭的成員而言，在情感上都是一種磨難。好在他們兄妹情深，互相安慰支持，非常團結。這是唯一一封由四親孃（五姑）寫給父親的，她在當年的信中提到祖父精神失常，我以前曾聽媽媽提起過，肯定是父親讀過這家書後，在後來的日子裡向我母親提過，他本人絕少向我們提起他的家鄉事。二〇一一年我見么姑時，提起此事，么姑說祖父脾氣不好，但沒有精神失常，不過話說回來，她當年才九歲，或許並不是很清楚狀況。

我二〇一一年去四川看五姑時，她一如往昔的病疾纏身，她說她後來確實回到學校把書讀完，在祖母堅持下她也上了高中，後來認識一位品學兼優的富家才子，論及婚嫁，可惜淪陷後，富家才子變成黑五類，他受不了批鬥的侮辱，投井自盡。當時的八姑（五親孃）在一解放後，就被迫趕緊從軍出鄉，借從軍來漂白以逃避地主身分，免遭批鬥，但五姑（四親孃）沒有從軍，而是繼續留在成都讀大學。

後來她又認識另一個學醫的知識分子，並結了婚，對方後來還當上人民醫院的院長。只是在紅衛兵時期，他因為是知識分子，被拖到街上批鬥，雙眼被戳瞎，雙腳被打斷，事後雖被平反，卻已殘廢；但聽說我這五姑父，雖是弄得一身殘疾，又瞎又跛，但平反後，生存意志堅強，每天還摸摸拐拐的替全家煮三餐，照顧有心臟病的五姑，直到他自己終老。五姑育有一子一女，卻都讓她白髮人送黑髮人。飽經風霜的她，在後來見到我時，已是不良於行，垂垂老矣，只有一個也在同一醫院上班的外孫女，和她一同住在醫院的舊宿舍裡，相依為命。

那信送出不久，正華親孃也來信支持：

---

三十六年七月三十日 To：南京 鼓樓 天津路金陵大學 353 信箱

哥哥：

前次由繁月寄來的信，不識可曾收到三十萬？讀你的信，常是念著關於學校的情形，最近情形不知怎樣，可能請假幾日麼？七月十七日，由地廟鎮城兑來一百五十萬元，是從地廟鎮郵局兑的，接到時候不會過期，你是否作我的請求，未得到此款以前，先前切止，期近即行請假數日，亦或貸款暫墊，今以經濟之不足，故先設法將學費兑來暫用。

用費你能設法，當然於自己比較好，食費看每月與兑嗎。第一，家裡近年來的情形，兄是知道的；二，經濟來源自然有限；三，本縣匯兑不便，還有其他諸方面。不過，哥哥，你進學校後，希望你常來信訴說一些生活情況，並且此款收到後，速覆信兑，常念，再有，請給父親寫信。

現在我在此校已經開學了 並且正式行課數星期了，代遇高一點可定，每日工作，都老整天工作，異常的累，可是我也並不周吃苦而心甘意願的盡我之力量去作。

現在雙親尚屬安好，請別念家內，我常回來此，小妹住中心學校，正于去讀蓉，只有正霓因病依然停學，不過我總以為這樣不讀是不好的，下學期定盡量想辦法讓伊入校，可是也要她身體好才行，你覺著何？唉，心總是想著諸於佃盡心，可是變少時候也會不知所措，因諸子煩蜇宅，下次談，來信交五合鄉中心學校即得。

可憐的姑姑們當時為了替父親和妹妹湊學費，實在很掙扎，由地廟鎮老家寄的一百五十萬，原是預計當學費的，但後來發現無法湊出生活費後，三姑竟將自己辛苦賺的薪資三十萬寄給我父親作生活費；她說自己的待遇在這期高了些，但她不知，不消一個月，那些加薪就全叫通膨給銷蝕掉了。由於那些年來的通貨膨脹，幾年之內，老家中原有的大量積蓄全變廢紙，幸好糧倉未盡，一些存留的穀類井鹽，尚可暫為族人填飽肚子。但父親就讀的貴族學校又在首都京城，費用自是高出預算，於是正華三姑與父親打商量，看他是否可以暫時先請幾天假，拖一下繳費日期，先將學費拿來做生活費，等湊齊了錢再行繳學費。

但是由於之前金陵大學返校處理不當，造成父親幾乎失學的經驗，讓父親對於她的建議很害怕；後來，他並未採用三姑的意見，而是轉向其他親戚借貸或討債，但在那艱困的時局，大家都像泥菩薩過江，自身難保，少有人能幫忙。

因我父親曾在民國三十六年一月由南京軍訓團調回四川重慶服役做戰地政務工作，再轉武漢，又轉去北平，再回南京，真所謂大江南北走一回；而由於是軍事行動，不能事先預行支會親友，所以他的行蹤顯得飄忽不定，也弄得連一些生活小事都變得很複雜，就別提稍為重要的事了。不過當時政府允許青年軍復學後，可將服役年資抵免一些學期日，而參加國軍做戰地政務工作的，甚至可以減少學期，父親藉著這個機會，最後一口氣考進了金大哲學研究院，在研究院讀書時，再轉考北平朝陽法律系三年級插班。

到北平去讀書，離國共主要的華北戰區更近。在陝北戰場的各郊區，當時共軍採游擊戰術，時進時出，槍枝仍是自保的必須品，基於安全，父親於是親自去信，與在四川華西協合大學讀書的遠戚陸己章連絡，再度協調索回槍枝一事。對方因此回信：

---

三十六年九月二十日 To：徐州後聯合總醫院 確交 From：成都 華西壩

正誠兄：

接到你的信紙是幾天了，這次碰巧是我們半期考試，沒有立刻回信，希諒！你的責備，和忿怒都因應該，因為現在你隻身遙遠守鄉，固然渴望著由覆信中得到家鄉的慰藉。這裡，我除了抱歉，但我仍然要向你說申明一點，我在得到你的自徐寄回之出援不久，則回信一封，至此以後一直到最近，都不曾得到你的信，我也疏忽，一直再沒寫信，這是需請你原諒的一點。最近，收到你的信，方知你不但不曾收到我的信，連你的三信中，我也沒有收到對一封，為無其咎在郵。

這一點我想解釋清楚了，你多不會再生氣了，你提到那件事，我真不知往何說起，因為我深以為情義重，物資次之。總之你不以小人待我，我當再解釋一翻，在你離蓉（成都）前，向你談起，起意欲求你割愛讓與我，當蒙概據後，由安光（安繼）兄改告於我言，你在渝需款善急，我乃商得安光兄同意，將價款匯渝（重慶），適你又離渝赴漢（武漢），彼此差錯，致未匯到此款，後又由渝局退回此；經過在寄你函中以詳述後，安繼兄又偕樹恩兄來舍，樹恩兄更有此交代，我以當時係與你直接交談，故未與答覆，此中曲折情形就加之實屬迷惑，今安繼兄會及你而不提，謂我不置可否，更令人難解。

你我情同手足，知無不言，為能明以教，我甚感唯寄徐事往晤溫尺云，無誠困難，郵寄既不可能，而更無人可托，無種困難你當竟知，故「知我，信我」，明以教我，目前蓉城景況無殊，唯覺故人遠離，不勝惆悵，前徐州告緊，想必略受虛驚。捨下時常，唯母親頻年多病，至今就家中靜養，我一乃無成功課之賬，愈累愈深，妹與均健康無恙，兄遠居異地，無人照拂起居飲食寒暖之變，諸維善自珍攝為是，餘後敘，勿此　既候

弟 動（陸己章）九月二十日 華西協合大學

當時，內戰使得鐵路被破壞，橋梁被炸斷，許多運輸交通都受到戰事的影響，郵局收發困難，信件往來常有失落，且父親一會兒在服役，一會兒又在工作，又或在學，這情況下父親與他的舊識陸己章連繫困難，使事情變得更複雜，幾乎造成父親與此位好友彼此間的誤會；好在他的好兄弟己章了解他，不予計較，不過，己章似乎和正華三姑一樣，想暗示父親，親友中，有人想從中圖利，但因沒有切確證據，他也不方便明講。但父親對他的遠戚兄弟們，因為離家千里，在情感上很是依靠，所以死心蹋地的信著他們，就算有人明講，大概也不會理會吧！

而己章畢竟是男性，人在四川，他也關心戰爭的動向，知道國共在徐州有一場苦戰，而不像三姑正華那樣，一心只想替父親做媒。但看來當時的消息只講了一半，國軍在當地全數被殲滅的消息並未釋出，否則己章決不會僅用「略受虛驚」之詞來安慰父親。這封信是由華西大這貴族學校寄出，看來當時他還在讀書，他的下一封信則是由當地一家報社寄出，以他對時事、人事的敏感看來，在報社工作，是個不錯的選擇。

36/10/05 From：南京天津路 金大緘 To：北平東直門朝陽大學

正誠兄：

示已敬悉至所托辦轉學生證一事，當然照辦，唯兄未將相片寄來，故不能如期奉呈耳，兄曾讀金大數期，當知學校辦理證書有什之手續，故希兄能將相片寄來。北平諸同班如德齊、為禮，諸兄希代定通信處見面，將呈代弟致意。余亨通君，原住朝陽，現仍在校，希共祝 大樂

弟 義倬 36/10/05

三十六年暑假過後，父親轉到朝陽大學法學院就讀，而金大那邊，父親就委託他在金大的友人，義倬，幫忙處理轉學事宜。他原來金大的同窗聽說他考上了朝陽法律系，都替他高興不已，一些由北平來金大讀書的同學，相約要到

北平去找我父親，親自向他道賀。義倬於是通知我父親以期待他們的到訪。看來父親當年還真是四海皆兄弟呢！

金陵大學的學費比天高，雖說父親在醫院賺的薪資，勉強能應付首都的生活，但生計變得困頓不安，於是父親只好硬著頭皮，向四川老家商議大學學費及生活費；同時，他也四處向朋友尋問，是否有其他更好的工作機會。結果，不只南京、上海、北平、四川，連台灣都有人知道他在求職，但他沒告訴別人他還在求學，許多人都以為他金大畢業了，所以找上門來的工作機會就容易有些狀況。

---

36/10/12 From：省立宜蘭農業職業學校 To：南京 金陵大學研究院

正誠學兄惠鑒：

西川一別，迄已有年未悉書，兄近況甚以為念，弟，在三十九師工作十八個月，於七月初已告假來京，時因為參加甄試，未及前來覓兄，轉以為愧。

弟返里省親，及既承前先生馬公因在台任教長，弟來台任教理難影辭，即於八月十六日來校。馬公義，安徽合肥，與兄有共省鄉卿，吸彩於教育界歷首之十餘年，等涯海谷。學教兩界無人不知也，弟在京時聞及，兄就業未知確否，故弟深寓於心。摯友再逢，立求早現，再留意，而今數途於馬公前介，兄之才能，總於侍前往，體育組長解聘，今正有草聘伶，弟要兄立即前來，萬萬勿辭。免存難，弟身來京後，亦有至函於兄，業提及這所之計餘正和。吾兄博學多才，今來台尚可榮暢勝任，為祖國增光，臺地難掩日人五十年之教育，雖對祖國之好感不亞於國內同胞，所以造成二二八事件者，乃野心政治家所壟斷，並非國民本意，故能或安慰者頗多。

學校範圍極大，國內似者幾無，一切設備齊備均不缺，本科學校教員多留日學生，本期來自國內先生頗多，弟任高中理化上感輕鬆，不望勿念，憶及往昔友誼情同手足，久年滌，今又相聚，心中誠可為快樂矣。望收信後立即整則起程。以此信至滬買票照片仲介，兄來滬立即去郵航告弟，以便去基隆船碼頭迎接，因距基隆有兩小時的火車路程，務請快快來此，現已開學矣

吳啟

這信是父親在四川的舊同學吳啟所寫的，在校時情誼似乎不錯，又是一同參加青年軍的，有一段革命情感存在。由信中看來，抗戰後，吳先生似乎繼續留在三十九師中一段時間，然後準備接受國民政府復員令的安排；在受訓後，本因先通過甄試，再行分發，但吳先生的老師，馬先生，卻先邀請了他，在該年的八月，到台灣任教省立宜蘭農業職業學校理化科目。而他七月在南京參加甄試時，正好父親由徐州醫院辭職，想到北平謀職，因此向友人放出求職風聲，事情也傳到他的耳裡；他回台後，立刻向馬教務長推薦父親，在他的保舉被校方接受後，十月，他高興的寫信給父親，邀他來台任教。

吳先生久未與父親連絡，並不知父親轉讀朝陽法律系之事，還以為他從金大研究所畢業後要找工作，基於當年的革命情感，吳先生主動幫父親爭取到一個在省立宜蘭農業職業學校任體育組組長的職缺—因為父親身高一百八十公分，體格修長健碩，是個健將型的人物，所以他大力推薦父親那個職務。他也怕父親因路途遙遠生疏，而有退意，特地寫了一張紙條，指導父親到指定地點與特定人物會面，便條上除了印著他的名字外，他還手寫下：

上海楊樹浦警察局 沈巡官 潛 。由火車下來後，至塘沽路三角地，乘十一路公共汽車到底，直走便是。若沈君不在，則可至該局大樓第四層 402 房候之也

又在便條背後寫一請托函予沈巡官，他寫道：

潛弟：前有[12]啟同學 陸正誠君前來拜訪，敬請代為購買台輪船票一張，並指引陸君來臺路線及注意事項為荷

吳先生是這樣努力的安排，可惜，父親因仍在學而辜負了他的美意。不過，他原先所屬的三十九師，不知是否就是後來那惡名昭彰，造成[13]白色恐怖的三十九師，該師在後來國共內戰的末期，死傷慘重，所剩兵力無幾，退防台灣時，該師師長，為了招收軍人補充兵力，在台灣造成了山東流亡學生集體被槍殺的慘案，若真如是，吳先生後來定會引以為恨吧！

12 吳啟先生自稱。

13 此指「澎湖七一三事件」，並定位為「外省人的二二八事件」，是「外省白色恐怖第一大案」。一九四八年末國共戰火正盛，位於山東的各校師生紛紛南遷，其中「煙台聯合中學」校本部校長張敏之率領學生南遷；在多方協調之下，政府決定將八千名流亡師生暫遷澎湖安置。一九四九年七月，澎防部司令李振清為補充兵源，對學生強制編兵，校長張敏之抗議無效，冤獄逐漸成形。軍方為避免張校長與山東籍黨政要人求

吳先生任教的台灣省立宜蘭農業職業學校，是民國十五年建校，當時名為台北州立宜蘭農林學校。照吳先生的說法，當時學校的老師多半是留日的，因為該校為日治時期「工業日本，農業台灣」政策下所設立的五年制學校，所以戰後沿用許多原來任教的老師，都是留日的，後來才漸漸有他省的知識分子加入，吳先生即是其中之一。父親若當時接受邀約來台任教，就算是大陸淪陷，他或許也能自由的進出台灣，回到四川家鄉；但他當下作的決定，卻是從軍，他轉學到北平朝陽大學後，便向華北剿匪總司令部報到了。

為了替父親籌出去北平朝陽大學讀書的經費和生活費，大家真是想盡了辦法，最後，還找上父親的舅舅這位長輩——由於他與祖父的交情還不錯，因此希望他能出面勸祖父，以解除祖父對我父親的種種家法限制，並支持父親讀大學。

我對祖父的決定很難理解——明明是一個自己最鍾愛的獨子，一個努力上進、忠心報國、克勤克儉、志向偉大的孩子，一個受到家人及朋友尊敬的人，卻只因違背祖父之意，便對他趕盡殺絕，即使父親在天涯努力奮鬥，都要制裁他，不但讓遊子在外受苦，更不准家人與父親通信；這種父權極端的權威八

救，竟以匪諜罪名誣陷校長等人，其後三十九師師長韓鳳儀、政治部主任陳福生等人，陸續逮捕百餘名學生。被捕師生經草率審判，或被判死刑、或病死獄中、或被「感化」後分發部隊，另有失蹤者近三百名。

股，對一心追求改革立新的年輕人，真是一種恙害。而對祖父自己而言，同樣也是折磨，他舊社會的思考，傷害了他父子兩代及所有的家人。

當然，祖父不可能主動這樣做的，而是族人為了爭奪利益，巧心設計地用八股禮教綁架了他。

---

三十六年十月十五日 From：地廟鎮北街省銀行側 聚義樓

To：北平朝陽大學

正誠賢侄鑒：

年來未接汝函，心中甚以為念。因知汝行蹤靡定，余亦不便，緒書於汝。對汝，本來汝對父母曾數度函書，承認自身以前種種之非，是見汝能明白為子之道，此處身分。現在汝父對汝已特意，又經余茫中多方勸慰，故前月曾由正華送款來城找余，代兑其數為壹百伍十萬元。係由航空掛號，直兑南京金陵大學，此款不知收到否。為收到可既函付，以便向郵局查。茲忽及汝敘余函，使知汝又到北京的朝陽大學法律系，出路較政經為優。且相較生活較南京低，以故轉入北平，余甚以為慰，但對汝家庭告之否？

余自去歲汝外祖母棄養後，經濟頗感拮据，又因汝二舅吵鬧分家，已將太極場祖業賣了。立約分割，但余去歲因種種關係，負債達三四百萬元，情形汲汲，不可終日。幸本年四月後物價波動劇烈，以及鹽價亦大提盤，及迄今日已將債物付還。經濟稍見好轉，所以本期龍耀改入川大法律系，才有復學的機會，日前業以進校，龍官仍住家中，本期亦畢業。大約赴蓉升學。

余與汝舅母身體均平善，汝母與父上半月來城住耍了幾日，其身體比較去歲健康了些，汝其勿自念玉。汝請余幫忙之處，只要汝在可能的範圍內，決予以盡量扶助。近來北平氣候必較本省冷，汝其珍攝好來及述印詢汝住址以定務將隨時通信為盼

愚舅　十月十五號

---

這信中提及父親在離家出走後，便不斷的寫信回家，向祖父道歉，但族人見縫插針，從旁煽火，使祖父氣頭難消，根本拒絕看信，不曾原諒；好不容易，從娘家這方大力勸導，祖父終於有了鬆動，同意寄上一百五十萬學費給父

親（五姑正霓前信說，那是趁祖父不理論時「弄來的」），祖父將匯款之事，交給正華三姑去辦，三姑因不懂大款匯兌，所以拿錢到大舅家，請他幫忙匯款。而眼見我父親在外地求學困難，父親的大舅雖對他頗疼惜，無奈自家情形也好不到那兒去，只能量力而為。

不過通膨的情形，無意間替大舅在債務方面解了套，原本要用幾十年才還得完的數百萬債務，在通膨的數字沖刷下，一季市場的提盤就解決了，不知是那個冤親債主給賒了這個帳，定是大喊冤枉呢！同樣的，父親大舅子家的青年子弟，也因大環境的關係，在求學路上停停走走，在那樣的年代裡，上大學讀書是件奢侈的事。

三十六年十月二十七日 From：民風日報 社址：成都興隆路25號 編輯

部：成都 紅牆巷9號 To：北平朝陽大學

正誠大少爺：

違教正念，突奉華翰，真不諦喜從天降，歡同確躍，法律一系，正走紅運，

今兄攻就，預祝成功，弟雖云混足三年，猶兩顧茫茫，今兄齒及，倍曾汗顏，

北平之遊，心向已久，經濟機會，兩不相修，徒引頸北望時，切悵思耳，北海秀色，想已飽餐矣，令弟羨慕不已，囑寄之物，經弟三思，深覺不便，今值北方戒嚴戡亂，清查黨奸之期，誠恐引起誤會，彼此不利，弟決不敢如兄所云，有處份尊物，亦非有意扣留，借用之說，已成過去，蓋弟借而未用故也，彷猶能憶，在前函中，曾提及樹恩兄泣舍之事，不悉可已邀青覽，兄弟情長，弟決非兄所料者，散佈衷曲祈予亮查釋念，天近人遠，情長紙短，書不宣意，諸維珍重，敬祝

健康

弟己章 敬覆 十月二十日

---

父親的這位遠戚陸己章，一再向父親表明心意，言明自己不是不還槍，而是不知如何妥善的還槍，因為槍支是在警局登記有案的，是由做鄉長的陸樹恩大伯送給我父親的，父親又轉借給遠戚陸己章，他當時只說借用，但後來沒用到；只是父親不察，受人從中挑撥，己章警覺性高，不願任意配合，因此反讓父親對這位友人誤會良深。倒是對方心寬量大，不忍傷兄弟之情，甚是無奈。

在報社工作為何需要槍？可能因為當時共軍連戰皆捷，國軍才發現是因黨內被大量諜報人員滲透導致戰爭失利，因此下令清黨，不只是北方戡亂，四川許多共黨地方黨組織也都被清剿，依遠戚陸己章在信中的陳述，似乎他自覺身邊情況不對，才想擁槍自保。後來歷史證明，該報社的編輯王度之正是長期埋伏的共黨地下黨員，隔年他發現自己有暴露身分的危險，藉口回鄉養病而逃走；下鄉後他組織工農，假借國民黨當時實施的二五減租政策，合法的批鬥地主們；四川淪陷後，他反成了人民英雄——至於他的同事，父親的遠戚陸己章，是否能安然渡過那大批鬥就不得而知了。

一九四七年末，共軍三支大軍已經在中原成品字形，完成了戰略部局，預設[14]口袋，北平、徐州、南京，都已悄悄的被陷入口袋中而不自知。父親當時往來於北平與徐州之間，大約看出那山雨欲來風滿樓的情形，心急如焚，所以一到近寒假時，他希望自己能隨時為國軍效力，做做戰地政務的工作；他聽說孫立人將軍，有在上海招收新軍訓練，因此他就跑到上海一探究竟，但上海招收的新軍是要到台灣鳳山受訓的第四軍官訓練班，一次訓練最起碼數個月，才會回到大陸戰場，並沒有像中訓團那種短期軍訓。於是他回信給南京的延仁，

14 此指共軍擅長的「口袋戰術」，利用已滲透國軍的情報優勢，搭配地形，製造三圍一出的假象；藉此誘敵深入，然後縮緊袋口，殲滅國軍。

表達失望之意。父親對國軍戰況的焦慮，連他央大的友人延仁都看得出，務實的延仁便寫信勸阻他道：

三十六年十一月十日 From：國立中央大學 To：北平朝陽大學

正誠吾兄賜鑒：

在滬杭參觀已達半月之久，未能稍通音訊，故有脫節之象。吾兄前覆兩函均已先後收到，至受訓一事以成問題，公伯意鑒，上月十五入訓均未如願，吾兄亦不必再作此種不必要之打算也。府上接信之後，已在周密打算，不日想可直告于兄，此間一切正常，祈勿懸念

弟 延仁

延仁也是父親在四川的大學友人，抗戰後，一九四六年初，各校紛紛復員，遷返中原原址，當年的好友死黨也都回鄉，四散各地。他們當初都一起參加過抗日青年軍，只是到了打內戰時，國民政府內部良莠不齊，讓一些曾為國軍效力的知識分子很失望，在政治上採取保守觀望的態度。延仁即是其一。

延仁是個個性務實，快人快語的央大醫學院學生，和父親一樣，為了求學，被迫離開四川家鄉，隨學校遷到南京。由於父親到南京金大後，在徐州總醫院作藥庫專員，半工半讀，工作上許多藥物方面的知識，父親都向延仁請益；當時父親的金大，在南京鼓樓區的天津路，延仁的央大在幾個街區外的四牌樓區，而他也在鼓樓醫院做實習大夫，地理上較相近，加上兩人都是打四川來，異地同鄉彼此較為照顧，因此父親的許多家鄉私事，也都請他代勞。父親考上北平朝陽大學後，一些在南京金大來不及處理的手續，也都麻煩了這位好友。雖說延仁勸父親對戰地政務工作不要太投入，但父親對的延仁建議，並未採納，他轉進上海，三度打聽有無軍訓課程。

---

三十六年十一月十二日 From：四川省地廟鎮縣北街第五號

To：江蘇省徐州聯合勤務總司令部 徐州總醫院

正誠賢甥為晤：

汝迭次之信均已接閱，回憶日到由渝天華行來信後，既覆電通知家款不易收入，又恐不詳，復寄雙掛號，隨附的證件寄還（因參議會須到校證明書），繼後萍蹤無定，故雖途次疊接汝信，未便裁覆。及底抵南京覆汝書時，余甚為辛慰，曾說親到汝家看視汝母，更而汝父商討就學問題。殊汝父堅持不允出款，余無莫可為何。

返里後既寄南京航空信一件，詳敘此次商設經過，通告以家庭匯款絕望。勉半工半讀，自立更生，發信不久，又收徐州來件，知汝南京信仍然未收到，頗為歉疚，然最可喜者，既在徐州任事，未經北上，以環境而論讀書強暫的停頓，逆料於此，節約儲續來籌復學為劇。可能汝可不必壓心，亦不必過於悲觀，須知有志者事竟成。

試看古今英雄豪傑，皆由環境逼迫使然，故孟子云，天降大任於是人也，必先苦其心志，勞其筋骨，餓其體膚，空乏其身，行拂亂其所為，所以動心忍性，增益其所不能，果能準此努力，前途光明未可限量。侄素恆大志，兼具剛毅果敢不拔之志，前途未可限量，而冒險經神由為可貴，吾深信吾姪將來必為出類拔萃之志士，姪甚勉之，今與侄書此，惟安慰與希望而已，汝母病體已痊，勿須掛念，汝在外處，宜勤慎供職並兼保重身體，勿作消極感想，以自暴自棄，轉以克

服環境，勿為環境所困也，後俟龍耀，詳述此覆

愚舅 劉嗣卿

嗣卿大舅公是奶奶的哥哥，和祖父似乎關係不錯，有一段日子，祖父曾帶祖母去他家住過，有事也會找他商量，舅公家和爸爸的關係甚佳，父親也找他求助過。

這封信裡，劉大舅子提到將證件寄還給父親，可能是指青年軍的復員令。當時的國民政府與參議院之間，似乎對因參軍抗戰而失學的青年軍在戰後回校復學的補償金，有意見上的不同，國民政府與參議院竟在法院對簿公堂，父親因在四川參軍，所以雖然人在南京讀書，還是得回四川參議院伸請補償。可惜他對申請程序不熟，延誤了申請。

劉大舅子對我奶奶（他的妹妹）照顧有佳，祖母娘家也算是個經營鹽商的大戶，在地方上有些地位，地方上稱她為劉大姑娘，雖說與我爺爺門當戶對，但爺爺並未善待我奶奶，而在舊社會裡，女人除了隱忍，別無他法；於是我奶

奶若受氣，就到她哥哥家躲藏，每回都由劉大舅子勸回我奶奶。而他也並不因此氣我爺爺，反而不斷討好我爺爺，期待爺爺能因此善待奶奶。爺爺為此和他走的頗近，若有事，也會找他情商。

劉大舅子他育有三子，劉龍耀、劉龍官、劉龍昂，他一直以來都想讓他家的老大龍耀娶我五姑正霓，老二龍官娶我么姑正康，可能是我這舅公疼惜我奶奶，希望他兒子們能幫忙照顧他妹妹的女兒們吧！老一輩的，只有親上加親的想法，沒有優生學的概念；不過，龍耀、龍官雖是年輕一輩的，後來也都完成了大學教育，卻不忘父親的交代，一心想娶表妹們為妻。么姑說，當年她知道長輩那意圖後，每次和我奶奶去舅舅家避難借住時，都很害怕的躲在奶奶身後，深怕一不小心就被嫁掉。

劉龍耀、劉龍官、劉龍昂三兄弟和父親關係尚好，他們對我父親尊敬大於親近。與父親年紀相當，老大劉龍耀，後來自川大外語系畢業後，英文、俄語都講得好，便到重慶求發展，由於文筆佳（這從他寫給父親的信中大約可以看出），成了當地長江日報的記者，小有名氣，社會地位不錯，但取了個文化不高，賣雜糧的妻子，生了兩個兒子，大兒子後來瘋了。

龍官後來自四川大學中文系畢業，被分配到學校教書，後來作到自貢市的國中的高級教師，生活尚可，他當年對我么姑一直是一往情深；么姑則一直搞不懂，他們兄弟都受高等教育了，為何還會對三等親內的表姊妹有興趣。

父親的舅舅與祖父交情很好，祖父與他有話講，於是我父親想透過舅舅的力量，開導祖父，使其解除經濟制裁與不准家人與他書信來往之禁；父親的舅舅也心疼自己的親妹妹及其姪子受到其夫家眾族人之排擠，所以親自多次找祖父商討，無奈祖父思想封建，更為家族有心人利用，讓禮教的大帽子扣得死死的，無法轉圜，祖母深覺必須離開家鄉那是非之地，否則永遠擺拖不了族人的逼迫與擺佈，因此央人四處找房舍，也準備逃難至他鄉。這一切，大概都是因為通貨膨脹的太厲害了，經濟壓力由天而降，扭曲了人性，大宅門內的自家人，都鬥爭到如此地步，誰還有心去關心內戰之火即將焚身呢！

好在祖母娘家的人出力維護，才使祖母不至被族人過分欺凌。而祖母和祖父的婚姻是門當戶對，因此父親族人爭產爭權之事，也同時在祖母的娘家上演，當真是禍不單行；不過也或許是就因為是這樣，祖父才常去找舅公，兩人同理心看待，相互安慰勸導。而舅公自己的兩個兒子，也和我父親一樣，或者說，和當下大部分的年輕人一樣，停停走走的完成高等教育。

舅公雖寫信給父親，答應幫父親完成些事情，但基於輩分倫理，他無法直接向我父親說明代辦情形，於是要求他兒子龍耀，以同輩身分，詳述事情發展的狀況。所以龍耀特地寫書信予父親，內容道：

---

三十六年十一月十二日 龍耀來信

正誠賢表兄惠親鑒：

陽關三曲送故人，以千里相聚一堂，暫驪歌而告別，人情喜劇能無黯，然值無霜露，寄降木葉微脫之時，懿祝起居。唯獨見聞日增，為煩為慰，鈞者足下由蓉起京一路信幾，均已收到，家君囑信中告知頗詳細，弟之所以敘書者，一則問候起居，再則補家君信所謂囑。先是德足下渝天華行來信，印電報觸電稿內容，弟尚不認憶係與二妹正雲商討出之內寫，搭款待年底領經費，須附校證書，當時，弟料令尊年底可以出面出款，故一面覆以電文，一面親赴府上請，當時府上正覓工，振補繼與。

令堂首先是商討吾兄就學問題（當時姑父未返家），萬里跋涉求學之苦心，在姑母之意，滿能接受，諸妹皆表同情，並令弟將此意稟告姑父。即姑父返家，弟將此意稟告姑父。姑父堅持不允，實則款在令四叔手中，終不可收得，並以惡言挑撥其間情，形容吾兄不義矣，姑母雖樂於出款，但大權悉在令尊之手，愛莫能助，況姑母尤遭令四嬸之惡意揣度，故對彼事無不鼓吹紛爭，以為兄既惹禍，為在耍情，必為姑母所知使，便於輿論紛紛，莫不平息。吾兄思知其然乎，其不然乎。

而我對吾兄之事，仍不使其絕望，故又邀姑父來城散心，忑一來成以好便力加勸導，果令尊於弟返家後半月，又復來城裡，當時家君曾力勸開導，姑父仍然不允交所來信件予繁月，誓不願見兄隻字，但不願以去隻字與兄，蓋恐世俗之人非議，況令諸叔嬸聳恿其中，弟等之力不及其十分之一，豈能為力耶，候值姑父返鄉，又邀家君至府上休息。

因祖母棄養後債物重重，乃預賣花鹽十擔，當時得價十二萬，不過十日鹽價猛漲，高達三十三萬，痛失百萬元，有其家君生憂爭不已，姑父邀已到府上勸解，而家父之意亦到府在做最後商談，已見不願犧牲成見，走展返里，既得南京來信，故當印覆以家務為重，盼能半工半讀自力更生。

後得吾兄徐州信使知悉於徐州總醫院住職，諷勝歡喜，吾兄可暫任其職，俟來年再升學也不可之是，畢勿自傷身體，蓋凡頹喪之人，不特對自己已業為益，且更有損。吾兄素有偉志，切不可自暴自棄，在任職中，款項為能節省則儘量儲蓄，以作復學之需，汝兄款與姑母，因為姑母望吾兄心甚切，故擬將吾兄款，兑回之數，作為培植吾兄之用，其意頗佳，吾兄以為何？

吾對吾兄於學業上，儘量努力，莫須掛及姑母，既始有其他事故，家君必當努力於護你，姑母之意，擬遷城住家 免使姑父染成不良嗜好。刻正托人覓街房，吾兄不必遠念。預領復員費，必須具有復員到校證明書始可領取，前寄來之學生證非正式証件，已發還（並車票）。

渝天華行現將該地收信回執壹張，附信箋，吾兄可賜函天華行索取為要，為能辦得抵京訓校證明書寄回來，則其復員費仍可領得（領復員費者均為此）不知吾兄可能辦否，賜附以便著手進行。

前曾提擔保提領，參議會仍打官腔，不便發給，怨其不列校，則該處須付賠償責任，吾兄須明此意，非家君不願為之力也，目前弟之家庭環境緊急，二叔逼迫分家，祖業均已出售，債務累累，故弟本年升學問題亦未能解決，只好停頓，但環境處如此，夫復何言。所以此次吾兄苦心求學，雖須經濟援助，但苦於環境上莫之為何，真所謂心有餘而力不足也，吾兄其能之此，而原諒我乎，所望體察舍方之情況，而不可介意也。

弟，敝居窮里，為籠中之鳥，睹吾兄之大鵬展翅，怎能不羡慕，況以天風沸沸，海水漫漫，游於各都之中，賞屬大自然之風味，其樂耶，無意為足樂耶。

今吾兄既處發達之地，自是近水樓臺，君應先帶暇時，團於辦了見聞，祈能多多見教為盼，關山遙遠惟蒙遂自愛，欣為後敘 耑此 並祝 旅出健康第一

愚弱弟 龍耀 頓首 十一月十二日 夜寫

---

這封信是由劉大舅子的大兒子所寫，其實我舅公已寫信給父親了，為何又要其子重述一次講過的事呢？細讀下才發現，雖說我祖父與大舅公關係良好，互動頻頻，舅公生意上有所損失，我祖父還會特意安慰他；但也因此，有些事，大舅子基於長輩倫理的關係，並不方便直說，但又希望能向父親表明或示警一些事情，因此特意要求其子龍耀再寫一封信與父親詳述。

父親的表弟話說的方式，比三姑還露骨，他對父親家族的內鬥，形容的毫不保留，點名道姓的，明白的說出族人是如何欺壓我奶奶、設計我爺爺，為的不過是些祖業。

但我爺爺與我四祖爺（爺爺的四弟）互動很好，爺爺和家人鬧脾氣時，常跑去他四弟家住上一段時間，哈上兩口大煙。四叔公無子，承襲的家業不用留給後代，所以生活算是優渥，與四媽（我的四叔母）成天享樂，花大錢抽大煙，挑撥族人，左右祖父，借機控制了祖父的人與產業；祖母娘家的人，看在眼裡，痛在心裡，所以才向我父親提出警告。可惜這時的父親卻不願接受事實，又或者是因為他覺得自己其他的家人都尚在族人的屋簷下，不得不虛與委蛇，只是想不到，日後竟因此嘗盡苦果。

龍耀並不隱藏自己也有一顆想飛的心，及其如籠中鳥的心境，個性率直可愛。信中提到，龍耀曾為了替父親提領復員令補助款，和我二姑正雲一起商量過此事。這大約是正雲二姑最後一次在父親生命中被提到。據么姑說，她在父親離家的第二年便離世了，她走的很冤枉。

大約是民國三十六年的某一日，正雲二孃由學校下班，搭公車回家途中，因為鄉下路多顛簸，她的人個兒高，但身子輕薄，又站立著，公車駛過一個大坑，她整個人被彈起，頭部天庭蓋撞到車頂，當場血流涓涓而下；她為了省錢，沒去醫院，只用白布帕蓋壓著，回到家後，以為稍作療養即可，殊不知躺下床休息後，就再也沒起來，還來不及送醫就往生了。

後來驗屍官來家中驗屍，才發現她除了常年的肝病，還有肺結核在身呢！真是可憐勞苦一身。她的死，對父親真是一大打擊，他曾在我們幼年時提到此事，每回他帶我們搭公車時，他都會很慌張的替我們找位子，要我們坐下，免得不小心被彈到巴士的頂蓋。其實，當時我們還很短小，巴士再怎麼彈起，我們也不可能彈到頂蓋，二姑的死，對他的打擊可想而知。

信中道出當時通膨的狀況，那一擔子的花鹽，當時竟叫價到十二萬，父親的舅舅以為是個好價錢，機不可失，趕緊出手賣掉十擔花鹽，那知才隔十天，又拜通膨之賜，每擔花鹽已賣到三十三萬，手邊的資產瞬間縮水，損失兩百一十萬，叫人扼腕。

那花鹽亦被稱之為新娘之鹽，因來自其漂浮在鹽田的鹼水上，特性脆弱，產量稀少，不易採收，以前多半由細心的年輕女子負責撈起；而年輕女子辛苦賺得的錢還得全部存起來，做為將來添置嫁妝之用，因此得名。

賣花鹽之事，讓豪氣的大舅公還需找精神不穩定的祖父來安慰他；不過他前一陣子，也拜通膨之賜，才爭脫掉纏身已久的數百萬債務，所以實際說來，他還不是主要的受害者呢！

那渝天華行似乎是個銀行，由於在地廟鎮鎮的郵局兌款不易，舉凡大款，父親的家人都較願意到成都市的這家銀行作匯兌，較有保障。可能程序或年紀上的限制，父親的三妹或表弟龍耀都不能直接去匯款，所以一定要請舅舅這長輩來匯才行。

由於九月時寫信向陸己章要槍沒著落，父親再次邀請四川的舊時同窗好友啟慧代為取回槍支，父親在信中向他報告了上次通信的內容後，他回信道：

From：華西協合大學 To：北平朝陽大學

正誠學兄：

接到你的信已經有一週多了，內中情形也完全知道了。弟與陸己章數度洽商，他說他曾有信與你，並匯數萬元以作槍價。然未得你覆信，結果錢由鐵路局如數寄回。他又說關於槍的事，內容頗為複雜，令兄曾代信與他說過，說槍是令兄的，並已在警政局府有案。弟則躊躇，不敢請陸己章把槍交與我，想必陸己章有信與你特此情形說明。加之現在北方戡亂期中，弟是將槍付郵局，旦使察出則兩方均感困難。特請吾兄裁奪，以覆我音訊。弟，決盡力為兄效勞也。

兄考入朝陽，特為鼓賀，希繼續不懈努力向學，將來成就無量也，目前社會無人力，特須要資力與學識。我等皆四顧茫茫，自己再不努力，則前途不堪設想，希兄努力之，將來互相幫助，得益不少也。耑此即覆為盼

弟啟慧十一月十二日

此時，在華北地區，國軍兵力空虛，傅作義受命擔任華北剿匪總司令，率領主力部隊沿平保線尋機作戰。共軍聶部圍點打援，機動殲敵，消滅國軍三十五軍兩個師部。國軍於是繃緊神經，全面戡亂。父親也可能因此更覺擁槍自保的必要性。

信中的「令兄」，是指父親的堂哥樹恩，他不知怎麼的，也跑去找陸已章要槍，由於在他之前，父親一直托人向陸已章要槍，從未要現金過；因此樹恩大伯提出要將槍對款之事，讓陸已章起了疑心，樹恩大伯看陸已章不願將槍交給他，乾脆挑明了說那槍有一段複雜的背景，看看陸是否會因此放棄持有那槍支，沒想到適得其反。

陸已章經過與父親一番溝通說明，終於願意相信啟慧才是父親所托之人，加上啟慧與已章皆為華西協合大學同學，彼此也為舊識，陸已章因而願意交付槍支；倒是受託去取槍的啟慧，一聽那槍有一段背景，心生畏懼而不敢收下槍支，回頭請父親另做商量。

當時國共二軍放棄調庭，全面開打，國共在陜北激戰，共軍採殲滅戰，國軍連連敗北，軍民死傷無數，國軍懷疑戰敗原因，與軍情洩漏有關，於是發布動員戡亂，要肅清占領區內所有與共軍有關的可疑份子，軍民神經緊繃；因此，啟慧擔心萬一被軍方查到私自擁槍，會被軍方疑心其有做亂意圖，寄收的兩方都會惹上麻煩，茲事體大，看來他的心思是比父親細膩些；但他也可愛，雖說害怕，倒也硬著腰桿，說要看父親的決定行事，一副兩肋插刀、在所不惜之勢，頗有古代的俠義之氣。

---

三十六年十一月十五日

From：江蘇徐州中桓街85號 國防部人民服務總隊 第三總隊 馬授官 To：北平朝陽大學 法學院

正誠吾兄：

昨日接讀來信後悉，吾兄近況甚慈，想還來安適，生活愉快為祝。近日來徐州的情形非常的特殊，由昨天起，午後四時就不許通行了，共匪離徐州城不過二十餘里路，在夜靜的時候，可以聽到炸彈聲及砲聲，昨夜的飛機整夜的在飛行，雖然情勢不好，而市面還算安靜。

關於吾兄接寒假受訓，這大可不必，同時間也不許可，能有這樣好的機會求學，希吾兄安心耐心的求進步，好在時間並不長，一轉眼四年的時間很快就過去了。用不著其他的打算，吾兄以為然否，床子祝你 快樂

這馬授官似乎是身經百戰的武將，對文人從軍不怎麼看好，說話有些酸，讓父親想受訓之事碰了個軟釘子。不過當時共軍就在徐州外圍，兵臨城下，照理講軍隊招兵買馬兼拉伕都嫌不夠，那牛授官卻把送上門的自願軍拒於門外，是有些奇怪；往好處想是，他不相信文人從軍，在此刻戰況危急的當下，除了當砲灰，還會有什麼積極的作用？或許無形中，他救了父親一命。因為徐州的國軍，後來在三十七年尾，被共軍包圍，百萬大軍灰飛煙滅。救了我父親的馬床子授官，不知有否受到上天的眷顧，逃出劫難？

三十六年十二月十八日 From：地廟鎮廠商辦事處[15]陸中善　To：北平朝陽大學

誠兒知悉：今由郵局寄兒來法幣壹百二十萬 收到後 速回信為安 此示 父 善示 冬月初四

[15] 作者祖父的名諱。為尊重作者親族之隱私，此為化名。

三十六年冬天，祖父暫時在態度上有了軟化，他本身飽讀詩書，對事情有一定的見解，但他脾氣很牛，一旦有定見後，很難叫他改變想法；即始真改變了他的想法，他身段又不願放軟，是個父權社會的典型。最後弄得他自己精神焦躁，借酒消愁。

由於兒子越來越接近戰區，祖父更加擔心，但父親從金陵大學考上朝陽大學，確實讓祖父欣慰，所以祖父自己親自兌上款項；雖然文字上並無任何表示，但行動足以展示為父之慈。想必為父親這離家遠走的遊子，帶來不少安慰吧！

他們父子之間，意見永遠相左，話不投機，但父親對祖父的親情未減；他了解祖父為了他戰地求學，精神上很受打擊，也盡力想安慰祖父，但父親既已立志，也難妥協，這真是兩相折磨。這次的匯款只是個偶然，祖父仍舊對不尊從父意的父親生氣，加上一些族人從中煽風點火，於是後來祖父見父親並無意回四川承家業，因而再度下達經濟制裁命令，且不准家人與我父親書信往來，也拒看我父親寫給他的信。正可謂愛之深，責之切。

這世上唯一的一封祖父的親筆信與信封，在六十五年之後，信封被我自台灣帶回四川，埋葬在祖父的衣冠塚內；而祖父的親筆信則被我珍藏，慎終追遠。

---

36/12/26 延仁收帳 From：國立中央大學 南京四牌樓

To：徐州後勤司令部 徐州總醫院 藥庫 交

正誠吾兄：

賜鑒來示指導甚詳，弟心甚為愉快，然以種種關係，不能來徐州拜訪，甚為抱歉，料想吾兄初出外地，不免有思鄉戀舊之感，我嘗來此自然不多，守望相助急待需求，幸以吾兄生活舒適悠閒，自是弟已放心不少，惟家鄉之感，弟亦有所同然耳，唯能自制久之如克耳，在有三天之內，弟決前來看望，決不至使吾兄孤獨寂寞也。羅君雲前來貴校，一度談及安人生活甚為困苦，收款一事，深為困難，是否可以另謀別處進行，盼能早計為妙。

如能由一，兄處直函于，彼與兄兄來。貳，彼出具一函，交由吾兄，持回地廟鎮，交由令尊大人，派人向彼父追收亦援生效，如此地進行收帳之事，尤恐不能如繕，弟前往亦返。三，吾兄寄彼一函，立弟持函前往亦可進行，如憑弟一口之言，不但敗事，反恐遭其辱耳。在以上三法之中，還是二法較善，只要他能給你一件，向他父親說明，諉請他父親付給令尊若干萬之函件，既可在地廟鎮進行耳，故校行源最忙，空閒甚少，未常苦候甚為抱歉，特請原諒。

弟延仁 十二月二十六日 于首都

PS．吾兄前之數函，早已分別寄返地廟鎮，奉轉吾兄工作實況 先後將彼等覆函，均以吾兄能夠盡忠職守 諾慎將事為賢一般獎譽均高，並向寄以莫大之希望，尚衍相安以處，是所出盼也 大安

---

那樣一個革命的年代裡，許多原先養尊處優的公子哥兒們，也受到感召，他們正如同我父親一樣，違背長輩那守己的思維，想要過不一樣的生活，參與大時代的改革；他們的長輩中，也有許多父母是如祖父那樣，反對兒子參與改革，父親雖然自己生活費和學費都很掙扎，但總算他自己有份工作，還有家人的增援，他的許多同學更是辛苦。

父親的一位同鄉友人羅雲，即是其一，延仁受父親之托，去向羅雲友人討債，字裡行間，他透露出對這位羅雲友人的同情，也表達了延仁受人之托、忠人之事的態度。他說明了家鄉來的遊子，多半掙扎著過活後，又形容父親生活舒適悠閒，似乎有些諷刺，也有替對方說項的態勢，難怪先前父親邀他一起出遊，被他拒絕，看來延仁是宅心仁厚。

不過，當初父親也是因對羅同學心有不忍，才將自己的生活費先借了對方，待自己恐需用錢時，卻因對方無力償還而扯出一些麻煩。才會弄得他好友延仁，還得幫他想法子討債。

雖然在學，但父親卻須常回軍營，因此，除了許多離校的手續須延仁幫忙，連與其他友人之間的聯絡，收發信件回覆，都由延仁代為處理；延仁自己當時已是在央大醫學院和鼓樓醫院兩頭忙的實習大夫了，還得替父親作代書和聯絡人，真是夠義氣了。

此時的父親，已在北平朝陽大學上課了，但有些家書，還是寄到之前的工作地點——徐州總醫院，可能也託延仁代為處理。當父親去上海時探看軍情時，曾連續兩週未與延仁通信，就被延仁形容成「恐有脫節之象」，難不成戰火連天之際，他們還北平、南京的，週週書信往來？

這回，延仁還得幫他討債，但方法好像不怎麼高明，弄到雙方家長都可能要出面的地步。按老一輩的作法，一定各打五十大板，且就算是要到了錢，也是給長輩拿走，根本到不了自己手上。看來父親是放棄了追這筆帳，因為，當下他是不可能受祖父的幫助，於是，他只好轉而向三姑求援。

不過，延仁說父親當時生活舒適悠閒，那話好耳熟，不正是徐州國防部人民服務總隊第三總隊的馬授官在信上寫的嗎？不知父親為何要向友人敘述他自己的生活枯燥，而使他人誤會而有了如此的評語，他明明就忙著一邊讀書、一邊工作、又要到軍營去服務，再來還得鬧家庭革命、應付經濟通膨，還有、還有，才前不久，他駐點的徐州總醫院還差點被共軍圍城呢！怎會是悠閒二字可以形容？如果那不是故做輕鬆的客套話，定是他們對父親的真實生活並不了解，又或者父親對他人有所隱瞞，真叫人費疑猜？而且，除了延仁之外，少有人知道他究竟在那個地址，連至親的家人都不例外；他的生活在不斷的移動中，如果當時醫學上已發現了好動症的存在，我在想，父親會不會被歸類在這族群裡？

# 第六章

# 千軍萬騎圍城，水動山搖

三十六年十二月時，祖父寄了一筆款項給父親，當中有一百二十萬，但離二百四十多萬的學費還有一段距離，於是父親開始籌措款項；討債自然少不了，但在經濟大蕭條的情況之下，友人的積債多半都要不到，因此他只好尷尬的向妹妹求援，無形間，將這經濟的壓力轉嫁到妹妹頭上。三妹心疼哥哥，力有未逮時，情感上的反應就特別強烈。她來信寫道：

37/1/2 From：川 繁月縣 五合鄉 中心學校 To：北平朝陽大學法律系

誠兄：你十二月九日付郵的信已得敬讀。當讀之時，直至今日無時不在境地和情感的戰爭中，心績是同寒氣，同時勵激著人的心。佚我恨宇宙，恨金錢，以前我否認「金錢世界」的諺語，現在我相信金錢的魔力太大了，他能駕駛人，不但駕駛人的命運，而且駕駛宇宙的任何物態。唉！人的生活真的是無時無刻不在戰爭中呀！

誠兄：我是相信你的，只恨我力量，不如我的理想。我只要有一點款，決與兄兌來，只要我有一條路，我定想盡方法來助你。關於款，實於本月初四日，由縣城用航空匯的。想在你發信的不幾日內已經收到了嗎？不過，收到與否都煩吾兄速函告，所兌數目是一百二十萬元，是航空加快兌的，妹讀九日信，恐兄有意外，故再理一確實，所以覆此信是耽延了幾日。學校的錢無法皆交，一點小款也不易收得。欲將我自己的再兌一點來，但在近日總無法取得，茲前款以收到耶，速函告訴為盼

敬祝 近安 三妹 正華

---

年輕的三姑，被經濟壓力壓的喘不過氣來，心中一股恨天恨地的怨氣油然而生。其實，她並非唯一，當時的所有百姓都是如此，這因經濟政策不當而產生的民怨，到最後形成一股洪流，衝倒了當時執政的國民黨，至使中原大地再度改朝換代。

到了民國三十七年，這下學期，學雜費漲了將近一倍，法學院的學費是一百二十萬，雜費四十萬，宿費六十萬，連講義費都要收二十五萬之多！據說因為朝陽法學院的講義都是該校名師親自編寫的，當時，全國各校法學院學生，都以能擁有一份朝陽法學院的講義為榮。這夯不啷噹的加起來，學費總價也要兩百四十五萬之多。龐大的費用，弄的父親及其家人心力憔悴。

大家庭的經濟利益，時常彼此糾結，為了爭取資源，族人之間難免勾心鬥角，私營黨同。三姑一直想警告我父親、連祖母娘家的人曾都跳出來提醒父親，某些族人在計算著他，但無奈我那浪漫無邪的父親，不知是否因為在軍隊久了，他特重男性之間的情誼與義氣；他大江南北的當兵兼求學，胸懷理想、心在國家，一路下來只想氣吞山河、四海兄弟，對他族人的自家兄弟，更是一片真誠熱情，掏心掏肺的，終其一生如此，沒把姑姑的警語放在心上，這也就造成後來的許多遺憾。而他的天真，使他至死都不知，自己被族人一輩子算計著，這也是造成他在兩岸分治後，永遠無法再與他至親的妹妹們聯絡的主因——那個性說來真是既可愛，又可悲。

父親的三妹會反應如此強烈，另一個原因，是因為當年父親被族人設局逼迫，負氣離家，家族人擔心父親會要求瓜分家族財產，弄得父親直系家庭分崩離析，祖父因此精神失常。三姑好恨，這一切的源起，就為這「金錢」二字。當時她的兩個姊妹都還在學校寄宿讀書，就她等不及的要去賺錢，只為了要支助上法學院的哥哥和住校的妹妹們。無奈此時，學校方面發錢困難，三姑存在銀行裡的錢也因國庫空虛，提領也有困難，她只好先兌上手邊的現款十二萬元讓我父親應急。

她是一邊工作，一邊完成她的大專學歷。一九四八年秋，她專校畢業後，也去讀了川北大學中文系，但卻因此遭禍；一九四九年底，四川遭解放，因為她是十八以上的大學生，因此被以知識分子的罪名，下放勞改。

一九四八年初，共軍林羅部隊再度發動冬季攻勢，圍殲國軍精銳部隊的新五軍，導致國軍遭受重創。在四川的共軍新華日報到處宣揚共軍戰積，四川的親友看了都很害怕，父親的三妹於是不斷寫信給父親；無奈當時共軍已逼進長江南岸，烽火遍地，趁機打劫的土匪草寇更是倡狂，信件要到達目的地，有時還得看運氣。正華三姑知道父親學校繳費日即將到期，又無法聯絡上他，一想到在前線求學的骨肉至親內心就十分煎熬。好在連續幾封信寄出後，終於有一封讓父親接到了。

---

37/1/11 From：川 繁月縣 五合鄉 中心學校 To：北平朝陽大學法律系

誠兄：

連寄數信至今不獲覆音，內心萬分的焦急，兄上的十二萬亦不曾收與，貴體復健康否？

唉！金錢是如此的駕馭著人，相離遙遠音信是這樣不便，現在這兒已離寒假不遠了，至多不過十幾日，我在地廟等你的來信，切望接信後速覆，我便於繁月縣兌款大約至少能兌一百萬，這均屬我的收入，總之我的收入可以完全兌上，望兄覆函甚切，盼速覆以解焦急的勞苦，來信請交繁月縣 北外 桂莊 秦校長安北轉交。速覆，因我打算早一點兌來或買東西寄來，同時也好早一點將家裡這微薄的力量的衷心，使自己的骨肉若在遙遠的天涯，受著饑寒迫的苦，而不知安全與否，這是我一生的罪過與憎恨了，除了以淚滌內心的創傷，還能用什麼方法彌補呢？唉！這些都是曾加吾兄煩厭的，切勿再用……，再整精神為來日計吧，獲信

速覆 祝 近安 三妹

繁月縣五合鄉上季科學競賽紀念 37/1/11

三姑的信，流露了為親人骨肉擔心的惶恐與焦慮，她此時對哥哥在信中的稱乎已經改變，稚氣全脫，沒有之前小女生的撒嬌，多了分沉著與壓抑，行文用語也越來越正式。她對哥哥加入內戰，似乎沒什麼意見。其實從他們之間所有往來的信件中可以發現，不論戰況多慘烈、我父親如何穿梭於學校與軍隊之間、共軍即便已在父親營隊的駐點附近兵臨城下的肉搏戰，他在與親友的書信裡都絕口不提，永遠對自己身陷戰爭、學潮，隻字不提，甚至故作輕鬆。

雖然三姑也知道如何連絡上父親的許多青年軍朋友，那些友人似乎也認識她，但他們兄妹之間，從未談到戰爭狀況或政治理想，永遠只談生活上的奮鬥，彷彿內戰不曾存在，不知是否雙方都在刻意避開一些事情。在這封信中，她向父親抒發了她對父親的掛念，卻萬萬沒想到自己一語成讖，預言了她與我父親之間的未來。

三十七年四月中央訓練團畢業證書

茲有本團政工幹校訊練班第三期學員陸正誠年二四歲四川省地廟鎮縣人修業六星期滿合格特給此證

團長 蔣中正 中華民國三十七年四月

民國三十六年年底，父親一直希望在課餘之際，能為軍隊作些服務，由於中央訓練團的春訓時間，學校剛好開學，每次參加輔訓新兵，都會延誤到學校課業，那時的父親本來想找替代方案，但不知為何道理，到處設招軍站的國軍，卻都拒絕讓學生作短期服務。寒假過後，北平朝陽大學開學的第一個月，父親還在首都南京的中訓團做戰地政務工作。

From：民風日報 To：北平朝陽大學法律系

家們大少爺：

你真有點神龍見首不見尾之作風，得到你的信後，立刻給你回一信，至今又半年了，一直未得到你的信。每當提起北方，總惦念著你，也許在前封信裡有開罪之處，至未邀賜覆，但啟慧兄語亦未收得你之回信。既令人益增愁念之思矣，尚望吾兄在得信後，示近況以慰沉渴之思，為言不屬意諸維珍攝，天近人遠尚望時通魚雁，耑此 敬祝 平安 弟 己章手上 4/4 己復致

父親的遠戚陸己章半年前曾寫信給父親，解釋為何他沒有將槍交給父親的堂兄樹恩及堂弟安繼，但父親忙於學校與部隊之間，與所有親戚友人都斷了音訊，親友們相互打聽他的下落，對他倍長思念。信中也顯示了己章與己復的兄弟關係。

37/3/19 國防部人民服務總隊 第一總隊服務證明書

查 陸正誠 係四川省地廟鎮縣人，現年二四歲，自民國三十二年八月起至民國三十七年二月三十日止，以於本總隊第三大隊 第二中隊充任中尉隊員

37/3/19 郭仲容 四川 綏靖公署 人民服務總隊總隊長

當時他已二十四歲，法律系三年級了。這是他最後一次在蔣介石的軍系作政務。由於朝陽大學位於北平，日後，父親為了讀書及就近服務軍隊的方便，改向華北剿匪總司令傅作義將軍的軍隊報到。在補充兵訓練總隊，第二團第二營第五連任指導員。當時的陸軍第六訓練處兼處長，正是華北剿匪總司令傅作義將軍，副處長則為黃翔。

他自南京中央訓練團回北平朝陽大學後，一堆焦急的親友又都在找尋他的音訊，他一一的回覆，並辦妥了回校手續，交了將近兩百萬的學雜及住宿費給朝陽大學。父親當時蠟燭兩頭燒，忙到明明在朝陽大學有租用宿舍——那還是

花了六十多萬才登記到的——可他才入住半個月，便無福消受，得常到軍中睡硬軍鋪。

---

朝陽大學法律系三年級學生 陸正誠 繳納三十六年度第二學期寄宿費國幣陸十萬元特以此據

中華民國三十七年四月十日 受文者：陸正誠

---

雖然學業方面開始忙碌，但從五月開始，中共東北野戰軍隊，分路合圍長春，圍而不打，活活餓死城內大量被斷糧的平民百姓，東北國軍陷入苦戰，[1]國共三大會戰的第一戰——遼西會戰——漸漸展開。華北戰情拉警報，北平當時為華北剿匪總司令部所在，城內風聲鶴唳。

一九四八年三月，共軍東北野戰軍在冬季攻勢後，逐漸形成一百餘萬人的大兵團，東北地方大半落入其掌控，是唯一一處共軍兵力超越國軍的地區；相

[1] 國共三大會戰分別為：遼西會戰（一九四八年九月）、徐蚌會戰（一九四八年十一月初）、平津會戰（一九四八年十一月底）。

對於此，國軍的五十五萬人則被分割於瀋陽、長春、錦州三個不相連處，彼此支援不便。

五月，共軍包圍長春長達五個月之久，意圖誘使瀋陽國軍來援並從中藉機打擊，但其意圖已被看穿，並未收效；九月，共軍下定決心要打大規模殲滅戰，以近七萬人的代價，換取國軍四十七萬餘人的犧牲或歸降。

此役後，國共總兵力出現逆轉，中華民國更因此喪失了資源豐富的東北地區。

---

三十七年五月七日 From：川西地廟鎮 To：北平朝陽大學法律系

哥哥：

前信和照片收到沒有？不得回信似又將一月了，我不知是怎樣的，大約是你少有住校嗎？故收到定須慢些，是不是？可是我又不清楚交總司令部怎麼交，所以只好仍然交學校，內地生活程度的上漲，真不像樣子，米每量一挑，每場約上漲百餘萬元，其他各貨均類似，最近川內氣候是時常下大雨，我們這兒至今已下整整一週的雨，沒有停過，也少見太陽，機聞蓉城又復為澤國，上帝給與這樣的分配，似真有些不均，也許這是註定的變遷吧。

最近北平氣候怎樣，像不像我們這兒的春季呢，你的近況若何？安靜嗎？忙碌麼？能覆信告知不？你的款我想最好是有餘就得購以安當的東西存起來，用時得以方便，你本屬零支的也先存下不時之需，照內地我們每場若放起款次一場不能購物，那就真辛苦了，最好你稍有存時，現在可購一點衣物等你應用的東西，免得須用時感困。於內地氣候，此刻雖已仲夏，仍寒暖交替，北方氣候不知怎樣，請吾兄貴體珍重為禱 晏安

三十七年五月十七日 三妹 敬拜

---

三十七年五月中，通膨的情況，每日以百餘萬的速度上漲，一般市井小民，無法應付，紛紛開始以物易物，一拿到紙鈔通貨，就趕快換買物品屯積。三姑信上也提道，如果將紙幣放起一天不購物，隔天便貶值許多，損失不貲，所以她勸我父親趕緊將用剩的錢購物保值。

小市民忙著應付經濟災難，已無心於國家戰事；政府忙著應付內戰，已無力於應付經濟災難。政府與人民脫了勾，誰也顧不了誰，各自求生存。三姑有著鄉下人的堅忍與順天，她把諸多的災難用「註定的變遷」一句話概括承受。

雖然她不知北平的大學生，不是上街去鬧學潮、就是入部隊練兵了，但她也發現父親在校的時間不多；父親要她把信乾脆寄到華北剿匪總司令部，可能因為戰局緊張，匪諜到處滲透，父親沒敢給她更細節的服務單位說明，不似三十六年在徐州剿匪總司令部徐州總醫院的職位那般，不具軍事性質。而她擔心籠統的地址，信會寄丟，只好還是寄到朝陽大學較可靠，雖然信件會收到較慢。

而父親當時忙於練兵，回學校上完課，就得回營，他雖不願家人因戰事而擔憂他，但軍中又有信件管制，自然少有機會回信。可憐家人無法知其內情，徒然令其掛心。

誠兄：

未讀來書又將兩三月了，連寄交了幾封信，都是交北大的，可是啊！迄今不見來音，當此時家裡人是小勉懸望的。尤其媽媽，在這裡我希望的是，你每月至少給家裡一信，以解雙親懸望的勞苦，同時也是家的請求。

關於你婚姻事，家裡自然是希望你自考查，酌情而行。而家裡也同時注意，我們接此的環境狹小，在短期間內當無確切合適的，既有無確切的把握，當下不能先告，但也有一些介紹的。初中孩子的，但是對她們的品德才容各方面，都得考查，雖不能全合，但也得有幾分適合。就既是舊式，也得取得你們感情上的連繫，所以諸方考慮較多，故而猶豫，尤其是家裡人，對此不能隨隨便便的。如朱容女士，令姊曾提她對你觀感很好，現在伊讀華大，人挺能幹，只是生得薄削，這是他畢業時的情形，而是最近告訴我的，在我當感有不足，不過我並不認識此人，想兄知道他嗎，好在是別人的觀感，家裡人並無多大意思，不過，我發覺有稍和條件的人是你，在你是我們希望能函告之。

雨連續的下了半個月，因溼氣足生瘡，得連一步都走不得。北方近來的氣候怎樣？還溫和嗎？近日生活同工作怎樣？盼告知。不會是身體欠安吧？總祈珍重為安

耑此　憂安　三妹　正華

暑假，他已是朝陽大學法學院四年級的學生，家人看他在外地五年，因已近完成學位，卻無心回鄉，很是擔心，希望他考慮回鄉成家，安定下來，家裡方面已積極在物色對象了，三姑於是來信勸婚。尤其是當時，父親在華西協合大學的舊識朱容女士，適逢畢業，朱小姐的姊姊親自到父親家中說項，正華三姑說她有些瘦，但覺得她還算合適，所以委婉的請父親考慮。不管內戰如何，日子總是要過。

當時的中國百姓不知是否因為連年的戰禍，對戰爭有些麻庳了，加上是自己人大打出手，內戰無英雄，除了一批理想主義的知識分子在堅持國家發展路線外，大多民眾比較在意內戰何時打完，好讓社會安定下來，而非那方打贏。何況國民政府在經濟上的無力，使得小老百姓想要政府換人做做看的想法逐漸擴散開來，但以歷史宏觀面的角度來看，這場內戰，其實有它在文化及歷史上的貢獻；這場內戰，提供了中國這垂垂老矣的古文化，兩個強迫性的文化實驗場，且由於彼此無法、也拒絕相互影響，所以單純化了實驗的結果。各自發展的結果，說不定意外的各自提供了老文化新的契機呢！

三十七年的六、七月間，共軍在中原發動豫東戰役[2]，攻克開封，殲滅整編的國軍七十五師，確定了中共在中原地區的優勢地位，但國軍方面還未意識到大難即將臨頭，共軍已完成全面佈局，準備開始收網。

父親在暑假未開始，就被召回營隊效力，但暑假結束後，卻因作戰局勢緊張，他還被派出公差往返北京、南京、與上海之間。那兒在當時，正是國共戰爭的一級戰區，軍務繁忙的穿梭其間，使父親無暇顧及與親友的連繫。也令親友惶惶不可終日。

---

三十七年十月十九日 第六訓練處補訓總隊 第三團 營部 准假證 事茲有本營上尉指導員陸正誠 由上海赴北平公幹 隨攜令一件自十月十九日至十月三十一日止既希沿途查照放行 右給 陸正誠收執 營長 王河浜 有效期間 往返十三日

---

民國三十七年九月十二日，國共三大終極戰之一的遼西會戰，在錦州拉開序幕，中共東北野戰軍主力與華北軍，共一百餘萬人入關，與國軍華北剿匪總

2 豫東戰役，第二次國共內戰在中原地區的第一次大規模兵團作戰。開封一度失守，震動南京，最後雖成功擊退共軍，但共軍「不怕傷亡」、反覆爭奪據點的態度，已經動搖了國軍據守戰略要點的信心。

司令傅作義的部隊對峙。面臨著東北、華北共軍夾擊的威脅，北平城內國軍已成驚弓之鳥，到處積極的招軍練兵，準備背水一戰。

就在此時，父親先前徐州做政工服役的單位「徐州剿匪總司令部」，也進入緊急狀況，國軍軍團一個個全被殲滅，一個月之內，近百萬的精銳大軍幾乎被全數殲滅。是國共會戰死傷最慘烈的一仗。

共軍的口袋戰術奏效，戰場上已開始收縮袋口，十二月十二日，父親從軍的部隊——華北剿匪總司令傅作義將軍的五十萬大軍，[3]退縮死守北平城。共軍對北平城，雖以百萬大軍兵臨城下，卻圍而不攻。父親的學校方面人心惶惶，有錢有勢的人，都坐飛機跑了，留下一群對教育有堅持的人，繼續為學生上課。

基於遼西會戰中長春被圍城五個月的慘痛經驗——幾十萬人民被活活餓死，城內弄到人吃人的地步——傅作義軍團於是有戰略總撤退的企圖，所以在北平被圍城後，三十八年的一月中，傅作義總司令開始和共軍談判的前幾天，部隊裡開始悄悄的釋兵，一些非正規編制的軍隊及學生軍官優先被解散，才不至於被登記在帶去談判的軍籍造冊上，淪為俘虜。

3 一九四八年十一月底，國共三大會戰之一的「平津會戰」揭開序幕。會戰於一月三十一日結束，共軍自此控制北平、天津，及華北大部分地區。

學生軍官的父親便在此時，以離職及出公差的藉口被先釋出，回到北平朝陽大學東直門校舍，恢復單純的學生身分。但他並未久留，而是立刻受差前往上海。

---

民國三十八年一月十五日 陸軍第六訓練處 離職證

中華民國三十八年一月十五日 翔字第 0150 號 北平

查陸正誠曾任本處補訓總隊第三團第二營第一連軍委二階指導員共計八個月（自三十七年五月十六日起至三十八年一月十五日止）在服務期間工作努力 成績優異 經請准放假返回原籍 特予證明

兼處長 傅作義 副處長 黃翔

---

其公差假證是由華北剿匪總部補充兵訓練總部隊第二團的姚姓團長批准，內容為：

受文者：陸正誠　茲有本團第五連上尉指導員陸正誠因公赴南京，希沿途查驗放行。38/1/20 團長 姚先興 發文處 上海招商二碼頭

父親離開上海幾天後，一月二十一日，傅作義便與共產黨於談判達成和平解決協議，北平國軍殘兵二十六萬部隊開始陸續撤出城外，聽候改編或勞改；一月三十一日中午十二時，共軍由西直門進入北平城，一大群左傾的學生夾道歡迎。共軍入城後，接管北平防務，清點軍冊，發現有國軍被軍方刻意釋出，流散民間躲藏，下令大肆搜城，四處抄查國軍殘兵，進行肅清，果真抓了不少國軍先前釋出的軍人——幸好父親是出公差一路到上海，命運的巧妙安排，實在令人驚訝。

我想以上這兩張公文，可能是父親逃命時的護身符。看來，那位傅作義將軍和姚先興團長，可能是父親生命中的貴人。

由於年前他曾到過上海，在那兒有一些朋友，於是，他由北平逃到上海後又被派到南京出公差。民國三十八年三月，他回到上海後，向上海孫立人將

軍的部隊報到，然後以學生身分，加入陸軍第四軍官訓練班第三學生大隊；之後，他便隨軍隊轉道廣州、香港、到南洋群島，三月初，最後終於落地台灣，並到鳳山的陸軍軍官學校第四軍官訓練班，擔任訓導組政治指導員。

當父親來臺時，因為尚未自朝陽大學畢業，學校就已淪陷，而一心從軍報國，最後竟讓祖國江山淪陷，更因戰敗而流浪他鄉，連串的打擊，使他非常沮喪；剛到台灣鳳山受訓時，他當時還以為受完訓便可回大陸繼續作戰——八年的對外抗戰都打得完，沒有理由會打不完內戰。他於是寫了幾封信與眾親友聯絡，結果要寄到內地四川的信，皆因當地已陷入最後的惡戰，無法連繫了，許多信件有去無回，而四川、北平和南京的朋友也都在找他。

最後，終於在四月多，一些大陸方面的信件，幾乎同時到達，父親一位在南京同為陸姓的紅粉知己，連寄了兩封信給父親，一張如今只剩信封，信件遺失；另一張的內容如下：

---

1949.4.13 From：南京高樓 28 號 陸桐 To：台灣 鳳山 陸軍軍官學校 第四軍官訓練班 第三學生大隊指導室 交

正誠兄：

讀寫你滿滿的十行紙四張，妹仔細的把他看哪，妹看時真是有流淚的可能，那根本就不知兄一向的人生現是為何？此已妹只有那幼稚的猜測，你寫了這封信，妹才深知你的一切，我回來對任何事都是幼稚的，完全是抱著學生的思考，學生時代的天真，所以我看到每一封信，我都沒有誤會，你看那接得你每一封信，我都是回信，並像親姊妹的寫信鼓勵你，也何況是做妹妹的心疼到了，我深知你，我了解你，我知道你受了種種的打擊

可是正誠兄，你不要意氣用事，你自己前途是自己去找，人生本是一葉孤舟，他在大海中受你那風浪的吹打，他也是掙扎的前進，他終會得到陸地的，正誠兄：你就是那孤舟，你也是漂流在國外嗎？我相信你定會找著那偉大的前途，你不要往悲觀的方向去想，人生不過短短的旅程而已。

妹希望你永遠有像以前的精神與勇氣，你來信給我，我很高興，我仍抱著到徐州火車上，看你泥的那樣理想，可是時局的關係，暫時不能如願的達到理想，我以後決會實現兄的理想，兄放心好了，我絕不會是個弱女子，我不會以結婚而忘了前進的心，可是吾兄不要悲觀，我希望你信與我，等有機會再來弄吧，免得

現在對你工作有妨礙，吾兄要保重，餘言下次再敘吧！

春安　妹 1949.4.13 下午四時半

---

父親這位陸姓本家的紅粉知己，對父親似乎非常理解，肯定認識父親多年，當年曾不惜路遙境險的，特意坐火車到徐州總醫院去探視父親。她大方的展現她對父親的友誼與愛憐，她大約能了解那是封痛苦的告別信，雙方都意會了局勢的發展，這信可能父親在繞道南洋時與她寫的，她在信中才會提到「漂流在國外」這樣的字句！在信的最後，她委婉的提醒父親要小心，不要被波及，希望他等緊張的情勢緩和些再做通信；那知道這一等，就是一世人，彼此的人生，從此分道揚鑣。

而父親的摯友延仁，從首都南京的中央大學寄出最後兩封信到鳳山時，南京正在和共軍談判，共軍百萬大軍壓境，陣列江北，隨時都會渡江入城。想必那情勢下，寫信給已跨海逃離家鄉的友人，對雙方都是驚恐的折磨。（信件已遺失，內容不可考，謹留存信封，上有打郵局日期章）

38/4/13 From：國立中央大學 南京四牌樓 To：台灣 鳳山 陸軍軍官學校 第四軍官訓練班 第二學生大隊指導室 交

在當時，延仁已在央大附近的醫院實習，他也在南京淪陷的前兩週，與父親寫了信，發信時是四月十三日，當時南京軍警都在戒備中，國共正在談判投降之事，等信到了父親的手上時，父親還來不及回信，四月二十三日，南京就淪陷了。五月，父親離開上海的一個半月後，上海也淪陷了。此時的父親，如過了河的卒子，只能往前走。

三十八年四月十日 From：私立力生中學 廣漢外白衣庵 To：台灣 鳳山軍校 學生第一隊

正誠：

筆鑒得手書，歡喜若狂，前曾寄北平數書，皆未得回音。熟料兄已遠馳台灣，又聞該地風光，弟心嚮往之，不過國內情形一天一天惡化，人民生活一天一天更為苦痛，大有生活不出來的樣子。大鈔面額不斷增大，物價一日數變。彼虎色變，痛心疾首，弟 以只道重，不得不遠馳他鄉（廣漢）任中學教員。然而每月待遇令人哭笑不得，斯文掃地復有何言。較之台灣誠天堂地獄之別。

可是國內戰雲密佈，和彼掣肘，將來情形不知差可。我想台灣也許會要改觀。我輩喜華面臨偉大時代，會為生活最善之時，會為施展抱負最佳之機會，當此亂時，會無所謂背力不背力，關係不關係，唯人才是重，吾兄可不必為學業擔心，唯努力二字與兄共勉，此覆既得

弟啟慧 四月十日 通訊處仍為舍下 壺子街大昭巷3號

---

這封由四川老家及時趕到的書信，是父親在家鄉的好友啟慧所寫的，他原是父親在華西大的同學，此信寄來時，他已畢業，先前花大把銀子，讀了四年書，才從那貴族學校畢業，卻遇到大蕭條，工作難找，好不容易找到一個工作，待遇少的可憐，實在不符合他在教育上的投資報酬率。

他眼見局勢動蕩不安，用「活不出來」四字形容當下，再真切不過了。用他的信和我三姑對父親的最後一封信來相比，大約看得出當時男性與女姓的社會意識；顯然當時的男性，對社會的變遷較為敏感與關懷，雖然三姑信中也抱怨物價，但她只當那是大勢所驅，她仍將注意力放在如何繼續過生活，還在想辦法為父親尋找對象相親；而啟慧則直接將他對社會與國家的前途之憂心訴諸於文字之中，他了解自己與同輩正走在一個歷史的關鍵時刻。只是樂觀的他，以為事情已到谷底，未來將會否極泰來，他萬萬也想不到一個黑暗世紀即將來到。他的斯文將不只是掃地，而是成為一種具體的罪行，誰會料到呢？不過父親能有他這樣一位忠誠樂觀的朋友同甘共苦，何嘗不是一種幸福呢！

# 第七章

# 覆舟如芥，君無助

後來根據么姑二〇一一年對我的陳述，民國三十八年底——當時么姑還在國小學校住校讀書，她的學宿費都是由三姑正華寄給學校的——一日，學校老師突然找她講話，說家人沒再寄錢到學校了，要她回家鄉拿學宿費再回來上課。她身無分文，不知如何是好，只好離校，步行了好幾天，一個人走回地廟鎮的老家。

當時只有祖母一個人在地廟鎮上住著，她進門見到祖母，祖母就對她泣不成聲，直道：「她們都不要我了，都跑了，沒人管我了。」么姑細問下，才知道共軍入了鎮上後，將生活在山邊大灣的祖父，以地主身分捉進鄉公所的大牢，但祖父家的田地變賣許多，已不算大地主了，鄉里的人為了入罪於祖父，又告他亂砍國有資源，因為祖父將後院的兩個大樺楊樹給砍下，作了棺材給鄉親；但這罪還是不足以讓祖父被判死刑，於是鄉里的人到老家抄查，搜出當年祖父為了防盜賊，在馬房屋樑上私藏的一把大刀，這下子，他們便以企圖作亂的名義，罪加一條，判獲死刑。

父親在我童年時也曾說，當時有消息傳來，說祖父被拖上街，脖子上帶著牌子遊行，受鄉人石擊批鬥，活活被打死在大街上，更因無人收屍，被丟棄在亂葬崗裡。他的資訊是透過四川的叔嬸們告知的。

但二〇一一年時，么姑則說，祖父當年被關入大牢後，剛滿十二歲的么姑曾去探過監，她用[1]烘籠帶祖母煮的菜飯去探望祖父，祖父見了她後，沉默不語，眼光煥散。幾天後，么姑又送飯菜去，祖父還是不多話，揮揮手，叫她別再送了。

後來她三度去找祖父，鄉公所的人說，祖父被轉送到鎮上鎮公所的大牢，么姑於是趕去，哪知到了鎮公所，幹部告訴她，祖父已經死亡，屍體被鎮公所給送到郊外處理掉了。郊外屍體太多，大坑四處，她怕根本找不著，也不敢去那兒找。

1 四川當地一種手提籠爐，竹籃下層放個小炭盒，盒子上層可放菜，受炭盒保溫。

他們說祖父是在一次批鬥大會上，和一匹人一起跪在場子上受審，後來有人開始行刑槍決，一排人，一個個的倒下，槍還沒打到祖父，祖父就被嚇得暴斃當場了。么姑說，當時她聽了後，大哭地跑回家，告訴祖母：「媽，媽，他們把爸打死了，他們把爸打死了！」么姑淒慘的喊叫著，祖母當下雖然涕泗縱橫，但後來平靜下來後，反而回過頭來安慰么姑，她道：「算了吧，這樣就算了吧！那人兒，去了就去了吧，唉，反正他也歪。」

「歪」？這是個啥字眼，怎可用來形容我心中已神格化的祖父，我聽到么姑轉述祖母的話後，非常的震憾，父親一向教導我們「天下沒有不是的父母」，對父母的一切，我們都須概括承受，不得批評，更何況是祖父母，我第一個反應就是——么姑是共產黨，共產黨當年是不重家庭倫理的，當年紅衛兵不都鬥臭自己的父母嗎？——她這樣的形容，打擊了我的倫理信仰，我變得很有心防，而她也似乎感覺到了，但么姑人直，要她硬是附和我的信仰，掰些客套話，她會受不了，於是她索性向我說白了……

她說祖父雖宅心仁厚，時常無償的替人醫病，受鄉人的敬重，但祖父對妻小確雖愛不親，動輒得咎、暴力相向，別說我父親是家中的男孩，常被苛求、被打，連女孩子也常被打，祖母也不例外。么姑舉了個例子，她說，在我父親離家出走後，有一回，祖母正在大廳忙於家事，祖父由外面行醫回來，一身疲憊，經過祖母身邊時匆匆問了一句：「我的掛子呢？」祖母當時有嚴重的偏頭痛，所以用一條白布帕包在頭上，白布帕壓著祖母的耳朵，使她聽不清祖父的言語，便回應祖父一句：「你要掛啥？」祖父一聽，不耐性子，當下揮拳擊中祖母的太陽穴，祖母踉蹌跌坐在地，等她爬起身子後，便哭訴道：「我一輩子替你作牛作馬，你還這樣欺負我。」說罷便往門外走。這一走，從此他們夫妻便正式分居，再也沒在一個屋簷下了……。祖父的那一拳，令我聯想到我台南外公的飛腿。

祖母被打後的三個月，便中風半癱了。我聽么姑說罷，心中不勝唏噓，我想到族人是如何形容我大叔公、我大伯、我祖父，好像我家幾世代的男人都是非常沙文主義、甚至有些暴力；如果我們的血液中真有這樣的暴力基因，那麼對我們實行那樣軍式管教的父親，算是相對自制了——可惜，我母親不買帳，她一直認為父親是高壓統治我們，這最令她心痛。

至於父親的堂哥樹恩大伯，他的父親（我祖父的二哥，人稱「虎霸」）是國民黨在四川的元老，所以樹恩大伯順理成章的成為國民黨員，還加入了三青團，作了鄉長。共軍在進攻四川時，么姑恨恨的說道：「眼看許多國民黨員最後都起義了，但就他不願『起義』，連當時已是大將軍的[2]陳毅，都去找他，勸他起義，他就不肯。」

「起義？」我好奇的問道，么姑點點頭說：「是啊！起義呀！就是……要他向紅軍投靠呀！……當時有許多國民黨都接受響應起義了，就他死也不肯。結果怎麼著，一九四久年底，共產黨來了後，他竟跑到陳毅的弟弟，陳季讓家躲了起來。」我不明白地問么姑說：「大伯為何和陳家那麼熟？」么姑於是回答：「喔，我們家的幾個姑娘都嫁到他家，以前的人，表親結婚不算回事；當時，共軍下令凡曾在國民黨內有任一官半職的都要槍斃，樹恩大伯逃過一劫，還是陳季讓救了他一命，只獲判勞改二十年。」

么姑在祖父死後，因為八姑從軍，三姑遭下放，五姑自顧不暇，所有的財源全斷了。沒錢再住在鎮上，才十二歲的她，只好背著癱瘓的母親（我祖母），回到山邊大灣的祖宅；但此時主要的房舍已遭鄉人強占，好險劉大舅子

2　陳毅（一九〇一至一九七二），四川樂至人，中共建國十大元帥之一。曾任中共國務院副總理、中央軍委副主席、外交部長、上海市人民政府首任市長。

的三子龍昂有過來幫忙，安置他們在父親祖宅的側廂廚房住下（就是我父親放火燒的那間廚房），廚房不過三坪大，房子用被單隔成兩半，么姑和祖母住一邊，龍昂和樹恩大伯的妹妹正保（我稱她七姑），及正保的小媽（我大伯公的二房）住另一邊。么姑沒提龍昂的兩個哥哥（龍耀、龍官）當時在何處，不過，他兄弟二人在父親上朝陽大學時，也都上了四川大學，過了十八歲，與三姑正華、八姑正于年紀相仿，想來命運自然相當。

民國三十八年底，紅軍正式占領四川，三姑當時剛上大一，八姑則還在高中；八姑見祖父因地主身分被抓去批鬥，自己又剛滿十八歲，會被以地主之子的身分入罪，她於是寫信給三姑，告訴三姑正華要趕快加入紅軍，隨軍出城，逃出家鄉，以求自保，以避開被鄉親公開批鬥的危機。

三十九年初，八姑就加入共軍部隊，遠征甘肅去了。不到半年，才滿十八歲的八姑就嫁給一位部隊裡的三十六歲、身經百戰的李姓高幹，從此明哲保身。但也因此，她之後就刻意與祖母保持距離，免得拖累夫家；不過私下，她仍將自己部隊的部分薪資，寄回家鄉奉養祖母。後來，她還隨夫去參加韓戰，李姓姑父還成了韓戰的英雄。

三姑在那個當下沒有加入部隊，不過她也逃出家鄉，避開被批鬥的命運，只是最後卻仍是以[3]知識分子的身分，被下放到大西北墾荒。父親的家裡，死的死、逃的逃，流亡海外或被下放的都有。

失了學的么姑，身無分文，還得養一位半殘的老母。為了一口飯吃，就把僅剩的一床棉被拆開，借了個簡陋的紗紡梭子，然後一絲絲的扯下棉被上的棉花，用手搓成綿線，就這樣，三塊半的棉被，搓成六塊錢的綿線去賣；然後如法炮製，再買床三塊半的棉被，再搓成棉線賣，生活上就靠這麼兩塊半、兩塊半的過活。她的龍昂三表哥還常帶她到山上挖野芋，就這樣，養活了自己和半癱的母親。

後來，共產黨搞「人人有地種」活動，每人發落到一塊土地，么姑便開始學著務農，她學著種雜糧，很快，生活就有了改善。後來么姑想回學校繼續學業，一位好心的地廟鎮某鄉的鄉長，便親自替她和她的同學（我後來去地廟鎮時，與她見過面，么姑要我管她叫文姨），與她表妹正保補習了半年，月費三元，由下放到大西北墾荒的三姑正華寄給她生活費和補習的錢。後來么姑才終於順利的考取成都的中學。

3 中共在一九五〇年代開始直到文化大革命結束為止，將城市中的「知識青年」組織起來，或自願或強迫的下放到偏遠的農村。毛澤東提出：「農村是一個廣闊的天地，在那裡是可以大有作為的。」為口號，推動知識青年「上山下鄉」，離開城市、前往農村定居和勞動。此為一種變相的「勞改」。

此時的么姑，與姊妹們都連絡上了，唯獨不知我父親人在何處。三姑最後一次與父親聯絡，是透過北平的朝陽大學的地址，她知道父親曾在中央訓練團待過，也和父親的幾個大學或軍中的朋友連繫過，而父親那些朋友都知道父親來到台灣的消息；我以為父親也有寫信告知三姑他人在台灣的消息，又或者是父親的朋友應該多少也會讓三姑知道父親到了台灣，然後其他的姊妹們自然也會從三姑那知道些消息。但我二〇一一年與姑姑們終於團聚時，三姑已去世兩、三年了，而其他的姑姑們對於父親負氣離家後的事情居然完全不知？又或許是忘了吧……因為還是我提醒五姑說，我手邊有一封民國三十七年時她寫給父親的親筆函，她才稍稍想起當年父親的事。

么姑解釋說，因為年紀與父親差太多，所以生活上交集的地方不多，沒有共同的朋友可打聽父親的情況。我納悶著，為何正華三姑沒向其他姑姑交代我父親的行蹤？么姑感嘆道：「她是為了我們好，才一個人守住這些秘密一輩子，若是我們當年就知道二哥（我父親）是國民黨，那還得了，當年，黨要大家交代自己的身分，料話『坦白從寬』，若稍作隱瞞，便要槍斃全家。我們在那壓力下，一定會說出真相，若黨發現我哥是國民黨，我們下場一定很慘，幸好我姊兒沒跟我說，她是這樣的保護我們。」她說著說著，悲從中來，潸然落淚。

自三十八年的四月，父親調到高雄的鳳山訓練，在鳳山歷經三個月的集訓後就應會調回大陸戰場作戰；但他眼看國軍在大陸的局勢如骨牌般潰敗，上級卻一直沒有將部隊調回大陸戰場的打算，國軍駐地死守的意圖漸漸明朗，父親心中開始焦慮不安。三十八年七月底，共軍已逐漸攻占四川鄉間城鎮，可能有友人或家人告知父親，祖父在家鄉被共產黨整肅清算而死，父親痛心疾首，於是向上級寫了份報告，要求准予返鄉協助家人善後。

報告的內容如下：

---

報告　七月二十六日　於第一大隊政指室

（一）竊職因家父去世，產業為人侵占，母親年邁體弱，無力照料家務，且職既無兄弟，姊妹亦復年幼，於此惡劣環境之下，全家生活，頓成問題。

（二）墾請　鈞座賜給喪假一月，返家料理，（回川）實恩同再造。

（三）請借旅費一百元整。

（四）可否乞示 謹呈

大隊長 少校指導員 范肇平／課長 中校課長 熊彙萱／祖長 上校祖長 洪周 轉呈

主任 孫／副主任 辛 訓導祖中尉指導員 職 陸正誠 謹呈

結果，上級批示：

查四川路途遙遠，往返不便，路費茲大於請查何一事，應作緩議。

上級否定了父親回鄉的要求。

他原本是暢言改革、投筆從戎的菁英學子，熱血愛國的青年軍官，才贏得抗戰勝利，自己也考上官考，前途本可一片光明；卻因國家陷入內戰，落得原本奔走於大江南北的父親，如今卻成了困坐小島上的孤臣、有家歸不得的孽子、丟了大好江山的戰士，坐看自己和國家的前途都一片渺茫，此時的心境，必然是難過沮喪，坐如針氈。

後來，部隊便開始忙著在台北與高雄之間，作大量運輸調度，當時台灣的軍方似乎在重整，因為父親幾乎每三個月就被調去另一單位。父親被編入陸軍輜重兵汽車運輸團作上尉指導員，因勤務關係，時常往來於台北與高雄鳳山之間。因此，開始對台北有所認識，還曾因從高雄追到台北並追回十隻被盜的手槍，而被記大功一次。話說，當時是戒嚴，偷盜手槍的人大概最後是受到嚴厲的軍法審判了。

一回，他出差花蓮，帶著隨身的家當。在行經蘇花公路時，由於道路狹隘只能單向通車，於是巴士司機叫大家先下車，說要讓車子先安全通過；沒辦法，大家只好聽從指示，先下車步行，但等大夥通過隘口後，那大巴士早就帶著大夥的家當行李揚長而去——就這樣，父親隨身攜帶著的，那些祖母在他離家後塞給或寄給他的一堆金飾全被劫走，他從此兩袖清風，孑然一身。

三十八年十二月三十日 台灣省青年服務團籌備處

茲收到第四隊四班學生陸正誠繳來朝陽學院學生證共乙張，此據。

民國四十年，在大陸的八姑與夫婿加入韓戰後，父親考入台灣北投的政工幹校，開始攻讀研究班。由於當年來台的國軍，是由各路軍閥整併而成，因此派系分明，士兵各有其效忠的領導，很難駕馭統合。

不過父親在入伍的早期，是隸屬於蔣中正先生在四川的中訓團；後來他轉往劉峙將軍軍系的徐州剿匪總司令部；而他來台前的最後一役，是在北平華北剿匪總司令傅作義的麾下擔任指導員；逃出北平圍城後的他，在上海加入了孫立人將軍的部隊。以父親這樣在不同派系都待過的情形來看，說得好聽，顯然他只有國家，沒有個人崇拜的問題；說得難聽，他摸不清軍中派系倫理的潛規則，日後自然難在軍中求生存。個性耿直的父親，在軍中一路受排擠，空有一身學賦，無處發揮，而當時又規定不得退役，使得曾經年少湖海的他，有如籠中鳥。

後來他參加了蔣經國先生所辦的政工幹校，他是該校第一期學生，民國四十二年中，父親在台北讀完政戰研究班。據說該校第一期學生，在畢業分發部隊後，多人在[4]東山島之役殉國。不知他是否有參加東山島之役，但他確實也被調到離島做砲兵，是年年底回台灣本島，調至位於台南四分子的砲兵學校作訓練。而母親的祖宅離砲兵學校不遠，自然就與父親近水樓台了。

4 東山島之役，一九五三年七月十六日，國軍對福建的第二大島東山島發起突擊，最後功敗垂成。

## 第八章

# 天府王子與安平公主

幾年前，我台南的大舅去世，我專程趕下去參加喪禮，大舅媽與我話當年，此時的我，已經會說一些台語了，只是對台南的腔音不熟悉，但還算能溝通。大舅媽提起當年我母親的事跡，她說大舅常向她及孩子們提到母親，說母親從前曾作過情報局人員，並說大舅小時候，看我母親每天去工作，神秘兮兮的，便曾問我媽她到底在做什麼工作；我媽被他問煩了，一天，就拉著他說：「我帶你去看看好了。」然後，他們便坐車來到一個軍事基地，只見門口警衛森嚴，大舅嚇得往回跑，我媽一把捉住他，說道：「不要驚，跟我走就好。」然後她走向崗哨，遞了證件，又指指我大舅，跟對方嘀咕了一番，便招手叫我大舅跟進。我大舅見到處都荷槍實彈的軍人，哪敢久留，一溜煙就跑走了。

我約略聽母親提過，但她從不正面答覆這個問題，因為在戒嚴的時代，很多事不可亂問，大人說會惹來抄家之禍，所以我們也不敢問到底。

這時的父親學業完成，舊時的情傷已遠，三十一歲的父親開始打算著人生的下一階段；而我二十五歲的母親適時的出現在他面前，許了他一個未來。

母親偶有提到父親和她花前月下的光景，她說她當時已是台南工商報的採訪編輯，每天上下班都需穿戴時髦的去採訪。她又說自己當年未出閣前，門前王孫貴少，絡繹不絕地來提親，羨煞許多鄉親。

不過，她與父親開始交往後，每當父親到她老家找她時，總會被鄰居指指點點，鄉親對母親和一個外省軍官過從甚密並不祝福。生性叛逆的母親，對這段不受祝福的愛情，越挫越勇，就在他們交往的第三年，母親便接受了父親的求婚。

還記得，我剛國中畢業時，和妹妹去台灣西岸旅行，路經台南，順道拜訪大舅家，當時大舅家還住在母親祖宅的一角，其他部分都已賣給他人了。

我到他鄰居店家吃早餐麵線，大舅向煮餐的老阿媽介紹我是美葉（我母親）的女兒，老阿媽頓時像活了過來似的，連珠炮般的說個不停，連隔壁桌的鄰居也加入放炮的陣列，頓時小店裡的人都加入八卦陣，四方眼神都聚到我身上。

我當時還不懂台語，她們說什麼，我一字也沒意會，只好尷尬的傻笑，阿舅想幫忙解釋，可是他國語太爛，那個這個的，說了等於沒說，最後是由當時才國小三年級的表弟勉強翻譯。當時我還自作聰明的擠出一些我聽過的台語來回答，全店都大笑起來，然後幫我糾正。

表弟受不了這種尷尬，難堪到不自主的一直在他的麵線裡加黑醋，然後低頭猛攪和那碗黑麵，最後，他終於難忍，頭也不抬的說：「表姊，表姊……拜託妳……別……別再說台語了啦，那個……怪怪的……我來幫妳說啦！」從那時起，我就有了學台語的動機。

根據小表弟的翻譯，那八卦陣裡的人大約是說，祖父如何賑濟鄰里以及我媽當年的風光；當時她是附近有錢鄉紳追逐的對象，提親的人絡繹不絕，後來她跟外省人私奔後就很少回鄉。

私奔？！其實她和父親結婚時，母親二十七歲，父親三十三歲，早就有自主權了；但她不顧家人反對，和外省軍人結婚，所以被那保守的鄉里們指為「私奔」。母親婚後，幾乎很少回台南老家，聽說有這麼一次是為了弔祭剛過世的外祖父。當時我大姊還是個小娃兒，她在外祖父靈堂前，玩蠟燭的火苗，卻不慎引起火災，燒掉了外祖父的靈堂。而來台北後，母親也幾乎再沒回過台南祖宅了——除了她快逝世的前一年，我們特意安排的一次全家之旅外……

不過即便被鄉里指為「私奔」，但她可是和父親大方的在台南市的大華酒樓舉辦婚禮，還在沙龍裡照了結婚照，出席的都是父親軍中的好友及長官，女方沒有一人出席。

那八卦陣裡的人們又指著街坊鄰居的房子說，那些都是當年母親祖宅的一部分，外祖父是怎樣一個大善人，雖貪杯中物、脾氣大，但總會恩待貧苦的鄰居等等。大致與媽媽所講的是一致。聽老人家們的形容，當年如是太平盛世一般——可是歷史課本上明明寫著那是個悲慘歲月——真不知當時他們是在宇宙的哪個角落？不過我父親當時的生活，就比較與史書接近……

母親與父親當年的光景，我們不得而知，她偶有描述自己和父親在安平海邊約會的時光，但對他們戀愛的經過，他們很少提過；我們只知道她和父親曾在四川及上海見過面，戰後，母親還單獨去過東北找她日籍的養父母過。總之，在他們談戀愛之前，似乎已是舊識了。

他們結婚後不到一年，民國四十六年，我父親突然被上級要求去從事地下工作，可能是因為當年他在大陸讀書時作過特工、搞過學運，他當時的專長被軍方核定為政工官、戰地政務官，上級要他再度從事戰地特工——他須先到南洋，再由滇緬入境四川——但父親當時擔心若是事發，四川的家人會因此受其拖累，於是藉口家有孕妻，請調他處。為此，他還寫信給當時北投政工幹校校長王昇將軍請他幫忙說項，後來終於勉除被派遣回四川作地下工作的危機。但上級也因此認定他忠誠度不佳，從此對他永凍。

二〇一一年我去四川當地問地委有關我父親的身分時，對方才告訴我，父親早年是地下黨的；我雖不明白他指的是父親在校時就是特工，還是淪陷後曾被要求作潛入四川的特工，但我也不敢多問，省得替四川家人惹麻煩。

正誠同學：

囑調整工作一事，經已洽有關方面注意設法矣，惟本部刻正進行改編工作，恐須稍待時日也，尚盼督為忍耐。

王昇 化行用踐 47(45)/4/22

From：北投台字 0541 號信箱 To：台南 立人街 100 號

當時母親因懷孕沒去工作，父親時常因公出差或駐軍而不在家，於是向來作文職且嬌生慣養的母親，拉下身段，在鄉下經營雞鴨養殖業，自己到田裡挖蚯蚓給雞鴨吃，農家雜事一手包辦；但最後的結果，卻是半年內養出的一千多隻雞鴨被一場颱風吹得無影無蹤，打斷了她經營農場的夢。

民國四十七年，父親終於如願的被調到台北的工兵學校作教官，但他卻住在新莊的宿舍；好學的他，又再回北投政工幹校上高級班。民國四十七年，我二姊剛出生，父母便搬到內湖的眷村，那裡與父親上班的工兵學校不到三公里，村子裡的伯伯們很多都在那軍校任職。有了配給的房舍後，生活於是穩定下來，母親又生了三姊和我們兩個雙胞胎。

我出生時，父親還常被調去外縣市作大專兵的集訓教官。從小我就有印象，當他由部隊放假回來時，穿著卡其色的軍服，從座車走下來的英挺模樣。母親會抱著我或妹妹，帶著哥姊們，搖著輕步迎向雙手大開的父親。

那是他們最甜蜜的幾年，也是他軍職中最燦爛的時刻。他不但服役，還在北投的政工幹校的法學碩士班修課，幾乎他所有的年輕歲月，都在部隊與學校間度過；母親也沒閒著，一個人要帶五個孩子誠屬不易，她還加入救總的車繡班，學習車繡與手工刺繡，一年後，等她由車繡班畢業，她便到一家工藝社去上班了。她是個多才多藝的工藝家，她在家裡設了一個工作臺，上面除了各種女紅的工具外，還有一大堆的圖案設計書籍和手稿，在她忙於照顧五個孩子之餘，她仍然精力旺盛的學著各種工藝；她也去學了插花，父親的書桌和客廳的矮桌上，永遠有新鮮的花朵，村中的婆婆媽媽們都會來向她請益，她會驕傲的解釋當天插的花是哪個流派。

那時的前廳大門永遠開著，客廳永遠明亮，小小的客廳總是有鄰居或父母的朋友進進出出。母親很喜歡作女紅，她會親自用棉線勾出各式的杯墊、桌墊、沙發的裝飾墊，再將白色枕頭鏽上精細的花樣，繡得太多，她就送人。她的朋友見她手工好，圖案設計又美，就介紹她到一家外銷繡畫公司接案子，她如魚得水；每天，她會在家畫一大堆設計圖，然後拿給老闆選，待老闆指定部分稿子後便要她繡在布上、鞋上或包包上，有時她也會手繡些大型掛畫。

一回，母親手中拿著一卷布畫正要出門，我問她要去哪兒？她於是攤開手中的布畫，沾沾自喜的要我看她剛完成的大刺繡畫——那是隻猛虎下山的圖，那老虎非常寫實，栩栩如生，我看得兩眼發直，手指欲罷還休的想碰那虎，看牠會不會咬我。母親說要拿畫去賣，要我不要向父親提起，否則就沒好東西可玩。我看著她離去，滿心期待。

我兩歲時，父親終於拿到政工幹校法學班的碩士，接著又通過國家的高考檢定，我想他可能是對自己在朝陽大學讀到最後一學期卻因戰爭而無法拿到畢業證書感到遺憾，所以才會花那麼多時間，在政戰學校完成他的法學碩士。反正他困在軍中，那兒都不能去。

## 皇后的後花園

眷村的每一家，都有前院和後院，後花園接連著下坡的樓梯，兩旁有坡地，但村中的人都將後門樓梯棄之不用，而只用村口的大樓梯。因此每一家的後門都雜草叢生，幾乎看不到梯子。但我們家則將後門經營的如同童話世界，因為母親會與坡下對街的台籍鄰居聊天互動，坡梯邊永遠開滿玫瑰、雞冠花、紫羅蘭花等各種花叢，母親讓父親將坡梯右邊的中段，開出一個小平臺，圍上籬笆，鋪上紅磚，夏天就在那梯坡平臺乘涼養茶。

院子的西南角，父親種了一棵白色的桂花樹，每到仲夏夜，那桂花撲鼻的清香風滿花園，母親會在樹下放茶几和藤椅，將樹上掛個小黃燈，與父親對坐飲茶聊天，我們則在花園裡玩跳格子。

由於父親常出差，他擔心母親一個人在家會無聊，因此花很多時間整修家裡，那陣子，他倆形影不離，非常親密。母親喜歡種花，父親為了討好母親，他興起蓋後花園的念頭，像個深情的國王，為他的皇后蓋城堡一樣；每到週末放假，他就到後花園的空地去施工，挖了個大坑、鋪上水泥作為池塘。整個池塘的外形，是跟據台灣地圖做的，在宜蘭的方位，他讓母親設計了假山造景和流水；在台東南方的位置，又作了階梯式的花台，母親在那放上許多的水生盆栽，她也常在那花臺上造景，甚至做大型的插花藝術；她還到附近的蓮花田去採了些睡蓮，放在水塘裡。魚池剛完工時，全家歡天喜地。

每到假日，父母要替池塘換水前，我們就被允許跳到池中玩水抓魚。換水工程浩大，要先將池水用水管虹吸，將水排到山丘下的大水溝；等池塘見了底，父親會到池塘裡洗刷池壁盆面，母親則在一旁替他上茶，然後指點父親，哪塊石頭要放置到哪裡、盆景要怎麼重排等。母親很在意花園，所以父親所作的假山假水，都要問她的意見，她天生就是藝術家，一些奇怪的野花雜草，經她一安排，花園就有了了不起的景觀。母親也想討好他，知道他深愛釣魚，便故意說要在池子裡養魚，不消多久，池子裡就都是父親出外釣魚帶回來的戰利品。

## 他是個釣魚的高手

父親喜歡釣魚，假日常常興奮的帶全家去夜營內湖的大湖畔，在月亮初上山崗時，他便先在湖邊仔細的勘查一番，然後設下三、四個釣竿點，並吩咐大家兩人一組，分別看守不同的釣竿點。他交代，若見浮標有不尋常的異動時，不可大叫，會驚動可能上鉤的魚，得派一個哨兵去通告他，由他親自來起竿。

因此，當他拋竿的那一刻起，我們都精神起來，兩眼直盯那水中忽明忽滅的浮標，若一人眼睛看花了，就趕快換人接替。雖說當下一輪藍月，星空萬點，偶有漣漪輕拍沙岸，但守竿的人會容易忘我，而是眼睛在休息的人才會注意到周遭的美；而除了湖光和星空，四下漆黑，伸手不見五指，背後樹影幢幢、怪鳥長鳴，那時難免會感到害怕。

不過，一旦浮標有了動靜，突然間，也不知哪來的神勇，我們會像騎兵一樣衝去各個岸邊找父親報馬仔，然後看到父親興奮期待的黑影，緊跟在我身們後追著，像暗夜搶攻灘頭的游擊隊，彈跳穿梭在枝葉與水灘間，我心中有著莫名的滿足與喜悅。

最後，不管釣竿那一頭有沒有東西，父親都會陶醉的重複千遍也不厭倦的上餌技巧，拋竿標準動作，等鉛石輕敲水面，浮標落定，他的身影又消失在暗夜的樹叢間，一切再度恢復孤寂，我們也回復到備戰狀態。若拉竿後有魚上勾，全家人便氣勢大振，若無戰積，也覺得很欣慰，好像自水面下獲得某種回應一般，永遠不會感到失望與寂寞。就這樣，一個晚上，全家人在大湖畔或沙州上，躡手躡腳的跑來跑去，戰果輝煌。

當我們跑得累斃了，又靜不下來睡覺時，母親就會在父親釣魚基地的正後方架起帳篷，鋪好墊毯，將她事先包好的壽司飯糰發給我們吃；父親會替她架起一小堆營火，她便會一邊煮些野菜湯給我們喝，一邊說鬼故事給我們聽，說得鬼氣活現，聽得我們五個孩子們全抱在一起，最後大家吃飽喝足嚇破膽後，就一起嚇昏在帳蓬裡。偶而被蚊蟲叮醒時，會隱約看到帳子外，父母相依偎的畫面。待月過中天，漸漸西沉，夜空漸如死魚翻白，湖面開始起霧時，父親就叫起大家，宣布休兵。

等母親將一切行囊家當收好，大夥爬上父親的野狼 125 時，那絕世的痛苦與快樂便同時來到，因為，除了父母親還醒著，五個孩子都如洩了氣的皮球一樣攀趴在彼此身上；由於摩托車在行徑中，父親擔心我們會因打瞌睡而掉下車子，所以他一手騎車，一手會不時的打巴掌在大家的腳上，不斷地弄醒我們，結果呀，唉！那醒睡之間，有如天堂與地獄的感受，渾渾噩噩，連自己的嘴巴大開，疾風灌入胸中，口中珠簾橫飛，都無力將嘴合上。

好不容易，到了家門前的坡梯下，父親摩托車一停，我們就自動從車上滑下，父親與母親兩人一手一個，拖著四個女生上坡梯，哥哥則在後面幫忙搬戰果。然後，母親會允許我們暫時癱在通鋪上小睡，那真是天下最幸福的時刻了。

不知多久，等到眼前一道黃光閃至，母親的聲音再度繚繞，一陣陣撲鼻的酒薑魚香催人醒，此時恢復精神的我們，飢腸轆轆，殺到桌邊，五雙筷子如萬箭齊發，盤中飧就此遁影於無形，回頭才看見母親，她正在廚房煮第二條魚，父親在她身邊剖第三條魚，一面和她談論魚的煮法，然後不時回頭看我們吃魚的樣子，他倆的驕傲與歡愉全寫在臉上。而那些不足重的魚或小參參（魚苗），就被放到後花園的寶島池塘裡，暫時為觀賞魚，待來日成為桌上佳餚。

## 父母的寵物

由於當時眷村房舍的外牆是磚牆加木樑，但內部隔間牆則是用竹子編架後敷上稻草與泥土再塗上一層白石灰而成，所以房子不堅實，大門也是木板製的。父親擔心出差時，母親一個人帶著孩子在家，若有壞人闖入，安全堪慮，於是弄來一隻德國狼犬，叫哈麗，來保護家人。母親很愛那隻聰明的大狼犬，日子久了，心理上越發的依靠著那狼犬。

一日晚上，母親要替牠餵食時，怎麼喚牠的名字，都不見牠出來；母親急了，就叫父親幫忙找尋，父親向鄰居求助，卻還是沒下文，眼看夜色已深，外面又大雨滂沱，母親要我們先去睡覺，她和父親外出找尋。結果還是一場空。

隔天清晨，父母拖著疲倦的身子回到家中，母親開始燒起煤球，準備作早餐，我們也開始更衣梳洗。這時卻聽後門有人叫門，父親去應門，只見那村子上打掃的山東老兵矮子，向父親嘀咕了兩句，母親見父親臉色不對，追上去[illegible]知道矮子來報告，說亂葬崗上有隻死狗，他要父親去認一認，我們一[illegible]荷子，跟著矮子到那亂葬崗上。

當時，雨已停了，在一堆草叢間，果然看到哈麗的屍體，倒在雨泊中，母親見狀，焦急的要父親將牠抱起，硬也說要替牠取暖，讓牠活過來。父親不忍的將哈麗抱回，放在後院花臺上，用手帕擦出哈麗口中的白沫和殘存的老鼠藥；母親看了，認了事實，便跪趴在哈麗的身上，像個孩子般的撫屍大哭，父親蹲在母親身旁，雙手扶著母親的肩膀，不曾放開。後來，父親用他自己心愛的大衣，將哈麗裹起，和母親一起回到亂葬崗，將哈麗埋了。

一個星期後，父親從友人那邊要來了一隻白色加幾塊斑色的中小型犬的幼犬，屬於神經緊張型的狗。我們不知如何與小幼犬相處，成天追著牠到處跑，牠煩不勝煩，終於在一歲後，開了殺戒，咬了我妹一口，父親氣急敗壞的將牠用竹條打了一頓，說要教訓牠，但這一打，從此牠的脾氣就變得更不穩定，時不時就作勢要咬我們，父親只好用鍊子將牠栓在後花園，結果惡性循環之下，牠變成一隻惡犬，鄰居都怕，再也沒人敢到我們後花園來聊天了。母親常說那是父親以暴制暴的結果，她擔心父親對我們的教育方式也會產生同樣的惡性循環。

## 父母親的信仰

我們家中，有張父親四川家人的全家福照片（沒有父親在內），那是他三妹在他讀南京金陵大學時，怕他想家，寄給他的。他把照片放大，掛在牆上，他很少對我們談起任何有關他的過去，我們對他的過去都是透過媽媽才知道的。我們也不敢多問，他的過去好像都只屬於他的，跟我們無干，當時，好像唯一能跟他共同擁有的，是一張由他書寫的祖先牌，和一本手寫的族譜。我們的名字便是按族譜排出來的。

而母親則是村中的少數民族，村子裡本省籍的婦女不多，好像只有一兩戶，除了清明節外（每年只有那一次在燒紙錢），沒人在拜拜。母親在當時，或許基於本省人的生活習俗，很重視過節，所以常會幫我們做新衣服，把我們弄得像小公主一般。新年更是樣樣都要美美的，說話也要謹言慎行。她非常求完美。記得有一年新年，她在除夕把初一要開門的時間算好後，就千交代、萬交代的要我們一定得在大年初一大清早的幾點幾分開大門，然後要先向東走幾步，再向南走幾步。結果，我們除夕守歲守得太晚，隔天被叫醒，她替我們穿新衣時，我們東倒西歪的爬起穿衣，很是掙扎，結果害她錯過了那開門的良辰吉時，母親氣得大哭大罵我們，還把她自己的法國香水拿起來亂砸，父親看了趕緊把迎賓大門給關上，跑進來勸她。

## 三歲燒屋

當年兩歲多的我，對發生的事情卻能記得一清二楚。當年母親要出門上班前，會用小被單將我和雙生的妹妹分別包裹好，如同初生嬰兒般，放在有榻榻米的大通鋪上，我們不能站立或坐起，但可以舉腳或滾來滾去；然後她將兩個泡得滿滿的奶瓶放在我們頭的上方，因為大哥、大姊都上學了，她就叫來四歲大的三姊，交代她短針指到什麼時候，就要來替我們餵奶一次。然後母親會將門關上，防止我們掉下床。

在一片漆黑中，門縫或木窗縫所透過來的光，格外醒眼。當我們聽到她穿的高跟鞋喀喀作響地漸漸遠去，我和妹妹在躺在黑暗中，彼此哼歌安慰，或醒或睡。然後不知過了多久，等三姊開始嘴饞了，她就將門板打開，爬上通鋪，過來摜籃子假燒金，拿起奶瓶餵我們一口，然後自己喝兩口，我們氣得哭哭啼啼，拿她沒法。日子就這樣委屈的過了好一陣子。

有一天，事情有了轉機。這天三姊終於不耐寂寞，在母親走後，把我們放開裹布，叫我們陪她玩；我們如脫了韁的野馬，在家裡亂跑亂跳，翻出所有能碰到的東西來玩。在無意間，我們在廚房找到一包火柴，三姊就劃起一根火柴，等它燒盡，又劃起第二根，我們看那火苗從爆開到熄滅，瞬間有無的交替，充滿奇幻，便一根接一根的劃著，有幾次，大家看得入神，不小心叫火苗燙了手，三姊就直覺反應的將它用力甩出去，等劃到沒火柴時，才發現背後的廚房門板已經火光熊熊。當下，三姊和我們都呆立在那兒，不知如何是好，三姊說，如果我們大叫，媽媽回來就會發現我們玩火了，大家都會被打，於是我們決定悄悄溜走；她說母親留有一鍋稀飯在客廳的電鍋裡，給她當午餐，如果我們不告她的狀，她就會請我們一起吃。

我們於是拿了鐵瓢子，跟她到客廳的沙發旁，果然地上有個電鍋。我們三人就蹲在電鍋旁，由她打開蓋子，等她自己喝幾瓢後，偶而也不忘分我們兩個小的一瓢，我們滿心感激。

母親後來回憶說，她當時正在文德女中上班，軍方派車來接她，告訴她家中失火，她聽了腳就軟了，無法走路；軍方抬她上吉普車後，她趕回家，只見大火吞噬了家中的半壁江山，而父親也恰好由桃園的軍營趕回。她抱著父親痛哭流涕，愧疚不已，後來消防車將大火撲滅後，父母在客廳的角落、沙發的後面，找到我們三人，我們還繼續在挖稀飯喝，不知為何父母要突然回來。

## 父母的教育方式

由於父親在軍中多次當選年度優良教官，於是他把他在軍中所受訓練的那一套管理部隊的方法搬到家裡用，把我們當作他的部隊來訓練，因此造成許多遺憾。

我們兄弟姊妹幾乎每天要被他叫到客廳排排站，聽他精神講話，站姿要挺、不可發問，他一開講就是一到兩小時，我從不覺得自己會聽到些什麼，因為那些言論對一個七到十歲的孩子而言，似乎深了些，聽歸聽，懶得去多想，整件活動似乎流於形式；不過想不到的是，在後來沒有他的時候，那些話語竟成了我生命中的明燈。

父親規定大家每天晚上一定九點睡覺，每天晚上一到九點，沒躺在床上的就得挨鞭條；早上五點要起來晨跑，從家裡跑到潭美磚瓦場，一定要準時出門。孩子們依排行站列，父親欽點完畢，大家就開始慢跑，向磚瓦廠出發，跑步時還要列隊，拖隊會被打，後來跑得無聊，父親就准我們唱流行歌來助跑。回程則是散步而回。

後來，哥姊們課業加重後，就剩下我和妹妹每天清晨，天未破曉前，陪父親散步到磚瓦廠，坐在運送磚瓦的小板車上看晨星。有時他會讓我和妹妹自己去玩小板車，我們在板車軌道上推車滑行玩耍，他一個人坐在星空下，雙手插在口袋，仰天長望；我們玩累了，他就會講一些星座的故事給我們聽，或教我們如何欣賞蒼穹，頓時之間，宇宙不再是個黑布罩頂，而是無限大的亙古。待看破曉的剎那，如魚翻肚，他便讓我們作些深呼吸的動作，然後頂著晨曦而回。

等我們回到家，早餐碗筷已擺在黃燈泡下，媽媽忙著準備哥姊的便當和早餐，父親會回到他的客聽兼書房。他不會和我們一起吃早餐，母親會單獨拿一套飯菜放在他的小桌子前，他一邊靜靜的讀書，一邊吃飯，我們則在後廳餐桌上搶成一團。

每天的晚餐，一定全家一起上桌，遲到會被罵。吃飯時，孩子們吃飯是不准說話的。當母親將桌上菜飯都擺好，我們都迫不及待的坐下，恭候父親駕臨；如果在父親來到前先動了碗筷，父親會說我們沒大沒小；吃飯若張嘴咀嚼，或掉菜飯，或拿碗筷的方式不對，還是坐沒坐相，都會被罰。和他吃飯，伴君如伴虎。

進餐時，母親會在桌上與父親聊天，說村子裡發生哪些事的輕鬆閒話，我們則心底盤算著下一步，要夾那一樣菜，才不會被他人先吃光；但誰也不想夾最後一口菜，省得被爸罵餓像，吃乾抹盡，不替他人留一口。

不過，倒也不是沒有輕鬆的時刻。一回，進餐到最後時，窮竭的桌上，除了炒西瓜皮丁之外，其他的菜所剩不多了，有一盤菜剩最後一點肉丁和殘油，人人想要，沒人敢拿；僵到最後，父親終於忍不住了，於是，他便指著那肉丁殘油盤子對大家說：「你們仔細看那古董盤子，以前清朝有個皇帝很愛瓷器，他就自己蓋了個官窯，來燒各種精美的盤碗，供宮中使用，凡是由那官窯出品的碗盤，都會被蓋上一個官印在盤底，你們想不想看看這盤子的官印？」大夥被唬得一愣一愣的，瞪大了眼，連連點頭。只見他優雅的拿起盤子，向自己碗邊挨近，然後徐徐將盤底翻出給大家看，果然有一個紅色的印記，大家都輕聲驚嘆，然後他悠悠的笑道：「這印上刻著是『滿清道光』。」這時，我們才注意到他正用筷子在盤前將滿盤殘油清出，倒光在他自己的碗裡。

晚餐後，煮餐用的煤球會剛好把一鍋水給燒開，母親會把洗澡水準備好。家中很重視階級倫理，因此大家是按排行去洗澡，大的總是先洗完先去作功課，我是老么，總是最後才洗他人洗過的渾水。等母親替孩子們洗好澡、收拾晚餐、看好功課、哄上床睡覺後，父親就會帶母親，拿著手電筒，暗夜去村子外散步談心。那一陣子，幾乎天天都如此，我們都覺得父親很詩意，是個好情人，散步回來，母親就會陪父親看些電視。

有時，我睡不著，想依戀母親，就會跑到客廳的屏風後面躲著，偷看她、接近她，看她像小女生一樣的窩在父親懷裡撒嬌，看父親滿足開懷的摟著她，親吻她的前額，她替父親斟酒夾菜、拿筷子夾花生，在父親嘴前逗他，父親深情的望著她，我想那是父親一生中最幸福的時刻。

那一陣子，幾乎天天都如此，我們都覺得父親很浪漫，是個好情人，哪知父親走後的三十年後，和母親提起那一段記憶時，她的評語，卻竟說那對她很折磨——因為她處理完家事後，疲憊不堪，只想坐下休息，她說父親並未體恤她，還如大孩子般吵著要散步，路上還要講些有的沒的，讓她不耐煩。我們聽了她這番評論，有些傻眼，不知如何應對。

後來，賣煤球的商行改行賣瓦斯，家家戶戶都跟著改買瓦斯爐，水燒得快，我就再也不用洗渾水了。睡前，母親要求我們把作好的功課給她檢查，若我來不及寫的，母親就叫哥姊幫忙寫，因為超過睡覺的時間還寫功課，會挨父親的棍子。功課都確認後，我們四姊妹就躺在大通鋪上，聽母親坐在床上講故事。

她有時唸故事書給我們聽，但大多數的時候，她會編故事，她總是有說不完的故事，而且很少重複過。她總愛講寓言型的鬼故事，連愛麗絲夢遊仙境都被她講成很奇幻的恐怖故事，嚇得我和妹妹躲到她大腿下的被窩裡，不敢動，如果當天早上有作一點錯事，晚上睡覺都會怕自己被變成大蘑菇。故事講完後，她將燈一關，大家都得閉著眼睛裝睡覺了，否則父親來查房時，又要家法伺候。

晚上九點後，父親會拿著鞭條查房，確認我們入睡後，他就回前廳和母親一起看電視或聊天，由於他們的臥房和客廳是打通的，與我們的通鋪只有一牆之隔，眷村房舍的內牆是泥土和稻草加竹子作骨所砌成的，有時我們若沒睡著，常常會聽到父母的竊笑聲，及若有若無的收音機的音樂聲。

後來，姊姊們睡不著時無聊，就每天、每天的，用口水弄溼手指，在牆上摳來摳去的，摳出一個指頭粗的小洞。有一天，小洞真的穿牆了，姊姊回報她發現的大秘密，我父親和母親，在昏暗的燭光中，隨著收音機傳出音樂，在客廳裸體共舞。隔天，小洞被姊姊用撕下的作業紙加漿糊塞住，沒有人再想挖壁洞了。

教育方式的不同成為我父母婚姻最大的致命傷，父親鐵血軍事般的教育，使母親產生補償性的溺愛，每次父親打罰哥哥的時候，母親就會到屋後暗自哭泣。一回，哥哥因學業正被父親狠打著，我心生害怕，急著想找母親獲得安慰，卻發現母親一個人蹲躲在哥哥的床上，將哥哥的被子撫在自己的雙頰上，臉朝天，咬牙切齒歇斯底里的搖頭哭喊著，她的臉部扭曲變形，讓我幾乎認不出她，我嚇得躲在床下，不敢看她，只是輕輕呼喚她：「媽……媽……妳不哭……不哭好嗎？」

眷村中很多父母有相同的軍式管教方式，職業是會影響人的行為的。母親常背著父親花錢買東西給哥姊們，因為他們受父親管束較嚴，母親希望用些禮物來安撫孩子們受傷的心。但此事如果被父親發現，常就變成家庭革命的開端，因為當時家裡已窮到炒西瓜皮當菜吃的地步，父親不願母親把錢花在孩子的禮物上；他認為母親浪費，母親則嫌他小器。父母親的婚姻，有十年的黃金蜜月期，在那段歲月裡，父親在家像個國王般尊貴，母親則如典型的日本小女人般嬌媚馴良，看他倆恩愛賽神仙，使我怎麼也無法理解他們在後來的日子裡怎麼會變成一對怨偶。

## 母親與京劇

週末下午及晚上，華視會有特別節目，都是一些當家花旦或小生演出的經典京劇，母親是本省人，對京劇的腔調不懂，但她都會陪著父親一起看，父親會在一旁解釋，或教她唱；久了，她也就看得入神，時日一多，她和父親幾乎每一碼京劇都看過。

即使到後來，她不滿父親、疏遠父親，父親去世後的三十多年裡，她仍舊每個週末看京劇，有時，我也會陪她看，她知道我看不太懂，所以很興奮的對我解釋劇情及人物，就像父親當年對她說明劇情一樣。有一回，當她看四郎探母一劇中，四郎發癡的將鞋子頂上頭的那橋段時，她竟也能會意，淚滿衣襟。暮年的她，雖然漸漸忘卻如何欣賞京劇，即便當時她已和岸原先生交往，但每到週末下午，她仍然準時坐在電視的京劇前打瞌睡。我們若要將電視關掉，她就會醒來生氣，直到她離世前都未曾改變。

## 無心插柳

父親在軍中時，為了便於往返中壢軍營，買了一台摩托車，這使我們全家有了翅膀。每到假日，父親就想出一個地點，帶我們全家去玩。那一台摩托車比一台轎車有用，除了全家七口坐在車上，連野餐的椅子、墊毯、餐盒都一樣不漏。

一次，我們到內湖的警察公墓去玩，公墓美得像西湖美景，兩個大的人造湖由白色雕雲紋的水泥小圍屏沿岸圍上，中間有拱橋，湖的兩邊有許多大樹與草坪，白鳥數隻在湖心的蓮花之間，無數隻肥大的鯉魚游動其間。母親在樹下設下毯子，將野餐擺下，我們隨意拿取，邊玩邊吃，父親坐靠樹下，母親頭枕在他腳上，受輕風徐拂，一天就靜靜的過去。

傍晚，回家前，父親在湖畔，講了個故事給大家聽，最後故事的寓言是：「有心栽花花不開，無心插柳柳成蔭。」他不但要大家背這句成語，還說要証實給大家看，於是他在湖邊的一株楊柳樹下，接近樹根處，將一支小柳枝用小刀切下，說要帶回去「無心插柳」給大家看，媽媽大笑他是兩腳書櫥。

然後，我們全家七人坐上摩托車，回家路上，坐在油箱上的我負責拿著那柳條，我一路揮舞著那柳條，眼見它葉子都快被我揮霍光了，沒人認真把當它是一回事，父親也沒說什麼。回到家，大家都累了，全癱在床上小睡，睡前父親就把那飽經摧折的柳枝，往後門坡梯中段的小平臺邊上一插，然後就去睡覺了。

過了些日子後，柳枝枯萎，葉子乾了，所剩無幾，父親打死都不肯救它，因為他想讓我們看到他的「無心」，倒是母親怕父親失望，偷偷的開始替它澆水，又去鄰居那兒，要了些雞屎營養它，加上那兒原本是亂葬崗的土質，實在肥渥；第二年，柳枝成樹，柳葉成蔭，父親證明了無心插柳的寓言，他好不高興，便常在柳下的小平臺養茶。再隔一年，柳樹大到將後門坡梯的底段都遮起，梯口處左邊，原就有一大叢莢竹桃，如今讓這柳樹從右上邊攏罩過來，梯口前形成一個天然柳簾的大拱門，沿梯花草扶疏而上，如世外桃源般。那柳樹雖大，不知為何，它的枝幹都會自動繞著小平臺的週邊生長，那一陣子，向晚近黃昏時，母親會允許我們爬上柳樹的長幹上吃飯，隨風搖動。

父親在樹下吊了支黃燈泡，和母親在樹下就餐，由於那是在坡上，放眼望去，除了馬路對面一排民舍外，民舍後方就是一大片水稻田和荷葉田，平時處處碧連天，直看圓山飯店，在天邊兩點鐘的位置出現。時到黃昏，彩光瀰霞，天地輝映，荷葉田中萬金閃爍耀動；然後那牧牛郎會在四、五點時，帶著十來隻水牛，從我家門前而過，每一隻的脖子上，都吊掛著一些大銅鈴，一路走來，搖鈴而過，叮叮噹噹的，穿插牛哞聲此起比落，就像支打擊樂樂團般悅耳。我們一聽鈴鐺聲，就會衝到後花園的坡梯上，如總統閱兵一般的，看著牛群由後門前的坡下列陣而過。

## 颱風夜

由於我們眷村住的房子外牆是磚，而屋內隔牆則是竹子敷泥巴再敷上石灰所蓋的，屋瓦是木樑加青瓦，並不堅固，不時會漏雨。再後來，父親又將後院的葡萄木架給擴大到整個院子，又放上瓦片，地上也鋪了水泥，成了車庫。天氣好時，葡萄葉的影子會印滿膠瓦上，和粗樑木架相映成趣，而他心愛的野狼125就停放在那兒。

每次到了颱風夜，我們全家人都會異常興奮，像是準備要出航一般，母親會要我們將所有的盆碗都拿出來接滿水，以備斷水後來用；我們也會將花園車庫給清理乾淨，將所有的堆放物都用繩子綁好。

當風雨越來越大時，我們便會都躲在大通鋪的臥房，聽風雨敲打著房子，像是在打鼓一般，我們的身體都可以感受到那震動，視覺上也可以見到牆壁在搖動。真是驚恐又刺激。

在風雨最狂烈的時候，就是父親出征的時候，他會穿上雨衣，帶著手電筒、維修工具，像將軍一般的爬上屋頂去巡視，然後補起被吹破的屋瓦；母親或我們則會在屋內和他呼叫，他會告訴我們要修的部位，然後指揮我們拿東拿西，或丟些繩索，讓他在屋樑上放上砂袋；哥哥則如他的傳令兵一樣，跑來跑去，上上下下的替他傳工具，報告損壞情況。全家忙成一團，有的幫忙倒積水，有的幫忙包砂袋、或找工具，若由破掉的屋瓦間看出去，父親低著身子，隻身在嘶吼的狂風暴雨中敲敲打打，夜空中暴雨橫飛，宇宙間有一種深沉的低吼，他一人在屋瓦上匍匐前進，像是大海上掙扎前進的孤舟一般；而他似乎希望在這樣的掙扎中，獲得某種戰勝的滿足。

## 蜈蚣葡萄酒

母親喜歡醃漬水果和釀酒，她總是最後出現在黃昏市場，廉價收購小販賣不完的水果，然後將它們醃漬成一缸缸的蜜餞或酒釀。父親看她愛釀酒，於是乾脆在後花園蓋起了藤架，種植葡萄，再將花園建起圍籬，買些植物來種。那陣子的晚餐，都是在花園的星空下進行，此後的每一年，我們都可喝到自家釀的葡萄酒。

當葡葉初發時，陽光滲過，乍青如玉，藤下一片翡翠，母親在藤下設一對藤椅和茶几。週末，父親由部隊返家，都會陪她在藤下小酌或養茶、修剪蔓藤。父母親都是性情中人，家中再窮，就是到菜市集撿菜吃，也不願將花園改為菜圃，那葡萄架純屬怡情養性的。不久，串串碧珠，垂掛紛紛，然後麻雀蝴蝶皆至，每當陽光普照，和風徐徐，藤下地面上便會晃動著著無數個六角型而金色閃爍的光斑，賞心悅目。

當葡萄越發紅紫時，麻煩就大了，藤下乘涼時，螞蝗不時墜落，肥厚圓滾，如半枝雪茄大。母親會用鹽巴灑置於其身上，螞蝗竟漸漸溶化，成了一灘水，屍骨不存。

葡萄成熟時，父母親就親自摘取，一缸用來釀酒，剩下便紛紛送給鄰居。後來，養雞的張伯伯吃了母親送的葡萄，回報一大堆雞屎，用來施肥葡萄藤，結果葡萄藤營養過甚，幾乎長滿了整個後院，葡萄果實肥大，藤蔓綠蔭遮天，螞蝗終日如雨下。在某次大豐收後，父親就把葡萄藤砍掉，讓花園重見天日。

不過那大缸的葡萄，可沒那麼容易處理；母親將葡萄入缸封起，我們就開始等待隔年又可喝紅酒了。那缸酒比平常的大，缸子可容一個成年人入內泡澡。母親在封缸時，用了許多棉紗布，再用塑膠袋封上缸口，置於廚房。來年的夏天，颱風過後，廚房有積水，母親打掃廚房時，得搬開傢俱讓地陰乾，那知這一動，才發現有許多大蜈蚣躲藏在缸下攤屍。

母親覺得事有蹊蹺，決定開缸檢查。那天，父親尚在營中，幼小的我們，都興奮地拿著碗瓢站在母親身旁，想挖出第一口甜美的酒釀。母親小心翼翼地剪開繩結，當她掀先開白紗布的封口時，只見滿缸的肥蜈蚣，湧爆出缸口，劈哩啪啦的掉落在缸邊蠕動。母親和我們尖聲驚叫，一哄而散，等我們大夥都跑到安全位置，回頭一看，那一隻隻肥大的蜈蚣，哪兒都沒去，就在掉落處原地扭動不已。

這時候，母親的眼神有了改變，驚恐不再，充滿創意。因為，母親不只釀葡萄酒，還常釀些奇怪的東西給父親喝，連在後院捉到的怪蛇，她也拿來泡高粱酒給父親進補。這回，她用掃把將蜈蚣掃成堆，裝成數個阿華田的玻璃罐，然後，她用紗布將紅酒濾出，將酒釀渣給我們吃，香甜特別，一覺到天明；隔幾天，父親書房的酒架上，多了一瓶小瓶裝的高粱酒，裡頭浸泡著一隻蜈蚣，正等著週末回家的父親。至於其他的蜈蚣都不見了，她說是賣給了中藥鋪，小賺一筆。

## 燒書

大約在民國五十六年時，父親在中壢的陸軍第一士官學校，擔任主任教官。父親在軍中因是教政治作戰，他為軍中的思想教育寫了許多書，思想應是最純正的。但有一天下午，父親不知在軍中惹了什麼事，他突然匆匆回到家裡，軍服都沒換，就把母親叫來，要她幫忙把藏在車庫書架上的許多他的著作、手稿全搬出來，然後淋上機車用的汽油，放把火給燒了。

母親本想阻止他，但他沒理會，嘴上只拚命叫著：「快弄，快弄，人要來了！」母親只好叫出大家，幫忙搬下所有的書冊。那些政戰理論的小冊子都是黃色的或淺灰綠的，輕薄易燃，他的許多手稿也都是十行紙寫的，更易助燃。瞬時之間，後花園裡熊熊烈火，不出半個鐘頭，一個書架的藏書和手稿都灰飛煙滅。

然後他又把客廳天花板上藏著的大木箱搬下，那是他流亡時，從北平朝陽大學帶出的。他翻出一堆舊書信，迅速的撿選一翻，只挑起一小疊書信，其他全丟進了火堆。燒完後，他自己則在花園角落挖了個坑，將灰燼和水埋下，那挑出的一疊書信，而今，我用來替他作傳……

當時，我們幫忙燒書稿可是興奮無比，因為除了清明節祭祖或過年時候，家中從不拜拜、不燒紙錢。所以放火燒書時，心中惡靈浮現，竟覺興奮。長大後，一想到父親優美的鋼筆字跡在那十行紙上，在熊熊的烈火中由黑字轉成白字黑底，每回憶一次，我就心痛一次。

後來，我們孩子們被刻意放到村中去躲起來；不久，就有軍方的人來家中，村子上的人都關門噤聲。我們躲在村子的公廁裡，不知過了多久，又聽到村子上有人開始說話的聲音，才偷跑回家看；只見父母正在商議事情，父親在那天，連功課都不替我們檢查、晚餐也不吃，就早早熄燈入睡了。後來，在母親勸說下，他以四十五歲的年紀，申請假退伍。

母親在晚年時評論那事時，她倒覺得幸運，說父親在軍中人緣雖不好，但為人正直，在最緊要的時刻，受人暗中相助，才有機會在警備總部造訪前處理掉可能造成麻煩的檔案。她說以父親那耿直的個性，能從軍中全身而退，已算是幸運了。此事之後，他便向軍方申請退伍。

民國五十七年，父親終於從軍中假退伍，並被派任去作聯勤的軍營福利站當經理。不過他做了半年就不幹了，媽媽後來說，父親個性直，又易得罪人，他自命清高，不受廠商招待，高層認為他擋人財路，便想辦法刁難排擠他，所以他只好請辭。民國五十八年他被正式退伍核准，半生戎馬的他，正式結束軍旅生涯。不過雖然他已無軍人身分，但退為預備役，軍方還是以外聘的方式請他到成功嶺當軍訓教官。

後來，國防部再次安排他到陸軍軍醫院的營業站作業務部經理，但這次，他還是無法讓自己變成個身段柔軟的生意人。我大姊回憶當時的某一個夜晚，父親加班到很晚才回到家中，我們都已入睡，姊姊因為聽到母親跑去替父親推摩托車而醒來。

當父親入了他客廳兼臥室後，看到桌上放了一盒禮品和一大隻金華火腿，另外還有幾個肉鬆罐頭，便問母親原由。原來母親不小心收下了廠商的賄禮，於是父親氣急敗壞的拉著母親，三更半夜的摸黑出門，騎車親自將賄禮退還；結果，父親自覺不適合在軍方體系內作生意，只好再度辭職。母親後來回憶時，不甘願的說：「這樣做有什麼好處？眼看他那些同事都買了洋房，我們後來還為了一口飯吃，夫妻兩地相離，一家子不能團圓。」

辭職後的父親，雖然還處在戒嚴時期，但因無軍職在身，於是他想盡辦法與大陸親人連繫。最後是母親透過自己在日本的舊時姊妹淘高原明子的幫助，終於在民國五十九年的年底，成功的與大陸的親友取得連繫。

## 第九章

# 風雨暗殘紅

哥哥小學畢業的當天，本是個大喜的日子。父母親都穿著正式而整齊，剛從畢業典禮上回來，喜氣洋洋的；沒想到，哥哥的老師吳阿丁，一個受日式教育洗禮的教師，隨他到家中拜訪……

因為哥哥在班上成績頂尖，所以我們都以為這會是好事，全擠到客廳去看熱鬧。老師看全家都到了，就和父親坐下談，哥哥也驕傲的坐在父親身邊。一開始，老師表示哥哥是個多麼聰明的孩子，怎麼地好等等……父母親都謙虛但愉快的接受評論，但不料他突然話鋒一轉：「但是……」他說，自己因為非常愛才，所以覺得哥哥應該可以更好，而哥哥並未完全發揮潛力，他覺得很不該！說完伸手便重重的打了父親身旁的哥哥一個耳光！說那是送給哥哥的畢業紀念，要他永遠不要自滿，要謙虛求學。

他這種男性沙文的示愛方式，卻讓父親有了誤會。父親認為那巴掌其實是要打他的，是要彰顯為父不力的暗示。父親當下臉紅目垂，不再言語，母親淚眼盈眶，心痛的拉著哥哥的手，而我們嚇得趕緊躲到屏風後面。接著，老師向哥哥作了最後的言語激勵，表示自己是惜才才會苛求後，就匆匆告辭了。

那一巴掌，結束了我的快樂童年。

從此父親更加嚴厲，不准我們再到村子上玩，每天前門深鎖，天天背書。由於他對我們要求太嚴，軍事般的教育讓母親無法忍受；她是個傳統的女人，當初因為自己是女兒身，才被自己生母丟入水井，從此重男輕女的觀念深植於心，也因此她對身為獨子的哥哥特別溺愛。那陣子，她幾乎天天為父親對哥哥的管教方式在吵架，當時，我只有一個念頭：將來我長大，誓言要找那毀了我們全家幸福的吳阿丁老師報仇！

## 共同創業

[1]剛退休的那段期間，其實父親已通過高普考，可任公職；但他還是決定在國家體系之外，自行闖一闖。於是，父親選擇用領取終生俸的方式，先確保家裡在未來不會被餓死，然後用部分的退役金來經營一些生意。

母親在父親退役後，兩人為一家叫五湖工藝社的成衣廠作代工，專作外銷美國的手工毛織品。那陣子父母忙得不可開交，生意接單到手軟，家裡每天都擠滿要繳貨或取料的代工工人，後門坡梯口總是有小卡車來送貨；父母親無暇顧及我們，所以我們天天到村子上打混，有時連晚飯都各自到鄰居家打秋風。

但父親不知商場的複雜，又讓人賒帳，兩年後，被客戶惡意倒帳，只好結束營業。

這不是他第一次上當了，他十九歲在成都開鞋店時，也是叫人賒帳不還。他似乎會攻不會守，後來又再開過南方工藝社，但做了一年就收了，一樣是白忙一場，只幸運的沒有欠一屁股債；半年後，他們又買下母親所上班的公司，那是一家叫迪方的打字行，坐落在衡陽路上，母親原是在那家公司上班當日文

[1] 本小節中之廠商皆為化名。

翻譯與編輯。我曾經被母親帶去那兒幾次，工作人員有二十多個，辦公室共有兩層，一樓有接待區和老闆的辦公區，二樓則陳列幾排辦公桌給打字人員。我看到媽媽如何使喚員工作事，員工如何對父親打躬作揖，極盡討好之能事；當時他們的業務作得很好，但後來還是因為客戶拖延帳款，資金被壓到，周轉不靈，只好再度收山了。

民國五十九年，自母親透過她日籍結拜姊妹藤子阿姨的介紹，幸運的找到一份在方濟中學學校宿舍的舍監工作，暫時穩住直線下墜的家中經濟。由於母親的工作必須住校，週末才能回家，又因為幾年前家中發生過失火的經驗，所以也不敢讓家裡沒有大人的事情再發生，父親只得留守家中，照顧五個孩子。

## 母親的社交

母親從小生活無慮，因此很注重體面。村子裡的人也有愛好流行的，但大部分大部分的人都算保守，過年時，村子的傳統，是家家戶戶都門戶大開，人們要去挨家挨戶的彼此拜年。那天對人們而言，就像服裝展示會般，平常樸實的眷村，突然如上海的十里洋場，各種炫麗的旗袍馬掛都出籠了，光是拜年，小小一個三十戶人家的村子，可拜到傍晚。

那一天，母親總是把我們打扮得光鮮亮麗，她自己則嬌豔炫人，接受村人的勝讚；當然，她也讓父親打扮得很稱頭。

當她在方濟中學工作時，和藤子阿姨一起為該校的教堂作些自願服務的工作。透過藤子阿姨，她認識許多同去一間教堂的日本友人，當時迷你裙才剛開始流行，村中的婦女沒人敢穿。一天，母親帶著她日籍的女性友人來家中玩，她倆都穿著寬褶的迷你裙，外加五吋的高跟鞋，故意從村子正門走到家門前；父親一開門，只見除了媽和她朋友之外，還有一大群鄰居的蘿蔔頭跟在她們後面，鄰居都開門探看，讓母親好不風光。

但這樣的舉動，引起小社區的排斥，謠言開始亂傳，尤其當時台灣對日本的性工業相當發達。一次，我與村中的孩子在一起玩時，結果其中一個女生，不願我加入家家酒的行列，只讓我當路人甲，我生氣的大叫不公平，那女生便跑到我耳根前小小聲的說：「我已經對你很好了，別人都說你母親是作那個的，誰會讓你參加！」我問：「作那個的？這是甚麼意思？」對方說：「就是……就是……你知道呀！去酒家的呀！你沒看你媽穿那麼少嗎？」

我突然感到驚訝與忿怒！但我卻不敢表達，因為母親的穿著的確是大膽了些。我默默的掉頭離開那遊戲，回到家中，在關上大門的那一刻，我好像突然理解，為何父親逐漸限制我們到村子上去玩了。父親後來的閉門政策讓母親失去社交的舞臺，對她很傷；她於是悄悄的向村子外開闢自己的社交圈。

## 家庭主夫

工作使母親突然從我們生活中抽離，那一陣子，度日如年，每到我們對她思念難耐時，我們四姊妹就會在姊姊們放學後，坐在後院的坡梯上，一起不斷的重覆叫著：「媽媽呦，快點回來呦！」姊姊說，只要我們用心地喊，母親就會有心電感應。但我們叫久了後，卻發現聲震之美，姊姊還開始指定誰要叫低音，誰要叫高音，聽起來像美麗的和聲。就這樣，我們漸漸適應了單親的生活，沒有了母親朝夕的相處，父親倒也堅強，他努力想父代母職，當個稱職的家庭主夫。

同年，我上小學後，父親仍然規定所有的孩子都要背古書，由於一天沒背完他交代的文章就會被打，且背完才能睡覺，所以我們都以他的規定為優先；至於學校作業有沒有寫完，父親並不管。因此，母親會要求姊姊們幫我代寫，好使我能早點上床睡覺，不受父親懲罰，這造成我開始忽略學校課業，而專注在應付父親的交代。

不過，那只是個不高明的緩兵之計，因為每次學校考試，父親都要求哥姊們90分高標，我和妹則是60分低標，沒達到標準，少一分打一下屁股。所以剛上學的第一年被打得很慘，屁股被打得好幾天都沒法坐椅子。

不只學業，生活上的規矩沒到位，也要打。我越打越皮，出去到處惹是生非，弄到老師和鄰居都來家裡抗議；父親大罵我遊戲人間，不是塊料，不過看在我排行的前面還有三個可塑之才，他沒有剩餘的精力和我鬥法。

不過，他似乎也發現我有藝術方面的潛能，開始教我畫國畫，也教我拉二胡，唱[2]蘇三起解。有一回我美術作品得了個佳作，他高興之餘，把他那唯一的國畫畫冊[3]《芥子園》送了我，我很意外他也會重視美術這種「玩物喪志，不事生產」的東西。

2 《蘇三起解》，又稱《玉堂春》，是京劇和許多地方戲曲中常見的一段故事。

3 《芥子園》是清康熙時期的一本著名畫譜，介紹國畫中山水、梅蘭竹菊及花鳥蟲草繪畫的技法，近代國畫家如齊白石等都把此書作為學習範本。

父親還在役時，在村子上還很活躍，熱心公益、廣結良緣，他學問好，村中人很敬重他，曾被推為村長；但後來他被迫退役，在父母作生意失敗後，他出去找工作沒著落，雖然頂著金陵大學碩士、朝陽大學法學士、高普考通過的光環，但結果卻是高不成、低不就，語言又有隔閡，年紀也大了，這五個孩子的父親不禁大嘆百無一用是書生。

另外，再加上那小學老師對哥甩巴掌的事件，也讓他自尊上受挫。無法適應社會的結果，他開始自閉，與村子裡的人漸行漸遠，再也不准我們到村子上去玩了。

## 母親的離家出走

父親的軍事化管教方式讓母親一直不滿於心，尤其是在獨子管教態度上的差異。那時，我開始恨哥哥，因為父母每次吵架幾乎都是為了他，他們到後來還大打出手。好幾次，母親在深夜裡把我和妹妹搖醒，我知道又要離家出走，就很興奮，動作迅速地穿衣戴帽，躡手躡腳地緊跟母親出門。我喜歡在暗夜隨母親及妹妹在鄉間路上走著的感覺，像媽媽講的鬼故事一樣，又刺激又緊張；我也喜歡暗夜逃家到火車站，聞到那柴油火車的廢氣味，有一種自由的釋懷。

有時，我們會搭夜車回高雄海港邊的漁船上，找媽媽同父異母的大姊，夜班火車人很少，我們可以無拘無束的在火車上玩。有時，因為過山洞時，臉太靠近未關的窗戶，等過了山洞，我們一臉煤黑的找母親，母親就會破涕為笑。

大半夜的，我們到了火車站，找到三輪車夫，一路帶我們到港邊；到了漁船上，母親在那用台語向她姊哭訴，我和妹聽不懂她們講的話，只好跟著其他的漁婦工一起綁海帶，搖來晃去的船，像嬰兒搖籃般的撫慰著我們。

某一次離家出走時，我們和媽才剛踏出家門約十分鐘的路程，就被爸爸追上，在那山林中，父親魁梧的身影，卻像個做錯事的小男孩一般；他不敢碰母親，又怕母親走掉，就一直拉著母親大衣的衣角，邊走邊勸說。母親雙手牽著我和妹走著，我們四人纏在一塊兒，誰也不敢放手。最後因為我累到站著打起瞌睡，差點摔個正著，母親只好抱起我，和父親打道回府了。

母親有一個少女時代的日籍結拜姊妹，叫作藤子。藤子後來嫁給一位台籍的楊姓日軍，他在作戰時斷了左腿而退役，日軍撤台後，並未安置他們，使他們在台生活困苦無依，母親在那段時期裡，給了藤子很多精神上的支持與幫助；所以後來當母親中年在婚姻上出現問題時，藤子反而變成母親的依靠。母親常去找她訴苦，藤子多次當起父母婚姻爭執的和事佬，父親也很感念她，和她那日軍丈夫楊先生也成了禮貌上的朋友。想到他當年義憤填膺的參加抗日軍，如今卻與日軍交友，那畫面實在有些尷尬。

有一次，母親帶我和妹妹逃到日本阿姨藤子的公寓，她家雖小，卻很精緻，像飯店一樣美。我和妹在她家客廳玩，突然聽到有人按鈴，楊伯父去開門，母親本坐在床邊和阿姨說話，一聽到父親的聲音，她就躲入衣櫃間，我和妹妹則衝入廁所。

由門縫裡，我看見父親靦腆的和藤子阿姨及楊伯父在說話，父親突然轉身交代了和他一起來的三姊幾句話，只見三姊由袋子裡拿出兩顆白花花的大饅頭，捧在胸前，朝廁所走來，然後她探看門縫並輕聲的道：「我有饅頭耶！要不要分？」

在那沒有閒錢買零食的時代，大饅頭對小孩而言，就像巧克力蛋糕一般難以拒絕。我看了連下巴都闔不上，下意識的就把門打開，二話不說的朝大饅頭咬上一口，然後才發現自己洩了底，趕忙想跑回廁所，卻被父親叫住；父親走過來，摟著我和妹妹，只見母親沒好氣的走出衣櫃，坐在床邊哭泣，父親和阿姨趕忙過去勸她回家。後來的日子裡，母親常用大饅頭來取笑我沒志氣，說怎麼有人用一顆饅頭就可騙到呢！

## 父母的語言

小時候，和父親說深奧的話時，常常需要媽媽翻譯，因為父親的鄉音太重，而我識字又不多，再加上他當時常駐軍中，一會台中、一會桃園，沒太多時間與他相處，不熟悉他的言語。我常常靜觀父母對話，他們各用各的語言說話，卻還相談甚歡，當時覺得很神奇，後來，父母親的國語都進步了，我也耳順了，才省事許多。等我上了學校，才知道，原來母親沒有想像的那般神奇，因為她的國語也是怪怪的；而父親因為久在軍中，他的語言和其他各省來的同袍都有一些差距，大家都習慣了彼此的不同，問個問題也懂得一再確認對方的真意。不過他若到一般商店買東西，就可能很難堪，因為商家忙著做生意，沒有時間一再確認事情。

## 洞中的秘密

由於母親與藤子阿姨的關係，父親和她那日軍的楊姓丈夫也成了禮貌上的朋友。每當想到他當年義憤填膺的參加抗日作戰，如今卻又與日軍交友，那畫面實在有些尷尬。

一天，藤子夫婦到家中作客，離開時，竟留下他們的兩個兒子！原來，他們夫婦要回日本打官司，為楊先生爭取日籍居留權。第一次有客人住家中，我們好興奮。當時的楊光軍大哥已是國三生，我才一年級，楊伯伯讓他帶把獵槍到我們家來住，只因為楊家兄弟倆槍法好，會打獵；我父親也沒多說話，叫他當場示範一下槍法，他四下張望、尋找目標，然後用槍桿指了遠處樹上幾隻多嘴的麻雀，說道：「伯父，那些麻雀……」父親眼光隨他槍桿過去，點了點頭，楊哥將槍一提，「砰」的一聲，驚起大群麻雀；他見麻雀四散，隨著又補兩槍，然後向大樹方向走去。樹下果然有幾隻兩腳朝天的麻雀躺著，父親點點頭，表示贊許後，便離開了。我們的眼中於是冒出了新英雄，他在村子上立刻揚名立萬。

到了週末，村中的孩子們自動形成一個十多人的彈弓部隊，上門來找楊哥，希望帶楊哥去山上探險打獵。由於楊哥隔兩天，學校便要考試，父親當天出門辦事前還交代他要和我們大家一樣在家讀書；但他拗不過村中孩子們的邀請，於是帶了槍，和我們全部的孩子們加入探險部隊，目標是隔著一個工兵學校第二軍機場旁的一個山頭。

那座小山崗很詭異，有一條山路通向主要山脈，小山崗其實是駐軍的實習戰場，有很多如迷宮般打野戰的山洞祕道藏於其內，小得只能一字縱隊鑽入，所以野兔或大田鼠有時會躲入，是個好獵場。我們的彈弓部隊，翻過第二機場的外圍山頭，再爬了一段山路，終於找到一個野戰的洞口。村子上的大孩子，有人帶了火把，便自告奮勇的當前導，我們便隨他入洞，由於空間過於狹小，火把的光不易散開，加上洞內曲折，離火把才三個人的距離就一片漆黑，又有岔道，我們彼此緊抓前方隊友，才不不致被留在坑道內。

結果，黑暗中，我不小心鬆了手，要把手再摸回去時，已找不到對方；我怕後面的人因為我脫隊而驚慌或怨我，於是決定不出聲色的想辦法，想在前面人的聲音消失前趕快摸出條道路。我雙手在兩旁的土壁上胡亂摸索，結果，越走越遠離了前面隊伍的聲音，負責壓隊的楊哥終於忍不住問：「最前面的是誰呀？我們是不是脫隊啦？」我於是聲音哽咽的回答：「楊哥，是我啦！現在要怎麼辦？」楊哥叫我只顧向前走就好，總會看到光亮的。我聽了便放心地繼續前進。但隊伍中間的人卻開始七嘴八舌的開罵，我走著走著，越想越委屈，便仰頭飆淚，開始放聲大哭，不肯再走。

大夥正不知如何是好時。黑暗中，壁面突然冒出一線微光，然後漸漸展開，一個小木門出現在我們面前，門後一個相對寬大的土穴裡，有兩個野戰士兵躲在裡面，一個蹲在地上，正在將看守崗上的檔板拿掉，指著剛被打開的小狗洞吆喝道：「出去，誰讓你們來這邊！」大夥害怕的看著士兵，然後畏畏縮縮的由看守窗爬出。楊哥最後出來，那士兵交代他說：「不准在附近放槍，這是軍事基地。」然後才將獵槍遞出。出來後的地方，是一片樹藤糾葛、雜草橫生的山壁，再回頭，已找不到那看守崗的切確位置，只覺得有雙隱藏的眼睛在監視我們。

後來，我們終於在下一段山路遇見先前與我們脫隊的前導隊，然後我們沿路拔山芋或野地瓜，再翻過山頭，下到平原上農家的田莊。曬穀場上，一大堆麻雀，正在揀食場子上的米粒，於是大夥便拉開彈弓，大開殺戒。

大豐收後，我們不敢循原路回去，怕又見到那士兵，便繞遠路走農莊載穀的小路回來。我和幾個同伴年紀太小，腳程慢，大夥兒受不了我們慢吞吞的，累了又愛哭，便央求一個路過的農夫讓我們這些小的坐他的牛車；於是我們半坐半躺的，坐在牛車上金黃色的稻稈堆裡，搖搖晃晃地看著村子上其他孩子們手提一串串獵物，興奮地在牛車後追趕。

回到村子裡，我們的父親都在軍中上班，我們的母親不是在作家事、就是聚著打麻將，隔壁一個綽號歪頭的男孩，便邀大家到他家後院挖土坑，烤剛才打獵的戰利品——山芋和麻雀。

隔著木籬笆，母親剛好也在後院曬衣，便幫我們把麻雀處理乾淨、串烤小鳥，大夥又把野芋埋入坑內，再將火堆用薄沙覆上，等待悶熟後再食。大概太久沒吃肉了，大夥兒把麻雀吃得屍骨無存。

晚上，村中的父親們從軍營回來，不知是誰走漏了消息，把我們帶槍進野戰洞被軍方轟出的事說溜嘴，村中大人們爭相走告。結果，晚餐後不久，許多人家都關上大門，鞭打的聲音在村子裡此起彼落。隔壁歪頭的爸爸追著歪頭打，哭聲忽前忽後，然不知怎麼地突然換成了他媽媽被鞭打的尖叫聲，氣氛肅殺，我們都很害怕。

我父親把大家叫到客廳裡排排站，作庭訓，講了一個多小時。已累了一整天的我，站到腳軟，跌坐了下去，父親這才結束庭訓，並宣判刑責：我被打手板多下；楊哥和我哥哥被打屁股多下，打到屁股瘀青。領打後，他倆回房後都無法躺下，只能趴在床上哀嚎，母親早已哭紅了眼，我們四姊妹則輪流去幫他倆揉屁股，弄得他們又哭又笑又亂叫。原本快樂又興奮的一天，竟這樣悲慘的結束了。

母親看到哥哥和自己摯友的孩子被打成這樣，越想越氣，當晚便和父親起口角，結果越吵越兇，竟上演全武行。父親用打我們的竹條子打了母親，母親為此事恨死父親，她在後來的日子裡，提到這些不愉快的經驗時說：「我寧願他直接與我拳腳相向，用打孩子的家法鞭我，對我是極大的侮辱。」聽她這麼說完。我忽然想起當天的畫面，不知隔壁的歪頭他媽是否也這麼想。

半年後，在日本的楊先生和藤子阿姨終於勝了官司，楊先生以前日軍的身分獲得日本的居留權，並把楊大哥兄弟倆接去日本。有了這一段生活經驗，即使是經過二十年後我們才又見面，我們一樣如兄妹般的親近。

父親自軍中退休後，注意力集中到家裡，開始要求所有的孩子要背《古文觀止》，他每天替每個孩子勾選好要背誦的範圍，然後加以解釋，再稍作口釋，直到我們了解文章內涵後便告訴我們何時須背好，然後才可以玩，否則便須受罰領打。由於我們很好玩，往往拖延背誦時間，因此常被打，間接造成父母關係的緊張。

職業會影響人的行為，眷村中很多父母都有著相同的軍式化管教方式，但父親鐵血軍事般的教育，使母親產生補償性的溺愛，她很少要我們做家事，也常背著父親花錢買東西給哥姊們，結果常變成家庭革命的開端。因為當時家裡很窮，連買一盒八色油蠟筆，都只能在開學時才有，若學期中用完了，就得自己想辦法；若找父親要，當然要挨一頓罵。所以母親通常會偷偷幫我們買二十六色粉蠟筆，讓我們盡情的畫。

我們沒有固定的零用錢，偶而父親會因我們做對了什麼事，給我們幾毛錢買糖果；但小孩永遠嫌糖果不夠，於是母親常在黃昏市場收攤前，去大量採購過熟的水果，然後將它們作成一大缸的蜜餞，一飽我們的口腹。因為孩子多，所以她總是量產，她要作饅頭，一次就做出好幾百顆、各種形狀的饅頭，然後那整個星期，我們都吃饅頭，唯一的變化是形狀，很少吃到同形的。

到了端午節，家裡又成了粽子工廠，父親也阻止不了她，她一個人一天可以包出五百顆粽子，後院曬衣竿五、六根，通通掛著一串串的粽子，各種口味；然後，她會和父親穿戴整齊，到村子上或朋友家送粽子。當然，不難想像元宵節的湯圓或新年的年糕、發糕，我們會怎麼吃了。母親常說她自己的娘家作得更誇張，她不過小巫見大巫罷了。

每年新年，我們都會收到些新禮物，那些不外乎是新鞋子、襪子、或學用品之類的，那是父親和母親協調後的結果，平時要收到禮物是不太可能的。母親想盡辦法要買禮物給我們，因此，她會告訴父親，某某友人送她一些玩具禮物、某某友人送她不要的舊品等，這樣父親才會放心的讓我們擁有。我只記得自己的玩具多到數不盡，成袋成袋的堆放著。

母親很在意我們的服裝，她總希望我們在外人面前光鮮亮麗，雖然她常和父親到松山五分埔採購大包舊衣給我們穿，但一些正式場合裡，她會對我們的服裝非常要求，我們不能有選擇權，否則她會發飆。她曾在救總學過裁縫和刺繡，於是她常將一些買回的美軍軍眷的舊衣改造後讓我們穿，使我們美的像小公主。

## 領養

由於家庭生活品質愈來愈差，母親想要棄二保三，於是透過已移民回日本的藤子阿姨，介紹一個有錢的日本女人來領養我和妹妹。母親要我和妹妹叫她渡邊阿姨，並給我們看了許多渡邊阿姨的生活照，她家裡有自己的造景庭園、如渡假屋一樣的大片落地窗、全木頭的英式古建築，最令我印象深刻的是屋子角落一個超大的聖誕樹，樹上掛有金金亮亮的裝飾品。在渡邊阿姨和她的先生合照中，她留有一頭[4]赫本頭，穿著迷你裙和一雙高到不行的白色高跟鞋。

4 源自《羅馬假期（Roman Holiday, 1953）》裡奧黛麗．赫本在劇中的俏麗短髮，自此成為風迷一時的經典髮型。

母親要我們和她寫信，媽媽說，如果我們過去日本，就會有許多玩具在等我們去拿，有吃不盡的糖果、穿不完的新衣服，我們聽了羨慕不已；我只想到可以去一個有糖果玩具的天堂，還可以遠離父親嚴厲的管教，但沒想到能不能回到親情人間的這回事。她並預告，渡邊阿姨將在暑假時來台灣，帶我們去日本，實現我們的夢想。我們既興奮又期待。

自那些時候開始，父親便不再叫我們背詩書了，有時晚上，父母甚至叫我和妹妹到他們的臥房和他們同睡。我學校功課弄不好，父親也不再打我，每到週末，哥姊都要九點以前上床睡覺，但我和妹妹卻可以留在客廳，陪父母看西部牛仔片，到了十一點，還可以看京劇，母親會在客廳沙發旁放一個大同電鍋，蒸煮一些宵夜點心給我們吃。每隔一陣子，我們還會收到一份渡邊阿姨由日本寄來的禮物和一疊日幣的零用錢，母親讓我們看了信後，便會把錢放入一個信封，藏入抽屜，然後為我們拆禮物，並且教我們如何開始寫回信。父親也開始每天教我們練日文。

幾個月過去，眼看暑假即將來到，我們忽然沒有再接到渡邊阿姨的信了，不久，父親又要我們背書了，並且晚上，又將我們放回姊姊們的大通鋪睡覺，一切如舊。

我於是問母親原因，母親才說，因為父親發現渡邊阿姨的照片裡，客廳有一個大酒櫃，打聽之下，才知對方夫婦貪杯中物，有酗酒的習慣，父親於是打消將我們送人領養的事，將所有她寄來的錢如數退回了。

我從不曾懷疑父母親對我的愛，其實，當時家中並非窮到要賣小孩的地步，父親當時每個月還有退休俸可拿，孩子學費有國家補助，軍方又有發糧票，母親也在一家纖維公司作業務主任，兩份不豐的收入，勉強是可以渡日的；但父母對生活品質的要求有一定的堅持，才產生這讓人領養的事件。而母親希望透過領養，為我們找到更好品質生活的心意，我也心存感激，她到後來，還一心一意的，為了要替我們家眾姊妹找合適的日籍男友而費盡心力。

## 兔死鴿烹

為了要讓哥哥進好一點的公立高中學校，父母親都用盡心力。父親緊盯著哥哥的學習進度，不時打罵；母親則痛在娘心，於是公開或私下的一直買禮物去安慰哥哥。哥哥當時迷上養寵物，國三那年，他面對聯考，壓力大到不行，他的寵物數量也直線上升，母親替他買了一隻隻的鴿子、兔子和天竺鼠。

父親為此和母親爭吵好幾次，但最後都只好遷就事實，還得替他蓋了鴿籠，並教他如何訓練鴿子。母親更花大錢買了好幾個鐵籠來裝天竺鼠，並將花園一角用來種地瓜葉，以供鼠輩們無盡的吃喝。結果，他的鴿子和兔子一隻比一隻強壯肥大，整天咕嚕咕嚕的叫，母親還得每天幫他清鴿籠，拯救被兔子們吃乾抹盡的後花園。但哥哥的成績卻是每況愈下。

一天，哥哥拿月考成績回來，不盡理想，父親再也無法隱忍——但這次他選擇不打哥哥，而是對他的寵物下手，同時教訓哥哥和媽媽。他說哥哥是玩物喪志，然後要母親準備好熱鍋，他自己則拿了他的軍刀短刃，到了後院，把活蹦亂跳、正在高歌的鴿子們給宰了，拔毛剁頭；接著又把肥大白胖的兔子們五花大綁地架起，開腸破肚。母親沒好氣的把牠們一一下鍋烹調，我們都躲在一旁，沒人敢說話。當晚，餐桌上難得的豐盛，肉香四溢，卻沒看見碗筷齊飛的場面，沒人敢吃桌前肉。就這樣，哥哥的寵物時代，就此壽終正寢。

小農場消失後，花園漸漸恢復她的美麗，我的玩具箱裡多了幾隻兔腳、幾張兔皮和鼠皮，母親和哥哥的心中卻多了些許抹不去的陰影。

# 第十章

# 垂楊影斷岸西東

## 移民夢

由於父親當年曾通過日本留學的官考，母親知道父親當年的留日夢，而母親自己也很想到日本尋找當年的養父及童年的朋友們，如今又受到她的摯友藤子阿姨家全家移民日本成功的鼓勵，於是母親便開始向父親提出移民日本的計劃。對於深感困坐籠中的父親而言，這個提議，給了他呼吸的氧氣，且由於先前透過日本繞道，使他與闊別二十多年的家鄉產生連繫，他因此非常振奮的期待這一切。

但當時父親是假退伍的身分，仍有軍職身分，不能出國，即便是退役軍人，也要等五十五歲後才能完全除役；於是他們決定比照藤子阿姨的例子，讓媽媽先出國工作，等母親在日有了身分，再慢慢把全家遷到日本。他們深夜在客廳作了大計劃，字字都聽到隔牆在通鋪上嚇得失眠的大姊耳朵裡。大姊於是告訴大家。結果，不久，父親果然宣布這個消息，還開始在牆上貼日本拼音的大字報，要大家開始練日文。他不時拿著一本厚重的日文書，一句句的要求我們跟著他覆誦。

藤子阿姨移民回日後，在一家日本橫浜的中國餐廳作女服務生，當她知道母親的移民夢，便提議母親到她工作的餐廳打工，並幫她遊說了那家餐廳的日本老闆，讓她作餐廳會計兼中文翻譯的領班，薪資是台灣工資的三、四倍，包吃住，又有好友的陪伴。這對一心崇往日本的母親而言，是個致命的吸引力。而父親一心認為可以因此和家鄉連繫，又有藤子阿姨在當地陪伴母親，於是父親寬心又無奈的讓母親離去。

一九七三年我剛上小學三年級的那一年，我們全家到松山機場去送她，她穿得光鮮亮麗，既興奮又哀傷，她自小都希望能真正的到日本生活，因為以前她的日籍養母常向她提及，如今她美夢成真，卻竟是如此難過的分離。

在她入關前，父親緊摟著她，兩眼浮腫，幾乎要演出[1]十八相送，他不斷輕聲細語的交代著她，要她照顧自己之類的話；而我們則從未想過與母親分離超過一個月會是怎樣的感傷，所以只注意到眼前國際機場的人來人往，興奮不已。等她入關後，看她消失在海關前，終於，她不見了，父親在觀景臺上指給我們看，一架飛機緩緩昇起，我們全家拚命的向其揮手，直到飛機消失在雲端。我當時對「另一個國家」沒有概念，母親離開後，我一直暗自認為母親是以某種方式，偷偷地藏入我的腦門後，日本就是在那裡，因為我太想她時，後腦勺便會怪怪的；因此做壞事時，也常覺得她或許在背後偷看我。

過了一陣子，等我們在生活起居上開始感到不同時，我們對她思念便愈發的難耐，後來我們四姊妹又開始在放學後，坐在後院的坡梯上，一起不斷的重覆叫著：「媽媽呦，快點回來呦！」許多的傍晚，我們靠這樣的和聲重唱，度過難挨的思念。

當時，有許多台灣婦女到日本從事賣春的工作，父親因為母親去日本餐廳工作而顯得很尷尬。父母親在村子上的形象，是一對時尚有品的知識分子，他

1　《梁山伯與祝英台》中的著名橋段。

擔心村人會對母親有所誤會，也不敢向人提及移民夢，省得被人懷疑他對國家的忠誠度。所以他不再和村中的人主動接觸，也不許我們去村子上玩。

他每天白天在家時，都門窗緊閉，客廳燈都不敢開，早餐弄完後，他送我們出門，然後回到客廳沙發上看些報紙或書，接著會先將飯菜煮好，放在電鍋裡保溫，再回床睡覺。中午我回來時，他在睡覺，但我照例要叫醒他，我們會向他請安，他躺在床上，問我們在校學了些什麼，由我們向他報告在學校的每一堂課及學習心得。桌上午餐備好後，他不會和我們一起進餐，等我們吃完飯，他會讓我們和他一起看新聞。

下午一點，他規定我們要睡午覺，等到下午兩、三點，他會叫我們起來寫功課，餐桌上已乾乾淨淨，碗筷已洗好；我們起來後，他先檢查我們的功課，再指定一段唐詩要我們背誦，然後他又回去睡回籠覺。四點多，哥哥姊姊們都回來時，他便推著他的鐵馬，去松山的黃昏市集買菜。晚上，他會和姊姊一起下廚弄晚餐。那時我一直不了解他為何捨近求遠的跑去松山買菜，而不去臨近坡下不遠的黃昏市場，後來長大了才知道，舊社會裡當家庭主夫的尷尬。

還好，母親為他勾畫的移民夢，支撐著他。剛開始，每到週末，父親會帶所有的孩子去南港的胡適公園或內湖的大湖公園玩，但後來哥姊們都已上國中高中了，課業壓力很大，又要補習，父親對他們要求很深，他們忙於應付學校，沒時間和父親互動；所以後來多半是父親騎他的鐵馬，帶著三個還在小學的我們去公園玩，現在一想起那情景，就不得不佩服，他當時年紀已五十了，胡適公園離我們村子山路遙遠，崎嶇又多坡，他竟可以帶著三個孩子一路騎去。

以前，母親還在家時，他最愛和母親在房間一起看閒書，他迷武俠小說，母親迷日本偵探小說以及瓊瑤、嚴沁的愛情小說，客廳地上總是有一疊疊堆高的書；母親去日後，深夜，他總是形影孤獨的一個人坐在客廳桌前看著武俠小說，並會在沙發旁，燃起一個小煤球爐，再用短刃軍刀將牛肉切塊，細火慢燉著一鍋黃牛肉，等夜半肉香四溢於室，屋內又暖烘烘時，他便會把與他同床、正在睡覺的小妹叫醒，讓她品嘗一、兩塊肉。

## 教會禮物

由於文德女中是個教會學校，工作之便，母親和學校教堂的外籍修女走得很近，每次教堂辦活動後，修女都會將剩餘的糖果、餅乾送給去幫忙教會的母親。那時的母親便像聖誕老人般的抱個糖果袋回家，我們圍著她，看她將所有的餅乾和糖果一股腦兒的全倒在客廳的矮桌上，大夥口水早就沾濕了衣襟，但還沒來得及伸手去抓，父親就先拿出幾個信封袋，然後把餅乾和糖果分裝在裡面，放入抽屜，留下桌上幾顆糖讓大家分著吃。母親看了會氣得坐在一旁不和他說話，他說，要等一些特別的節日或假期來到，他便會再發給我們吃；母親很不以為然，她總希望讓我們有驚喜之感，而不是苦苦的等待。她對事物總以量取，她總認為量多價格才壓得下，便宜才揀得到，和父親那量入為出的價值觀格格不入，造成生活上許多的摩擦。

她也會從教堂帶回一大堆金金亮亮的裝飾彩帶，或小吊飾，把家裡也佈置得像過聖誕節一般。那段期間，日子像在作夢般，晚上，在父親查完房，關燈後，那些七彩閃亮的金蔥絲彩飾在昏暗的臥房裡閃爍晃動，吸引著我的眼神，把我帶入另一個甜美奇幻的世界。那些吊飾掛了許久後才被拆去，但有一小搓金蔥絲彩飾殘留在房間的一個角落，從此以後，每當我沮喪落寞、思念在遙遠國度的母親時，我就會盯著那撮金蔥絲彩飾發呆，所有的甜美與奇幻就會撫慰著我。

母親出國後的某個冬天，聖誕節的前夕，當時在台灣並不熱衷於慶祝聖誕，但在日本肯定很熱衷，因為母親由日本寄了許多新奇好玩的聖誕禮物！那一大包就像聖誕老人背在背上的袋子一樣大，父親把我們都聚在他昏暗的客廳，只有一盞檯燈在桌上亮著；我們一起看著他打開包裹，裡面有兩顆和我的頭一般大的粉色蘋果，香味四散；還有一台雙盤帶的錄音機，我們前所未見；一些西方古典音樂演奏帶；好幾張畫著白雪靄靄的西方村落、家家戶戶都掛著五顏六色霓虹燈又不斷散出七彩金粉的聖誕卡；許多玩具；最後，一盒包裝絕頂精美的巧克力！父親將紙盒打開後，盒子內有好多不同型狀的凹槽，裝著各種形狀的巧克力，但大部分是金幣型，我們看了驚嘆連連，父親一個一個的將它拿出來讓我們鑑賞，看完後，他小心翼翼的將所有包裝包回，藏入衣櫃裡，只讓我們領了些小糖果。我們都很扼腕，心中一直有個巧克力的懸念，時常有

## 第十一章

# 誰憐故山歸夢

母親在父親退休後，受父親之託，積極的與日本的朋友聯絡，希望能因此和家鄉故人取得連繫；兩年後，因為日籍的藤子阿姨全家移民日本，母親於是透過藤子的幫忙，找到一位她從前的女性友人高原明子，願將地址借給父親作為轉信的聯絡站，成功的藉由她在日本的轉信，而與大陸方面的親友取得連繫。父親擔心大陸方面定會做信件檢查，若發現他是住台灣，或他是國民黨，則在大陸的親友會因此遭到清算，所以他和母親決定隱瞞這方面的訊息，讓那方的家人以為他人住在日本，這樣就不會有政治上的麻煩。

二〇一一年我拜訪么姑時，么姑將當年父親寫給她們的信給了我一些，許多已不復存在了，離父親去世三十五年之久，這些信由台灣到日本，再去大陸四川，最後花了三十五年才又回到台灣的我的手中。突然看到父親的親筆函，好像又聽到父親又活了過來，有了聲音，心中震撼不已。

一九七二年二月二十八日，一封父親寄信回四川給樹恩大伯的信，其內容如下：

大哥：

闊別良久，吾兄近安？伯叔父母健康否，自離北京，轉道廣州、香港、越南、南洋群島，渡東瀛，四海飄萍，浪跡天涯，於今年逾半百，蒼顏白髮矣。

猶憶舊日，兄弟相依，共居成都罩子街之兒時情景，倍增悵望。兄弟姊妹，殊知近況如何？所適何人？定居何處？敬祈賜示。前聞友人言，大哥常去白廟子看視二老，代弟略盡孝思，五內銘感，容後補報。日前來琉球群島，約計下旬返日，篡置鼠年，七月在望，每逢佳節倍思親，遊子之思，非局外人所能體會，特此箋候。敬順，大哥大嫂時安

二弟 敬上

信的左下角，有樹恩大伯的注書：

根據郵戳日期，此信係一九七二年的二月十八日寄出，春末由陶英浪收到和回信，英浪年底到我單位要探親假，我才得知。樹恩附簽

這大概是父親與對樹恩大伯斷訊三十載，第一封去信，信中提及他與樹恩大伯的兄弟之情，也問候家鄉的血親究竟如何了。父親其實已聽說過祖父的死訊，只是從來沒有人確認，所以他才再度問及雙親之情形。文中對家鄉人事的思念與鄉愁，叫人肝腸寸斷。

可惜他的大嫂陶英浪，無法顧及父親的思鄉之苦，將此信從年初拖到年尾，才交信給樹恩大伯，讓父親日日煎熬卻盼不著回信。不過，當年正是文化大革命最荒腔走板之際，兩岸都在戒嚴，敵對情況嚴重，在大陸，連有親友在海外都會入罪一條「有海外關係」之罪；所以為求保命的情況下，大家難勉避

之危恐不及，因此想要大嫂大費周章地拿著海外的來信去找親友，可能還真是強人所難。

一九七二年的八月三十一號，父親不耐等待，又寄信到地廟老家給大嫂，請她帶轉信給正華三姑和正霓五姑，原信件已遺失（這批信後來全都由大伯整理，收藏。到父親去世後，才轉到姑姑們的手上），但信封後面有人加注的附言：

正康：我和媽來 您不早留了 因時間關係 信兩封交您收後查核

那可能是七姑（父親四嬸之女）巧正所留言的，因為後來父親的大嫂陶英浪確有提到巧正親手將信交予么姑正康的；但二〇一一年與么姑見面時，她則說那所有的信件都在我父親逝去後的兩年，才由七姑巧正那兒轉過來予么姑。姑姑她們眾姊妹因此恨死了樹恩大伯，並認為大伯大嬸暗中阻擋她們兄妹相認以圖利自己。

一九七二年末的十月十號，陶英浪終於提起勇氣，寫了封回信給父親。內容如下：

---

1972/10 家書 陶英浪

二弟：你好

二十多年不返音訊 我們對你的行蹤 總是難以理解 真出我們意料之外 會收到你由日本寄回的信 知道你已有姪兒在上所高中 姪女分別在上中小學 還真是件大喜事

二弟：我們的國家從一九四九年解放後 在我們偉大的領袖毛主席的領導之下實行了社會主義革命 社會主義建設 取得了輝煌的成就 組國的風貌煥然一新 祖國的建設 突飛猛進 祖國的人民各個有事作 戶戶無閒人 全國都洋溢繁榮富強的氣氛 每條戰線上的勞動者 都以忘我的勞動的高姿態向共產主義邁進 妹妹們在黨的培養下都走上不同程度的工作崗位 應是都有下一代了 謝謝你們的關心

至於家裡的情況 老一輩相繼去世 現在只有三媽和五弟還住李家寺對面 四媽

住地廟公社 你大哥來自舊社會 政府的量大 人民的諒解 所以仍在外地工作 我們只有一個獨子 祿志 也給人民作事了 並有兩個小孫子 一切還好 請不以為念 就此敬祝

二弟 妹 身體健康 大嫂 陶英浪 10/10 敬啟

你大哥的信 我馬上給他轉去 三媽 四媽身體還說的上健康 我們都想看看你們

一家人

---

由陶英浪大嫂寫信的內容來看，她似乎膽顫心驚的在寫給檢查信件的人看，表明她的愛國之心，才不至讓上級懷疑通敵。

由於父親的親姊妹在一九四九年時都早已逃出家鄉了，父親的信寄到家鄉後，被鄉人轉給父親的堂哥樹恩家裡，而樹恩大伯又被下放勞改，那信就落在樹恩大伯的妻子陶英浪手上。這信對她的義意是「具有海外關係」一罪，難怪她回信的慢。父親希望由她幫忙，轉信給他的親妹妹們，並不斷向她問姑姑們的下落，但都沒有下文。還好，陶英浪大嫂終於在是年年底，趁到大伯勞改之處探親之便，將信轉給了樹恩大伯。

一九七二年的十一月二十三日，父親在接到陶英浪大嫂來信後，立刻作了回信：

大嫂：烽火連三月，家書值萬金，闊別三十載，突然天外來鴻，實在令我欣喜若狂，但讀完全書之後，不禁老淚橫流，誠不知這是欣喜，還是悲痛。也是欣喜，也是悲痛。欣喜的是祖國的富強，繁榮，與進步。悲痛的是雙親惡耗，從此天人永別，不孝的我，罪孽深重，生不能養，死不能葬。慈親依門仰望，含恨以終。這都一切已無傾訴與彌補的機會了。這將使我愧疚一生。

叔伯們相繼離世，更增我內心悲慟。大嫂，雙親生前死後，多承你的照料，二弟在這裡向您磕頭。尤其大哥外出，侍長撫幼，全得您摯恃，也真辛苦了您，我覺得您磨練的久為堅強了，長嫂為母，您的恩情，二弟永銘肺腑，大嫂，請賜告雙親的生辰，冥日，年月日時，俾早晚燒香換水，祭拜之用。二就是二老臨終前，可否有遺言，葬於何地之詳細方位，俾日後辨識。有否留有任何遺物，如父親遺墨，哪怕隻字片語，甚至一張藥方，母親衣履，甚至一針一線，我將奉為至寶，祈為成全。

華僑社會中，閩粵沿海最多，因此非親即友，互相照顧，十年八年即有小成，川人很少，故三十年來，浪跡天涯，摸索一生，一事無成，而兩鬢斑白矣，唯一值得告慰你們的，即是在海的那一邊的東瀛小島上，尚有陸家的後人，二弟生為中國人，死為中國魂，也許在終老之前，會藉故鄉八尺之地，埋此罪孽之身，生不能承歡膝下，死當長眠二老墓側，這是華僑社會長誌的落葉歸根。

大嫂，你要的照片寄上幾張，不過全家合影，現尚未有，因這些照片，多係假日郊遊，用手持相機拍攝的，故照片上總少一人，且近來年邁力衰，子女上學無暇，很少郊遊，故寄上過去照片數張，聊以紀念，三妹正華所適何人，居何處，寄上函，至今迄無回音，勞神將地址告知。

大嫂，我對你的請求太多了，你不嫌我囉嗦吧，三十年闊別，實係情不自禁，您們也有照片嗎？如三媽，四媽，您的全家，你可以想一個天涯遊子，能看見他的家人，那怕是一張照片，他心裡是如何高興呀！尤其您的弟媳，及子姪，讓他們也認識他們的家人，老五及祿志，我還未見過面，因為當我離家時，你還是個新娘子，而今卻是兩個孫子的老祖母了，我自己又何嘗例外呢？

閒話家常太多了，耽誤你我勞動時間，今晚又得挑燈夜戰了。弟媳為了表示她的微忱，也奉上一紙，她的華文還未訓練成功，乃用文，由我代她翻譯……

親愛的嫂嫂：久候良深，奉讀來示，欣喜不勝，拜讀後，已知一切，正誠讀了又讀，看了又看，熱淚滿面，不知是悲是喜，沉緬在兒時回憶裡，談給我們聽，正誠離家，大哥外出，家庭責任落於您的肩上，奉孝前輩，養育幼小，二十多年的辛勞，銘感五內，恩德永生難忘，他日補報，問候三媽四媽，子姪們好，

願神降福給你們

再敘 二弟 正誠敬上 1972.11.23

---

這信著實令父親難以承擔，他從前不是沒想過父母可能已去世的事，因為在此之前，他早就被有關單位告之祖父遭整肅而死的事，但從未聽到有關祖母去世的事，他所知道的消息是，祖母因祖父被遭批鬥而瘋癲了，但生死未卜，如今，他長嫂親自告知長輩皆已去世，他才確認了祖母已不存在的事實。

當年所得知的情形是，三十八年底，共軍在占據四川之後，立刻進行土地改革。衝第一的將地主祖父脖子掛上牌子、拖上街頭公審的，都是些鄉親與族人，他老人家挨了鄉親的亂棒，終究曝死街頭。隔了十多年後，在台灣的父親才探得這則消息，我還記得，當時，他一個人坐在漆黑的客廳裡，掩面無聲啜泣的黑影，那是我第一次看他掉淚，全家人都嚇得躲到川堂的屏風後面，偷看著他。媽媽也躲了，說是要讓他靜一靜，沒人知道如何處理那局面。

二〇〇二年，我妹妹回四川老家時，還活著的一些族人心生暗鬼，擔心我們子孫輩會回去算舊帳，意有所指的向妹妹說：「許多事，是那個年代的不得已，人也走的差不多了，就算了吧！」唉！那一代的楚痛，一句話就消弭掉了。除了不甘，還能怎樣？

一九七三年四月，陶英浪大嫂來信（於下），信中提及了一些我三姑該年的音訊。不過後來二〇一一年時么姑回憶說，陶英浪大嫂明知姑姑們都在成都，也明知父親心急，思親難挨，但她不知為何，硬是對父親含糊；父親也知道，所以父親後來寄出一封試探信，用了不一樣的地址。他寄到地廟鎮的人民公社，收件人囑名是我三姑正華和五姑正霓，他想試試看有沒有其他管道可以和姑姑們連繫上，沒想到那封信最後還是到了陶英浪手上。

---

1973/4/12 五十歲

二弟：您於 72.11.23 號寄給我的信和照片直到今年四月我才收到 謝謝您對家裡人的關心 現在我告訴你吧 二爸的生日是農曆三月初十 今年七十四歲 二媽是五月十一生 今年七十二歲 至於冥期日 二爸大概是五十一年 哪月哪日 我不知道 那時因為我在地廟鎮教書 家裡沒人通知我 二媽呢 五十四年隨三妹去達縣 具體情況就要問三妹了 三妹原來工作崗位是達縣人民法院 今春在成都 聽七妹說已經調到其他單位了 詳細的位址還未弄清處 但您給她的信是七妹親自交給九妹正康的 可能您現在快收到她們的回信吧

現在隨信寄上六張 都不是近影 原因是工作不在一起 三媽和五弟的照片下次再寄來

親愛的二妹：您的來信由二弟翻譯我漢語 我聽了之後 實愧的很 在家裡來說 您大哥是長子 老一輩的很多責任 都由我們承擔 可是有些事情 今天做了最大的努

力都未作的滿意 還請您們諒解

大姪兒祿悅什麼時候高中畢業 上大學了 是否可以回祖國探親 看看祖國繁榮富強的新面貌 我們都期待你們 三媽和四媽身體比較健康 兄弟姊妹除了九妹五弟在家裡 其他都在外地工作 只有二妹在江蘇 就此祝 您們身體健康愉快 姪兒女都好

大姊 1973/4/12

---

陶英浪大嫂這信中提到祖父母的生辰與冥日，其中祖父的冥日引起我的注意，父親在民國三十八年的七月底，在高雄的鳳山訓練時，曾被家鄉的友人告知祖父已去世，產業遭人侵占，他還以祖母病弱、姊妹年幼、家庭無以為繼為由，向他的上級請求准假返回老家照顧。

兩年以後，所有他請求准假的事由全發生了，只有時序上的錯置，不禁令人納悶，他友人是如何能預言這一切！生命真令人難以捉摸。而大嫂說，其她姑姑的資料已請「七妹」去打聽了，但么姑後來也說，當時的「七妹」和大嫂都知道我么姑一直就住在成都，但在此信中，卻看似只有七妹才知道。而我父親為了不讓大陸的家人發現他在台灣，只好說自己在日本娶妻生子，還得硬著頭皮，假裝日籍妻子的問候，這個不得已的謊言，使父親有許多事情有口難言，他應該也多少覺得不對勁，但他又無法與其他人連絡，所有他寄回老家地廟的信，不論地址為何，都會淪到英浪大嫂的手上，他不得不小心處理。

---

大嫂：

去年給您的信後，一直企望著回音，想不到在我生日前……五月初二，收到您的來信和照片，真是喜出望外，大嫂，您誠樸仁厚，還和當年沒有兩樣，四嬸和大哥，微留下些歲月侵蝕的痕跡，但看起來好像比我年輕，可見你生活的優裕。祿志我未見過，小孫子天真活潑，大嫂，您真是好福氣，我真羨慕你，七妹長的亭亭玉立，不知那個小子有這大的福氣，討到我這位妹妹，計算年紀也該三十多了，也許外姪比我祿悦還大呢。

本來我因每人與您寄上一份禮物來，以山遙路阻，航寄不便，謹匯上日幣八千元，約美金三十元小款，煩大嫂作主，就近買些禮物，送給家裡留下的長輩、平輩、晚輩。表示一點小意思，如不足，援後當再寄來，有餘見留老嫂子處留當郵資零用。

四孀老了，本來我應該寄給她零用，一則這是第一次寄款，能否收到，不得而知，再者離家太久，不知家鄉物價，不知究應寄多少，才勉強可零用，正康迄無來信，不知何故，三妹，五妹，八妹，他們都嫁到那兒去了呢？我想也只有麻煩您老嫂子就近查詢，一面將我的地址告訴她們，一面也請將她們切實的住址告訴我，我們一家人都很好，紀美夜向三孀，四孀問安，祿悅近大學還得兩年 僅此

大安 二弟 正誠 1973.6.15 於日本橫浜

大哥有信回來嗎？他還好吧？

---

一九七三年六月十五日寫一九七三年八月十二日收到（有註明姑嫂收到禮款），而一九七三年十月十五日，因為之前寄出給三姑和五姑的試探信又被英浪大嫂拿到，父親只好去信圓場，說是托人寄信而被誤寫了收件人，看著父親費盡心機，只為了與血親團圓，怎不令人心疼呢！

---

大嫂：很久沒有接到你的來信了！自收到你的照片後，我記得還是我生日前夕，當時我非常高興，當時並給了你們的信，並囑紀美夜與你寄上美金三十元，

我完全不知三十元在家裡有多大的購買力，不過試試匯兌是否能通呢？一直到不久以前，才知道紀美夜叫她妹妹高原明子去寄了，她將名字寫錯成陸正霓，我想郵局你一定很熟悉，大嫂，就麻煩您到郵局去領出來用吧！不管領到與否，都請你給我個信，離家太遠了，這些情況已都不熟悉了，沒關係，如果領不到，下次再設法用匯票試試，不過我請你告訴我，匯兌的手續，要用甚麼方式你才能收到匯款呢！上次是三十元美金裝在信封裡，用報值掛號寄的，因日幣須結匯，比較麻煩，美金系為國際貨幣，可以直接匯兌。

前所你說，么妹曾與七妹見面，而且七妹將我的情形及信告訴了她，究不知為何迄今為何未得她們任何人的消息呢？大嫂，你和七妹是否知道他們任何一人現在的住址，可以告訴我嗎？四嬸老人家身體還建朗吧？我們一家人還好，勿念。

橫浜隔東京很近，差不多只有家鄉到繁月縣的距離，交通發達，隨時可往返，這裡年輕的一代多系美式新潮派，然年紀大一點的，多很守舊，房屋有五十層的洋樓，也有宮殿式，有我國唐宋時代的和服，也有西裝，各人生活各人的，誰也不笑誰，人也很雜，來東京渡假觀光的各國人都有，各玩各的，有滿清以前的木偶劇，也有超世紀的流行歌，這就是目下的東京寫照。

我喜歡清靜，出生農村的我，對這一些的煩擾，並不習慣。我經常還嚮往故鄉的田園生活，我常常還想到父母，兄弟姊妹姑嫂融合在一起的大家庭生活，終此一生，恐怕再也找不到夢幻似的過去了，再敘 敬祝 健康

二弟 正誠 敬上

紀美夜問候三嬸 四嬸 及大嫂

---

一封一九七三年七月十七日的信於二〇一一年傳到我手上時，只剩下信封，信封上囑名給陸正霓（我五姑），地址是地廟鎮縣的地廟公社，但當時，這封信卻又轉回到大伯母陶英浪手上。大伯母陶英浪說「七妹」知道么姑住那兒，但她卻不直接將地址問來，只說會請「七妹」轉達，而同時，卻有一票親友冒出來，每個都得送些禮；為了要討到么姑的地址，父親只好不斷匯上款項，希望老家的人能幫忙連繫上親姑姑們。而姑姑們的音訊，在一些鄉親的眼裡，早就是根胡蘿蔔誘餌，讓父親無奈的跟著到處轉，不斷的寄上貢俸。

一九七三年十月十三日

二弟：七月十七號給我的信和日幣八千元，八月底我就收到了，你的這番美意真讓我卻之不恭，收之有愧了。二弟，您們想的好周到啊！

四媽年老，有七妹的照顧，像您這番尊老的心意，老人家很激動又快樂，但又想到您們有五個孩子的負擔，因此她老人家的意思是說，您們的收入除去開支外，有多餘的再給她寄點零用，不然就算了。

總之，大家都很惦記著您們。至於祖國的物價，從解放後，在我們偉大的領袖毛主席的英明領導，物價一直是穩定的，一個人每月生活費只要人民幣十四元左右就夠了，約合日幣兩千元。

二弟：妹妹們都想知道你的工作性質，過一段時間可能您會收到三妹和七妹由成都來的信，你大哥的身子較好，就是老了。他很想念您，因工作忙，無暇與你寫信，託我轉達你，希您的諒解。

現在家裡的，只有老五跟九妹，他們收到您的這份禮物。除內心感謝外，想到二十多年不見面的二哥，一旦有信了，都高興的浸沉在對兒時的回憶裡。九月份我到永川縣去探親，在你大哥那裡住了一個月。所以沒有馬上給您回信，讓你盼望，真對不住，請原諒。二妹和孩子些都好嗎？對祿悅他們來說我應該有點表示，不知他們喜歡祖國家裡的什麼東西，希您告訴我。就此敬祝 您們身體健康 大嫂

英浪 敬上

二弟 二妹 您們好：

整整七個月餘了，沒有收到你們的來信，很想念。七十五年二月十號你大哥上鄉代回了你由日本寄回的信和兌款日幣一萬元，大家的臉上無形中都流露愉快的心情，到底是親人們互相的關心。二弟：你們真想得到啊，四媽的病已痊癒，老人家體弱多病也在所難免，不過你大哥已於七十四年十二月底長期回家搞農業，這對老人家的照顧肯定要周到些，二弟，希望你放心相信我們吧。

三媽呢，我告訴你她肝硬化，去年到成都醫了三個多月，一反一覆的直到現在還未痊癒。據醫生說能夠買到這樣的針藥，進口貨附來針藥名，可以多活幾年。三媽的意見要你們幫忙，那兒能實能寄就酌情每樣實兩三針。安繼弟說，二

哥二嫂幫了忙，弟很感謝，以後再酬。

至於三妹她們的地址我雖不十分明瞭，但你給她們寫的信是由七妹親自手交給小么妹正康的，小么妹已結婚，娃兒都兩個了，在成都東城區教書。哪一所小學，我問清楚再告訴你。

今附上照片七張，祝你們全家春節愉快

小孫子 向 二祖父 二祖母 及叔嬸皆問好

---

這封信中，又有一位親戚出現，安繼，他在父親當年向陸已章要槍時，曾和樹恩大伯插手向陸已章要槍被拒，陸已章堅持只和父親對話。從這信看來，安繼是三媽的孩子，希望父親能寄些醫療用品給三媽。

---

二哥 二嫂：你好

74/12/25 號給媽媽匯款已收到了，大哥如數給媽媽匯來了，照片兩張也給媽媽同時寄來了。

我們看到照片，心裡很高興，拍的真好。媽媽於去年來成都治病，既在都是沒有好，仍然留在成都治病，要病好後才回地廟去。哥嫂是隔重洋，一年幾次給媽媽匯款照顧，我真感謝。更感嫂子的心意希望哥哥翻譯給嫂嫂聽。

二哥，二嫂，我結婚後家住成都，離媽媽的路，哥哥是知道的。現在交通方便，乘四個小時汽車就到家了，你妹弟在成都工作。我打縫紉機。我最進有點小病，但很快會好的，請哥嫂勿念。二哥，二嫂，下次給我寄些大照片回來好麼。哥嫂合影，全家照，要大的。上次給你的信是74/7/18收到沒有，定是媽媽和我沒有看到你的回信，回信快點為盼，媽的病好後，我和媽才去照相給你們，回信寄成都市給陸合法收（此名字是二伯伯給我改的）寫的不好請哥嫂原諒 祝 全家人好

七妹合法上

---

這封回信是四媽（我的四祖母，我祖父的弟媳）的女兒所寫，父親的四媽和四爸沒有生兒子，只有一個女兒巧正（信中說已改名為合法）。由於之前陶英浪伯母來信說四媽生病需用錢，父親寄了款給對方；上封信則是陶英浪伯母又說三媽也需善款，並說希望父親放心的相信她們。

看來善款的事，讓往來的親戚越來越多，但卻沒有人通知近在成都的么姑和八姑們。七妹（我稱七姑）合法也住成都，卻仍稱不知道姑姑們的住址，而且不知怎麼的，就是無法和姑姑們連繫上。父親眼看錢不斷送出，卻沒有他真心要找的親姑姑們，他越來越著急。先前陶英浪伯母說，七妹親手將父親的信交給么姑正康，但既然七姑能夠連繫上么姑，為何不乾脆告訴父親如何連絡，為何還需轉交？實有矯情之嫌。

---

64 1975 02 22 大哥樹恩 手書

二弟 二妹 您們好：

本月十日（1975/2/10 暨農曆 1974/12/30）收到了您們的來信，照相和匯款，意到很高興，這已給我們（包括老中小輩），歡渡春節，增添了相當好的內容。同時也解決了我們「每逢佳節思遠親」的內在情緒，這也體現了你們在百忙的生活中，考慮的也太周到了的一次良好效果，為此特向您們表示誠摯的祝賀和謝意。所匯兑之款日幣一萬元（折合現時人民幣五十八元三角三分）已照來信說如數妥交，四媽處二分之一，三媽處七分之一，希釋遠念。

至於正華、正霓、正于、和正康，諸妹，我已二十年未會面，也沒有互過音信。不過常聽親友提說，是在市政府的關懷和培育之下，她們皆有良好的工作和優厚的代遇，她們都很好，我雖不知她們的住址，但我可以向你保證這全是事實，當然您們對於親人的想念，是會理解的。要想達到和她們通信，不必操之過急。總之等緩後問清楚了，就立即通知，一定立即通知，希望你們放心。

我的情況是：長時間身處縣外的國營生產單位，習慣勞動生產，和按月領工資，樂於集體的生活方式。而今開始進入農村落戶，一切生產技能和生活方式都得從新學起，除了虛心向群眾請教外，亦宜善自追求進步，積極的用心學習。

此後尚希望弟妹給我大力支持，我是非常感激的，今隨信寄我的相片四張，英浪的相片三張，我的兩個小孫子的合影一張。三媽的相片一張。請收存留記念。謹此即祝 二弟 二妹 以及姪兒女們 都好 大哥樹恩 手書 1975/2/22

---

當時的上班普通工人，薪資約十四塊人民幣，父親約寄了相當於四個月工人的工資回鄉當紅包，樹恩大伯信上說「常聽親友談到姑姑們」，他們也知父親一心要找姑姑們，卻不向那些知情的親友細問姑姑們的地址，這說法似乎很牽

強。但以父親當時的情況，老家的親戚，是唯一可連絡的對象，如不透過這些親戚，則會完全斷線、全無音訊，父親在毫無選擇的情況下，只能祈求家鄉的人，總會有人在得到好處後，多多少少會拿錢辦事。

不過顯然事與願違。溺水的人，除了生存，無力想到其他。在當時文革期間，溫情只是包袱，生存才是王道，如果讓父親與姑姑們連絡上，則所有的資源就可能到姑姑們那兒去，老家的親人有何理由替他們連絡上，斷了自己的生存資源？

---

1975/3/4

正誠姪兒 紀美夜媳：

你們去年十二月二十五日寄地廟的信和相片，在春節前收到了，樹恩姪兒已及時給我錢寄來了，我看到你們夫妻的照片，都很健康，我很高興和放心。我自去年生了那重病，七妹將我接到成都治病，於是脫離危險，其餘的慢性病，只好慢慢治病，病好後才回地廟，希望你們也勿擔心。

去年七月收到你們的信物後，給了你們回信一封，不知收到否，你們夫妻對四媽照顧，只有感謝，你七妹最後小產，身體是不好，你妹弟在本市工作。希望你們保重身體，照顧好孫兒女的健康。

四媽 陳滿筆 七妹將我接到成都治病

收到了善款的四媽來通道謝，當然不忘提醒父親：她的女兒，合法，身子也不好，或許父親也可以為她盡些心力——眾親友的來信中，總會提到某些人也可能需要幫助等。

這封由父親的四媽寄來的信中，表示我大伯樹恩，確實將父親寄回家鄉的錢做了分配。他是這個大家族那一輩的長男，此時的他，剛從人民公社回到家鄉，當年因為拒降，共黨判他二十年勞改，如今終於回到家，一切百廢待興，他於是對我父親有所期待。

1975/5/15

七妹：收到你的來信很久了，真對不起，現在才回你的信，從去年起，世界發生經濟不景氣，百行百業都受了影響，我子女眾多，不能不捨近求遠的去大阪工作，每月回家一次，滯一天或一宿又匆匆走了，在工業社會裡求生活，就是流動性大，不過我經過這樣半生流浪，似乎已成習慣，好在交通發達，也不覺得有不方便之感，東京到大阪似相當於渝蓉（重慶／成都）間之距離，不過飛機只需花十分鐘可達，可是卻把與你回信的時間給擔誤了，抱歉！你要的大照片，不知是多大，因為手相機印出來都很小，去年給四媽的不知給你一份沒有，如果沒有，我現在補給你一份，這裡是四吋，再放大不能，就不夠清晰了！而且郵寄的信封又裝不下。

聽大嫂說，你經常與小么妹「正康見面」，你怎麼不叫她給我寫信呢？諸如正華，正霓，正于，她們都嫁到些什麼地方去了？你都知道嗎？如果她們有所不便，也可將近況告訴你，你或大嫂再轉告我好嗎？再者，前信好像不是你的筆跡，想我的姊姊三十年不見，而且今生是否再有見面的機會，尚不可預測。能夠見到你親手寫幾個字，也讓二哥高興高興不好麼？至於寫得好壞，難道二哥不知道你麼？

這封信是一封未寄出的草稿，正式寄出了沒，我不確定，但由於信紙和另外一封已正式寄出的信（二〇一一年由么姑轉交與我）及該信的另兩張在我手邊的草稿，紙質與筆墨都一樣，所以我仍然將其釋出。因為信中明顯感受到父親對所有與他連絡的親戚都開始感到懷疑與不信任，但又迫於對方掌握訊息傳遞的絕對權力，父親又不敢直言。因此在信尾，即意有所指的威嚇對方，表示他有能力辯認字跡（或事實）的真假，也懇求對方念在他們兄妹尋覓三十年的份上，動之以情，成全他們見面。

對於這幾年，他與地廟老家的親戚不斷的寄匯款或物資給對方，要的就是請對方幫忙找到直系親妹妹們，結果老家的人總是說在尋找，然後一些旁系親戚卻越來越多，每個都需送禮，卻怎麼都無法與直系親妹妹們聯絡；他知道對方用他的尋親心切作釣餌，鉤住了他，但他原以為只要滿足了親友的需求，他們總會發些慈悲，或拿人手短的替人辦事，但事情不如他想像的順利，眼看越來越多需要照顧的親友，此時的父親，似乎失去了耐心。正好，這信在名義上是寫給「七妹」的，他借機說了些重話，只希望在幕後操作的對方會因此給個交代。

---

64 1975/5/15

大哥 大嫂：

昨天由大阪回家，弟妹拿來大哥的信，內附照片十張，包括祖孫三代，不勝欣慰，經一一端詳，有生面孔也有熟面孔，小輩的我因未謀面，老輩的亦分顯示出三十年歲月侵蝕的痕跡，唯仍依稀可辨。在我的記憶裡，大哥比我大四歲，四叔比大哥大八歲，四嬸好像比四叔大一、二歲。如今可說是由老房子大家庭出來，碩果僅存之老前輩。

三媽在我記憶中，年齡與我們相若，但照片上似稍覺老態龍鍾，大嫂原甚窈窕，此次照片好像發福了，大概由於大哥回鄉，心情開朗的關係吧！大哥雖為兩個孫子的祖父，然因長期勞動，練成銅肌鐵骨，精神奕奕，英姿不減當年，如今功得圓滿，回鄉頤養，可喜可賀。前言支持，似覺言重，老兄弟倆，自幼以至於成人，情深意重，雖非一母所出，手足之情猶有過之，多承關愛相扶，大哥一言一行，早為二弟視之為心目中的偶像，爾後仍盼不時教誨，但有所囑，二弟遵令就是。

三嬸囑購藥物，已去藥房打聽，維生素H3系英製，有賀爾蒙刺激效果，但有破壞微血管之副作用，為日本醫學界所不取，普通藥局很少有售，弟明日將回工作處——大阪，此事交由弟媳有機會去東京照辦，輔酶四係譯名，各國語文不同，譯名各異，其如三磷酸綠貸之貸字，並不清楚，最好能寫出俗名、學名，如系西洋出品，寫出英文全稱，以免錯誤。

自去歲全球經濟不景氣以來，百行百業均受影響，弟自本年初，已去南部大阪工作，家仍留橫浜，每一、二月回家一次，滯留一、二日，將家事略作料理，匆匆返回工作地點，兩地相距千里，然以交通發達，約數十分鐘航程，亦不覺有何困難，且三十年浪跡天涯，早已成習，請釋念，四嬸病癒返家了嗎？三嬸處請代問候，再敘

祝健康 祖孫三代均安 二弟 五月中旬於橫浜寓所（1975/6/19 收到）

這封信是在民國六十四年的五月十五日收到，經過了幾年來與老家親人的通信，父親開始了解，自己對血親的思念已被利用，如果一直滿足對方的要求，可能會適得其反的讓對方不願提供姑姑們的地址；如果讓對方知道已無利可圖，則或許他們會將姑姑們的連絡方式釋出。因此父親並沒有立刻去買藥與補品，只想虛與委蛇，再度確認親情，看看對方是否有起心動念的盡舉手之勞，為他連絡姑姑們。

## 一家之主

母親出國工作，成為候鳥族，只有在夏季暑假和偶而冬季寒假可見到她，掌家大權落入了父親這位軍訓教官的手裡。家中因沒有母親在身邊，冒出了物競天擇、以大欺小的叢林法則，因此么妹常哭鬧，去父親那告狀，後來他只好把小妹帶去他房間和他住。其實么妹是兩害相權取其輕的進駐父親的臥房，否則，沒有人會沒事自己去找教官的。

除了週末，他不准我們看其他電視，除非必要，我們兒女沒事也盡量不會去找他，省得被他挑三揀四；於是我們和他之間的親密感，越來越少，壓力越來越大。他不時的開庭訓，小客廳裡，他背對著磨砂窗子，坐在沙發上，向我們訓示，我們五個孩子立正站一排聽教，有時一站就是兩個小時。

父親很重視教育，他說我們是數世代的書生世家，傳統不能變，於是，我自幼就被規定要背一堆東西；當然，父親由老大教起，幾年下來，已是精疲力盡，我是家中老四，輪到教我時，早已疲緩，便不會那麼嚴格。

哥姊在小學畢業前，已背完唐詩三百首、詩經、古文觀止、古今賢文、各類格言等等，當時的我，不認字，父親會先帶我唸過某段數遍，然後要求我半天或一個下午背完，如果到時候默背不出來，就要挨手板了，所以幾乎每天都被打一二回。

記得我們背[1]《朱柏盧先生治家格言》時，因為年紀還小，不懂文言文，他會一句一句的帶我們唸，再不厭其煩的一句句解釋，然後要我們背誦，並且要抽考文意。那還沒完，他更要求我們實踐。從此以後，我們每天一起床就得先整裡房間、拿功課給他簽，每天都要都要檢查水缸有無蓄水，免得「臨渴而掘井」。

1 又稱《朱子治家格言》，簡稱《治家格言》，是朱熹後裔、明末學者朱用純（自號柏盧）所著。其文以修身、齊家為旨，集儒家傳統之大成，是清末民初的兒童教本。

沒有母親的朝夕陪伴，父親顯得孤獨寂寞，他盡一切力量想父代母職，但他那一套軍式管理顯然用錯了地方。規定的再嚴，孩子們是上有政策，下有對策。不打還好，越打我越皮，為了抗壓，我開始在村子上惡搞，父親被我弄得昏頭轉向，失了判斷，從此就封了我家前門，規定凡事都要從後門去活動。

可是因為廁所在村頭，我們要如廁，便得先由後門下坡梯，到大馬路後再走到村子入口爬上大坡梯，到了村前才有廁所——村口那大坡梯，在我小時候看來，高聳偉大，像是要上中正紀念堂的國家音樂廳一般，梯子兩邊有排水道，很寬，村中孩子常將那排水道當作溜滑梯——為了如廁，我們就得走上這麼一段短短的路程。不過壞事做盡的我，便會從家中藉口如廁，外出遛達，更找些事來紓壓，我一會兒把鄰居家的花園或菜田弄毀，要不就將他人後院農舍的雞鴨給放走、亂按門鈴、破壞廁所，村中的人不堪其擾，紛紛上門責怪父親，我就又要被打。可我總是學不乖，也不知當時是啥心態，總知，我很想讓村子的人知道我的存在。

## 松山舊衣市

母親去日後，沒人替我們作新衣，我們五個孩子長得像蘑菇一樣快，衣服襪子總是搶著穿。有一次我搶不到白襪子穿，只好撕破白色的舊櫬衫，假裝受傷的用白布裹腳去上課，父親這才發現事態嚴重，便親自騎腳踏車去松山的五分埔，買了一大堆美軍家眷的舊衣回來給我們穿。

後來，他把摩托車給賣了，換了一台腳踏車，每次在後門坡梯上看他大老遠的載著一大包衣物，費力地騎向我們，我們就興奮的衝下坡梯，有的幫忙推腳踏車上坡梯，有的幫忙抬衣物，等大夥把布包攤在通鋪上時，一場服裝發表會就開始了。我們四姊妹拚命搶衣試穿，父親則坐在一旁欣賞他血拼來的戰利品。

為了不讓在日本的母親受思念之苦，父親每隔週都會要大家輪流在信紙上寫一段書信給她報告生活情況，她則會寄一些禮物或照片回來給我們看。照片中的她，打扮時髦、高貴動人，父親看了後，似乎開始擔心自己會被嫌棄，於是他去買了染髮液，要大姊替他染頭髮。看他平日威武莊嚴，而今竟也像個大孩子一般，乖乖的坐在椅子上，圍個披肩，讓才上國一的姊姊，用牙刷慢慢的將色劑一層層的染上，我突然看見他的惶恐與不安。

## 父親的斗篷

自從母親在上個聖誕節前夕寄回一台日製的錄音機後，父親便開始教我們唱京劇，再用錄音機錄下我們的歌聲，寄給遙遠的母親，有時，他也和我們一起錄製一些對話給母親。

母親在出國一年後，公司准假兩星期，讓她回來看我們。母親第一次回國，她非常驕傲，在當年那個窮時代，有錢人才會出國，出過國的人像是鍍了金一樣，令人欣羨。

一回冬天，母親在寒假前提早回台，她想給我們意外的驚喜。我早上在學校上課到一半，突然全班騷動，大家都向外看去，我也跟著大家的視線向外看去，竟看到父母兩人竟同時出現在教室門口；父親有些不自然的站在母親前面，穿了西裝，外披一件軟呢料的短披風，像極了福爾摩斯，看得出那是母親的精心傑作；母親則身穿白色蕾絲寬領，一件錦繡貼身窄裙，高貴逼人。我正想虛榮的站起來向他們走過去，沒想到突然有同學說：「老師，他爸爸為什麼把女生裙子穿在身上？」接著，全班哄堂大笑，我面紅耳赤，立刻坐下，任憑他們怎麼叫我，我都不肯起來。我想父親看到了我的尷尬，他從此再也沒穿過那件軟呢英式披風了。

## 把尿失靈

父親自從母親去日本工作後，對我們的管教愈發嚴格，但我是不打還好，越打越皮，為了抗壓，我開始惡搞，到處去村裡作亂，父親被我弄得昏頭轉向。

到了暑假，我每天偷溜出去玩，交不出該作的功課；不勝其煩的父親，拿我「莫法度」，就把我和姊妹們關在一個一坪大的小房間裡——舊家未擴建時，那是個小廚房，所以有個如吧台高的半牆，門外有個小水溝通過。

父親用木板將長型空間隔成三個區塊，放入三張書桌，叫我們自行自習。為了怕我們偷溜出去作亂，他將我和姊妹們各自用繩子圈綁一隻腳與桌腳相連。

姊妹們都氣炸了，說是我害的，說歸說，我每回作亂，她們還是幫忙分攤著領打。

父親指定我們得在一定的時間內完成某些作業，但每當我們想如廁時，一想到要叫父親來鬆綁，就怕父親會想起他要我們背書的事，又或是會順便檢查我們的進度。所以，為了不打擾父親起見，我們決定就地解決，撒尿在地上。

原先，大家講好要對準門口隔板下的細縫，尿出到外面的水溝，可是，大家尿急到把尿失靈，結果四處噴濺，連裙子也尿濕；於是驚恐之餘，撕下作業本，去擦拭地上積尿，弄的滿手是尿，臭氣薰天。等父親午覺醒來，要來驗收背書成果時，我們姊妹們倉皇失措，呆坐在位子上，等著晴天霹靂。

父親拿著棍子進來，看到這情景時，雙手下垂，杵在門前，我們父女八眼相對，靜空無語，沉默了好一陣子。那天下午，父親赦免了我們背書，讓我們玩水淋浴了一個下午，快樂賽神仙。

## 1964/10/5 搬入萬華

父親雖然關閉門戶，避免與村子上的人社交，但仍有例外，絕大多數是與村子的搬遷有關。當時政府大搞十大建設，結果一條高速公路須由村子旁經過，於是遷村的會議不斷的在村子上被召開，許多個晚上，所有村中的戶長們都會聚會討論，若天氣好，會議則會在村子中戶外的開放空間舉行。

當時已有許多戶長自軍中退休了，這樣的會議對他們而言，如同一場盛會，每家都搬出藤椅和小茶几，繞著村長設立的一盞高瓦度黃燈泡而坐。男人們坐成一圈高談闊論，婆婆媽媽們則不時在側加茶水、分食點心、管教小孩，不讓孩子們打擾到會議的進行。

父親和幾個前村長，總會變成會議的主角，因為他們有行政經驗——由於開會時大夥都聚焦於搬遷之事，婆婆媽媽們都閃邊涼快，沒人嚼碎嘴子，父親因此踴躍參與會議。於是，我看到了父親平時嚴肅與沉默的一面，同時也看到他跑進跑出、張羅會議時的興奮與生機，只有那片刻，家裡的前門才會打開，偶有村中的伯伯會坐在沙發上和他討論，看著他連續熬夜畫隔間圖，滿眼血絲又興奮的向我們展示他的工程圖；我常常期待不要讓搬家成為事實，因為我怕若真搬家後，他的盛會就沒了，生活也會因此失去了目標。

# 第十二章

# 鏡裡花容瘦

## 離去

民國六十四的夏天，父親告訴我們搬家的日期已確定，當時剛好是暑假，母親由日本回國幫忙處裡。

一日，父親決定先到萬華新房子參觀，他帶著我和三姊，騎著他的鐵馬，一路由內湖騎到萬華，大白天自村子出發，到了下午四點多才到。待他停好腳踏車，他手上拿著地址，眼睛東張西望，我也跟著張大了眼，我不敢相信眼前的水泥盒子，是所謂的新家。

我看到他一步一步的接近一個如防空洞穴的樓梯入口，他碩狀高大的身軀，經過那低矮幽暗的樓梯間，很自然的彎腰縮頭的前進著，我突然覺得生命很卑微，彷彿被人侮辱般，我們如同一堆東西，被擠進另一堆東西裡，塞成一樓人。看到父親一臉穆然，想到他幾年來對於籌劃搬新家的那種興奮，我好害怕他會心裡難過，他發現我盯著他看，便裝作無事的說：「就是這兒了，你們看！」

我們進門後，大家四處張望，東摸西摸，沒人說一個字，房子內很暗，傍晚，窗外的天光看來都很清楚，但房內很晦暗。父親說太晚了，騎車回去來不及，乾脆住一宿算了。

我們都很意外，因為我們沒有帶任何東西，連件外套都沒有，好在那是夏天。他唐突的決定，讓我知道他內心的震憾，與極力想平靜自己的企圖——他當時大概不知道要如何向母親交代吧。

晚上，父親在外面撿了幾張報紙，墊在地上，就當那是床，由於還未通電，整個房子一片漆黑，我和三姊害怕的擠在一起。那一晚上，都未聽到他那熟悉的打鼾聲。

我們就在那空房子過了夜。那一整個晚上到隔天中午，都沒有人多說一句話。我很想安慰他，可是又怕自己一開口就會先哭出來，於是回家的路上，我們三人又安安靜靜的回來。

過了暑假，醜媳婦總要見公婆，我們終於搬了家。果然母親一肚子火，開始和父親鬧了些彆扭。

搬了家的父母親，好像換了個人似的，父親變得很溫和，沒有以前的嚴肅，也不再問我成績，他還是常在我放學後帶我去遛公園，他也會主動找一些公園裡的老鄉聊天；在他們談話時，我總會親密的抱著他的熊腰，躲在他身後，耳朵貼在他背上，聽他的聲音如隆鐘般回蕩在他胸中。或許，以前在村子上，熟識的人對他壓力太大，如今，大家都是新住戶，公園遇到的老鄉也頂多聊聊天，沒人會評斷他，使他有了面對生活的新態度。

母親在搬完家、幫我們轉好學後，暑假結束，她打算再回日本工作。但父親阻止了她，父親似乎開始放棄了原有的移民夢，結果他們之間，逐漸不時有些爭執，但都還算文明，畢竟他倆也都不再年少氣盛了。母親終究還是去了日本，母親說，她會照樣回家過春節。冬天過後，她果真回來，準備過大年。

那是我們最後一次吃團圓飯。母親的手藝好，出菜快，一下子一桌酒席就上了桌，母親穿著正式，特別燙了頭髮，全家人都穿戴整齊，然後父親先替供桌上的祖先祭酒，約一柱香過，我們便可上桌吃餐了。母親一身美，忙進忙出，怎麼也坐不住餐桌上，父親幾次夾菜給她，她都來不及吃，就又去端菜了；這時我才開始發現，她似乎在迴避父親的親密動作，我想他們倆可能又為了去日本之事在鬧彆扭。

那個除夕夜，我們孩子們快快樂樂的看著電視守歲，母親則又忙著清理碗筷，父親則自己回房打電話拜年，這是我們第一次有自己的電話，他便找出許多舊時的名片，一張一張的試著打打看。不知多久，突然，他的房間沉默了，他沒關門，我向他望去，只見他左手還掛著電話，右手遮著雙眼，低頭不語；母親看了便走了進去，並把門關上。

後來我問母親怎麼回事兒，母親說，父親打給一位從前的親密戰友，結果對方前兩天才往生了。然後，她不悅的說：「大過年的，打這種電話，真是觸霉頭。」於是她就勸父親別再打了，省得麻煩！

隔天，父母都裝扮整齊，打開大門。果然從前村子上的鄰居又來拜年了，不過，同樣搬到這附近的鄰居只剩一半，人們減少許多，屋子又馬上回到冷清。到新家後的第一個新年，初一到初五，天氣很冷，雖然新家沒有舊家的人性，但每間房子都有門，所以，我們全家都窩在家裡，各自為政，那兒都沒去。

初五後，母親則又開始忙著辦出國手續，準備回日本工作。父親則一個人常坐在沙發上，望著供桌上的神祖牌發呆。我放學回來，看他心情不好，就會故意吵著要去公園。他在人生的最後幾天，和我格外親近，竟也會和我玩踢毽子。

二月九日那天早上，我們照例在早上離開家門前，去向父親請安並說再見。他應了聲便又睡回去了。等我上課到一半，學校突然廣播，要我和妹妹趕快回家，班上人人都盯著我看，問我會是什麼事？我搖頭而不知所措，然後，有老師出現在教室門口，說要來帶我們回家。等出了學校，那老師才告訴我們，父親昏迷過去的事……我們匆匆的跑回到家時，看到醫護人員正要將父親抬下樓梯。

父親被送入醫院後，先是被安裝上許多儀器，但到了晚上，我們突然聽見母親哭泣的聲音，她哀求醫生救救我父親，但醫生一直向她解釋，現在所有的急救，只能救回一個植物人……最後，她終於接受拔管的建議。我看著父親咽下最後一口氣，於是用手去摸了他冰冷的手，這時才發現他眼角開始垂淚。

民國六十五年，父親去世，母親被迫辭去日本的工作，留下來照顧我們。父親身後沒有留下什麼，母親一個女人家，要養五個孩子，負擔之大，令她常常暗夜哭泣；我們沒有任何親友可尋求幫忙，她到最後，只好求助於日本的餐廳雇主岸原先生，預支借調一些款項，開始在家裡作生意。她的顧主岸原先生答應她留職停薪，直到她站穩腳步為止。岸原先生不僅是她的顧主，也是她童年的玩伴，在她最困難的時候，出手幫她，她心懷感激。

剛開始，她在家裡做一些代工等，每天家中堆滿貨物，我們也幫忙做，但所賺的辛苦錢，仍是入不敷出。後來，她又開了早餐店，結果經營不善又收掉，早餐物料的債主都上門來砸傢俱了，她終日惶惶，為錢奔波受辱。母親雖忙於生活，但她不准我們輟學去打工，希望我們能完成學業；但那時的我們，沒有嚴父的管教後，無法處理突如奇來的自由，有如脫了轠的野馬，失去生活的規矩。我們個個變得為所欲為，大家學校成績都全一落千丈。母親看情形不對，只好向她日本老顧主岸原先生求救，希望能作隔季打工，對方也答應了，後來，她有一陣子是在日本餐廳打工三個月，回家三個月，家中經濟才漸漸穩定下來。

一年後，岸原先生和另外兩位死黨，也是母親以前的舊識，相約一起到台灣看她，她在家裡設宴招待，並將我們大家介紹與對方，那是我第一次見到岸原先生。

他像父親一樣嚴肅，矮小微胖，很有權威感，非常的沙文，是那種會用食指指著他人說話的人。令外兩位則斯文有禮，一位叫久保，另一位叫小林。小林曾是日籍軍官，母親還是少女時，對方就向她求過婚被拒，後來轉赴英國經商投資，和母親在岸原先生的店裡常見面，是岸原的會計師。岸原先生似乎有意安排小林先生來見母親。席間，岸原先生以長輩的身分多次對我們訓話，母親一旁翻譯，大約是說要我們好好孝順母親，母親很堅強等等。最後，他們要離席回飯店時，岸原先生當著大家的面，拿出紅包袋，每個孩子分贈一個，又給了一個大紅包給母親，另外兩位先生看了，也只好跟著掏出皮夾，致贈禮金。母親送走他們後，她一邊流淚一邊算著一把一把的抄票，然後破涕為笑。

岸原先生的夫人也認識母親，但她和母親並不是舊識。母親當年原是透過藤子阿姨的介紹，到日本一家中餐廳當翻譯和會計，後來在橫浜中華街巧遇舊識岸原先生，才轉到岸原先生的餐廳作領班。岸原先生的夫人，則是餐廳的經理

藤子阿姨後來也在附近的一家餐廳找到女侍的工作，在日本時，她們兩常一起上下班，藤子阿姨並不會打扮，年紀大了，便退到廚房去洗碗了；母親則懂得打扮，中日文都說的好，在岸原先生的中餐館作領班如魚得水，小費又高，在日本三年，她過著單身的生活，假日還可以和朋友去玩，工作雖辛苦，倒也自由，更不必看父親打她心愛的孩子。她以前常有餘款作私房錢，或寄給哥姊些補習費，或偷買禮物送他們。

但突然間，父親去世，她失去了所有的自由，還需負擔所有的家計，她又剛好在更年期，一時之間無法承擔，精神上出現一些極度的焦慮，情緒起伏很大，時而興奮奕奕，時而沮喪的要鬧自殺。我們孩子們剛失去父親，無人教

導，行為有些偏差，又全都在青春期，全家每天都像在壓力鍋內熬煮一般，隨時要爆炸開來。幾年後，在她去看完婦科，拿回一堆黃體激素服用，家中也開始養一隻狗後，我們兄妹有了精神依靠，情況才稍有改善。

## 遲來的家書

1971/9/31 From：橫浜市中區元町 高原明子

To：中華人民共和國 四川省地廟鎮縣 地廟鄉 陸正華 陸正霓 收

信封後附注：

正康：我和媽來您，不早留了，因時間關係不久等，這兩封信你收後查核

（附註的時間是一九七六年，由七妹合法所簽）

父親剛走時，母親透過日本的友人高原明子，去信大陸，告知我大伯樹恩與他妻子陶英浪父親去世的消息。而在此之前，大伯或大伯母陶英浪都很久沒有再回信了，可能是由於他們與父親在最後一封連絡的信中，父

親語帶玄機的暗示「七妹」的書信非出自本人之手，也藉口不清楚藥物的學名而未寄上對方所要求的物資，對方害怕了，便不敢再與父親連繫了。

直到半年過去，在他們得知父親的死訊後，可能認為我們已沒有再利用的價值了，才將父親最早的兩封信拿給就住在成都的姑姑們。因為只有這兩封早期的信，沒有提到寄物資或匯款的事，但他們卻心虛的隱瞞了父親的死訊。

當時么姑接到信後，非常興奮，立刻告知與父親最為親近的三姑，三姑不敢相信等了二十多年，竟真的有父親的消息，於是她試探性的寄出一封短信：

1976/11/30 五十三歲

二哥 紀美夜嫂：你們好 孩子們好

中日訂交前後，你們寄回老家的信，因我們都在外地工作，老家無人，幾經轉達，兩封是收到了的，所以現在才給回信。隔寫信時又是幾年了，此信尚不知能否收到，我們姊妹四個都分別各在一地方工作，除了我結婚較晚一點外，正霓已一男女，長女十七了；正于三男二女，長男已二十四歲了；正康兩女一男，長女已十歲了。我是帶著么妹的二女子，現在也八歲了。生活在偉大的象限，偉大的時代，我們一切都過得去，生活是幸福的，若有條件，可將全家相片給我一張看看。

三妹 正華 中華人民共合國 四川省達縣地區

---

三個月後，信由日本轉到台灣，母親看了覺得很納悶，明明自己已去信告知地廟家鄉的人我父親的死訊，對方回信卻好像毫不知情，那信上寫說「兩封信已收到」但那其實是一九七二年的信，是最早期時父親寫給姑姑們卻不幸轉到英浪大嫂手上的兩封信，而不是父親過逝後母親寄出的那兩封信。地廟鎮親人巧妙的將這兩封信轉給姑姑們，姑姑們和母親都還不知其中玄機。

不過，這次回信的人，竟是父親生前尋尋覓覓的親姑姑們，她大為驚訝！當時全家只有她一個人，知道父親一直在尋找姑姑們，於是母親立刻作了回信，並要求哥哥姊姊以繼承人的身分也各回一封信給姑姑們。

1977/2/22

三妹：來信使我們喜悲交集，期待、盼望了二十多年三妹的信，終於來了，使我們格外的高興。但此信來的太遲了，您的二哥於一九七六年二月十號（農曆正月十一日晨一點）已逝世，如果此信你二哥在世，他不知會如何的高興，他日以繼夜盼望三妹的信，這漫長的二十多年，他沒有一刻不掛念家鄉，直到幾年前，才從大嫂那裡得到雙親已故的消息，他腸斷心碎，本想回家鄉，但一時事業放不開，又想多賺一點錢，衣錦還鄉。沒有三妹的信，使他傷心和焦慮，在漫長的歲月裡期待、盼望，使他病倒了。三妹，我寫到此，悲從中來，我無法再寫了，請諒之。我讀日文，中文寫不好，請不要見怪為盼。

同信寄上幾張照片 請查收 祝 健康 愚嫂 美葉 1977/2/22

母親在這信中，才親自告訴姑姑們父親的死訊，不過她沒仔細看姑姑們的信封，因此在回信時，又將信給寄到地廟老家去了，這回地廟老家的人沒再回信，這信被拆或被看了沒，我們不清楚，只知是確實將信轉給了姑姑們，只是時間延遲了將近兩年。可能對方猶豫或根本不想轉交此信。

過了三個月，姑媽在未接到我們去信的情況下，又來信了，她們說她們自己到處打聽，才發現父親的死訊，但她們沒見到白紙黑字，所以又來信想確認消息。我們看了信後都覺得丈二金剛摸不著頭緒，直覺得不對勁！由於母親對大陸親友所報的身分一直是日籍，不會寫太多中文，她怕自己寫多了會穿幫，所以她希望我們在父親走後，負起連繫親友的責任。但當時還是青春期的我們，窮於應付自己惹出來的麻煩都還不夠了，誰都不敢丟父親的臉，去與大陸親友連繫。

---

77/2/25 美葉嫂子 您好

76/11/30 日給您寫的信 到現在才回信 不知您收到了沒有 就為了這事 才回成都過年 專程在理 經各方面打聽找尋 才找到一點情況 據說二哥於七十六年二月已死（我們尚未見著這封信）不知是否屬實 我們心理沉痛 你們用盡心力找了我們十幾年 還未把我們（他同母親生的妹妹 三妹正華 五妹正霓 八妹正于 么妹正康）找

到他就辭世人間了 您失去了誠，兒女失去父親的心情是可以理解的 我們很想念你們母子和現是處境 有困難吧 能告訴我們嗎 我們很想知道二哥是患什麼病 什麼時候 死的情況 我們盼你接到此信後火速回信 我們妹妹四個二十多年都有工作 沒有困難 生活是幸福的 五妹生有二女一男 八妹三男二女 么妹三女一男 我結婚晚沒孩子 撫養著么妹的二女兒 現已九歲了 一切很好 不念

我親愛的姪子 姪女 你們好：

今天你爸爸同母親生的 你們的親孃孃們 總算知道你們了 可還沒給你爸爸直接寫信據料他就辭世人間了 大體知道他是勞累的一生 心情是不好受 我們還不知小雙有幾歲了 你們都要 你失去了爸 為你們獨立操勞的媽媽 要愛護媽媽 聽媽媽的教誨要主動承擔些勞動 別惹媽生氣 聽話吧

兒女們 你的孃 77/2/25

母親接到信以後，便把我們孩子們叫來，她特地把父親的一疊舊家書放在桌前，要我們大家讀一讀父親的書信，了解一下父親的前半生，她說：「你們身上流著四川人的血，是陸家的人，就得想辦法與大陸的親友保持連繫，不要辜負你們父親對你們的養育。」

她把那些信留在桌上，沒有指定誰有權力或義務去擁有這些信，只是說：「你們是他的孩子，誰想留著就留著吧！」我是家裡的老么，我們家被父親訓練出長幼有序的強烈階級意識，我只習慣揀剩的，從來不敢有爭取的念頭，所以沒去拿信。

後來，信放在桌上幾天了，我每天翻閱一些，數天之後，看沒人拿，我就自行將這些書信收起，此後也沒人來向我要；直到我長大出出國後，母親才又將那些書信收回保藏，我在一九九九年由美回國時，向她拿回了部分的書信，直到她二〇〇四年去世後，所剩的另一部分則轉到大姊手上保管；後來，我在二〇〇八年向大姊表示要為父作傳，她才將另一部分的書信全給了我。等所有的信件到齊後，資訊才如拼圖般的被湊起，將近分離了半個世紀的陸家血脈，才有機會再相聚。

民國六十七年時，當時台灣尚未解嚴，母親要我們對父親家書的內容及我們與大陸親友的聯絡之事要守口如瓶，並說我們的某個姑姑，是在法院當法官的共產黨高幹，寫信時務必要小心，不要讓對方發現我們是在台灣。我們聽了好害怕，被國家教育要反共抗俄的我們，都很愛國，都怕有通敵叛國之嫌，如果不是母親堅持，沒人敢主動去連繫素昧平生的姑姑們。

由於自一九七二年以來，寄去的信，都是寄回地廟老家，由大伯或英浪大嫂接收；自從父親去世後，突然換成失聯多年的姑姑們和我們接觸，原先和父親連絡的所有親戚全都不見了，對父親的去世，沒有隻字片語的問候，母親正覺得奇怪，又看到姑姑們的來信，還是用「據說」來引述父親的死訊，似乎並沒有接到我們早先寄出的信。於是便要哥哥和姊姊各自再寫了一封信與姑姑連絡。由於他們先前從未寫過信去，也不知父親與對方有什麼互動，所以只能在母親的指導下寫出這些信。

1977/3/13

孃孃：

您於一九七六年十一月寄出的信，我們已經收到了，我曾於去年寄一封，帶去父親去世的消息，全家人都很傷心，到今天，已經有一年了，據母親說，父親在去世前，未能等到您的音訊，實在遺憾。父親是因血壓平時不很正常，所以突然間因為腦中風而過世，我們都成了孤兒，不過現在情況還好，沒有什麼困難，我現在正準備進大學，最小的雙胞胎，目前十三歲，正念初中一年級，您不必操心掛念，我很想知道公公、奶奶於何時去世，可以告訴我嗎？即去世的年、月、日，最後 謹祝 金安 祿悅 1977/3/13

這上邊封信，收信人的名字寫的是姑姑的，但地址還是寄回地廟老家，信又被老家的親戚給扣留，並沒有立刻被轉給姑姑們，老家的親戚擔心事情被拆穿，所以既不回我們的信，也不替我們轉信給姑姑們。

一年後，老家的英浪大嫂生病去世，大伯這才拿著信件到成都找姑姑們，將大嫂所藏的大部分信件交給姑姑們，么姑回憶著說：「他（樹恩大伯）剛到我家時，我還很有禮貌的招待他，他說信是他所擁有的，要求我在看完後還給他，我答應了，結果，我看過信後，發現有許多信都是囑名給我們姊妹的，怎麼會落在他們手上？既是囑名給我們的，我們就有擁有權，所以我決定不還他，他來我家好幾次，要向我要，我說那信明明就寫給我們的，他沒有權利拿回，陸樹恩對我咆哮，還說那信是他親兄弟的，他們情義深重，我氣炸了，誰才是我哥的親兄妹呀！」么姑話說到此，目露兇光，雙手握拳，繼續吼道：「他和我哥不過是堂兄弟罷了！哪門子親兄弟會從中阻撓我們親兄妹見面！他說要告我，我不怕，我叫他來告，他便特地寫了一封最後通牒，親自送到我家，後來他也拿我沒法兒，就再也沒來我家了。後來我把信拿給三姊看，三姊也氣瘋了，她便馬上寫信給你們，提醒你媽別再上當了！」

1977/11/13

敬愛的大嫂：

您和孩子們都好嗎，甚念，願你們母子健康愉快，學業順利。

從七六年讀過您和姪兒女的信後，一直不再見來信。兩年後的今天才知道你把寫給我們的信寄到地廟鎮去了，由於種種原因，我們和哥哥長期失去聯絡，直到當我們知道他的下落和你們一家的情況時，不幸他已去世。

這使我們和你們都感到非常遺憾，傷心和悲憤，悲的是我們兄妹不能活著連繫，彼此思念，特別是我們的哥哥含念去世，使我們想起來萬分難過。氣憤的是老家那一幫子叔伯兄妹，他們早知道你們的情況，竟故意瞞著你們和我們而從中搗亂圖利。甚至不顧哥哥遠離祖國的生活情況如向你們要錢，要東西。

這是我最近才了解到的，使我和妹妹們非常氣憤。哥哥已去世，我們家的情況一時難向嫂嫂說清楚，哥哥走後，他對家裡情況也一無所知。至於哥哥怎麼樣被逼著離鄉背景，嫂子也許多少聽說了一點吧！七二年你寫信到老家詢問我們，我們從四九年全口解放了，都離開老家參加工作了，被叔伯哥陸樹恩及陶英浪，叔伯妹陸巧正（麻臉四孃的女兒）等先後連繫上。這些人解放前逼走了我哥哥，又弄得我家破人亡各散四方，直到四九年解放，才脫離困境，才過上幸福安定的日子。

五妹在宜賓，八妹在成都，么妹在四川醫學院，我們都不在老家，所以哥哥寫信一直被陸樹恩等人所收。與你們寫信，與你們要錢，這些情況一直到上星期才知道。您七七年冬去新加坡前後寫給我的信也才從他手裡收到，從以往你和哥哥給他寫的幾封信上，我們才了解到受了他們的騙。您和哥哥感激他們照顧了我們的父母，真相是這樣子的，解放初期，我父親死在我們的老家，母親是個癱瘓的病人。是隨我參加工作出來的，先後在成都，宜賓，而達縣住（後因乳癌於六四年八月死於達縣我處），我們家誰也沒得到他們半點照顧。從哥走後，我們在老家也與他們無往來，所以解放後也就無任何連繫了。

巧正家雖在成都，因她道德敗壞，作風不正而素無往來，他們為從你們信任而得利，不顧我親生骨肉之思念，不把你們情況和地址告訴我們。

這給我們的信也不轉給我們，當我們從旁人得知一點消息，多次去找巧正，她避而不見，故意拖延兄妹連繫時間。直到確知你們的地址馬上去信連繫後，獲得嫂子來信時，哥哥已經因長期思念，含念而去世了，嫂子，您說這怎不叫我們又悲又氣呢？也許他們還向你們說了些什麼壞話，使我們親的不親，不親的歡心，以前害我們，現在整我們 真是遇到一批害人精，像這樣的人，有什麼可以感激和同情的。

以前你們遠離家鄉，不了解情況，受了他們的欺騙就算了！望嫂子和姪兒今後別把他們當恩人，當親人了，也請絕對再不能給他們寄錢，寄物去支援他們了，留著那些錢財，多多改善你們母子的生活，我們也才能欣慰，否則我們會萬分難過的！

今天我要詳細的寫這些。我嫂嫂知道，我前信叫你們別與他們連繫一話，未說清楚，也許你們感到不解，故未來信，而近我們因公務出差成都，陸樹恩的陶英浪死了來成都，托人將嫂子給我的信交到么妹正康處。我才知道你是給我回了信的，達縣離地廟鎮一千多里，希你們今後來信直接交給我，達縣地區，沒有必要給他們來轉。

這兩年多來不撞巧，還讀不到你們的來信，更沒必要在經濟上去營他們，哥哥不幸去世，嫂嫂一個婦人托著幾個孩子夠辛苦的了！只有自己的骨肉才能彼此心痛，希望嫂子保重身體，照料好幾個孩子，原諒我們相離太遠，不能與嫂子分擔點擔子，如果嫂子捨得，孩子又願意，條件又許可，不論那個孩子要回祖國來，我們姊妹一定盡力付擔一切，我們急切盼有朝一日我們的團聚！

祝 全家健康幸福

三妹正華 五妹正霓 八妹正于 么妹正康

我姪兒女：你們好

恕我來另簽 據你媽媽說 爸逝後精神一時恢復不起來 親愛的孩子 要聽媽媽的話 要幫助媽媽分恧 要鼓起勇氣 抬起頭來 化悲痛為力量 向前邁進 努力用自己的勞力和智慧 創造幸福的將來 你爸在九泉也會感到欣慰的 孃孃們相信你 祝願你

孃孃們寫

---

母親接到此信時，曾拿給我們看過，當時我們是一群迷失的青少年，只覺得大人的事，沒我們插手的份。母親說她很訝異事情的發展，父親在時，都是和地廟老家的親戚們聯絡的，沒人知道父親寫了什麼；如今，父親走了，突然

冒出一堆姑姑，要我們別再「上老家那批人」的當！對這突如其來的強烈批判字眼，我們既震驚又害怕，完全不知要如何反應，到底誰才是我們真正的親人？為何寄去的信，總是落在同一批人手上，永遠到不了該去的地方？

母親也失了判斷的準則。她有好一段時間不敢寫信，怕信萬一沒到姑姑手上，而是被共產黨轉交給地廟鎮老家的人。我們因此沒人知道要如何反應！雖然信中姑姑解釋了一切親人內鬥的細節，但還是一言難盡……

# 第十三章

# 風雨從飄瓦

為了把我們這群迷失的青少年找回來，母親決定花更多的時間在國內發展，因此在日本轉信的事就更加困難了，因為除非是岸原先生的店裡需要人手，不然她大部分時間都在國內。她說去日本打工，只是還岸原先生的人情債，順便去看看舊同事及藤子阿姨，也可多賺些外快；而當時她在國內，透過岸原先生的介紹認識了些台灣大飯店的業務代表，於是，她便開始拉客源，作起導遊來。當時與她交手的亞都飯店業務人員嚴先生，二十年後還成了台灣著名的紅頂商人、億萬富翁了呢！

她一個女人家，每天忙進忙出，工作家庭兩頭忙，卻還規定我們不准進廚房，連幫忙洗碗她都不願，因為她只希望我們好好讀書；但我們成績不好，對此，她並不說話，她深怕自己犯了如同父親一樣的高壓管治，所以凡事她一人承擔。蠟燭兩頭燒的結果，她經常情緒常失控，由其是旅遊淡季、或當她的客人被同業搶走。

剛開始作導遊時，她的客人都是些上流人士，吃住都大方，小費又多，加上是朋友彼此介紹，母親常拿到額外的禮物或紅包；岸原、久保和小林等三人，還時不時的邀母親一起去歐洲國家旅遊，說是要讓母親見識一下國外旅遊業的發展。母親和他們一大團人一起去歐洲、中東、非洲等，她又有玩、又有生意的機會、還行程免費，高興到不行。不過後來才發現，岸原和那些舊識的朋友，其實是想借機湊合她和小林。

不過，或許是因為母親在最脆弱時，岸原總是適時的出手相助，她對岸原的感情越來越不一樣了，她向我們提起岸原的種種時，總是充滿嫵媚與驕柔。其實，我們知道她和父親在生活的理念上相去甚遠，父親兵馬倥傯的前半生使他凡事勤儉刻苦，而母親從小受日本文化影響甚大，凡事講求細節，又愛時尚；她去日後，父親退休在家作家庭主夫，她到日本成了單身貴族，在她和父親婚姻的最後幾年裡，沒有朝朝暮暮，走得很是辛苦。而這時的她才四十五、六歲，若有令她心儀的對象，我們都會替她高興。

父親走後的前五年，岸原每年都來台灣兩三次，母親說他是做中國餐廳的，需要到台灣做業務考察，每次來時，都由她親自招待，她開始會為了岸原不經意的一個小動作與我談上大半夜，而且連續一個星期都談重覆的事，但只要我們對她的戀情稍為說明白些、或祝福她的戀情，她就會發怒，甚至哭泣，說我們侮辱了她與岸原之間「純淨的友誼」。

而她也不時利用小林在追她的事實，做為她與岸原之間的煙霧彈，大方的與他們一起去旅行。岸原先生的心意我們不清楚，不知他是真心替母親作媒，還是也拿小林做幌子。不過在父親走後的三年後，他們三人帶著母親，幾乎跑完了地球一圈。

每次她受招待出國旅遊，回來總是有一堆故事對我說，但很少是關於旅遊的事，大部分是關於她如何與三個男人互動的事，講的都是小動作，沒有什麼完整的故事性，我們都知道她從前就很愛看瓊瑤的夢幻愛情小說，所以早就見怪不怪了。不過，花大錢與時間的小林可不這麼想，到了第三年，他對母親下達最後通牒，他說自己結束了英國的生意，決定退休到澳洲養老，邀母親一同共度餘生，希望母親在三個月內給他答覆。

母親和我們談及此事，我們都看得出那是不可能的事。每次他們一夥人出遊，她回到家都是在談與岸原的互動，提到小林的事不多，所以他們怎麼可能會有結果？但她自己卻很掙扎——對方事業結束後小有積蓄，人又成熟穩健，再嫁小林，也意味著未來前途的高安定性——不過最後，她還是以自己帶著四個青春期的女兒去結婚對大家生活都不便為由拒婚了。她與三位男士周遊列國的行程從此不再，久保和小林從此也從她生活中消失，連帶一些經人脈介紹來的高檔客源也越來越少。只有岸原還是年年來台灣看她。

母親沒有了願花大錢的高檔客源，個體戶的導遊工作頓時陷入低潮，高檔客源越來越少，她開始想要改行，於是她說服了岸原先生，投資一家中部山上的小農場，種起山梨要外銷日本。結果，不到一年，就因颱風虧損而撤資，留下七十七萬元的債務讓岸原收拾。然後，她再接再力又勸岸原投資中部漁塭養殖，卻又因管理不善、魚塭建造不當，讓大水沖得一乾二淨，五十萬又泡湯了。最後，岸原終於學乖，再也不在台灣投資，回日本努力經營他在中華街的餐廳。

母親覺得自己做個體戶導遊已無競爭力，因此，過了一年，經人介紹，受聘於一位叫淺田的日籍老闆，做該旅行社的台灣代表；而這位生活多采多姿，個性古怪的老闆，也讓母親大開了眼界。

母親從早到晚的替淺田老闆接團排行程，公司有另外三名導遊由母親帶領，其中一位還是淺田先生的情婦。由於母親年紀在此行算大了些，遊客若是純粹旅遊的團體，那些歐巴桑、歐吉桑買東西很計較，行程又累錢又少，所以大都是由母親帶團；但後來那情婦導遊，因不時會和淺田吵架而被打，母親常得臨時替她帶班，她的客戶以尋芳客為大宗，弄得母親很為難，又不得不處理。

記得有一回，她剛送一團客人到六福大飯店，時間已近晚上十二點。她拖著疲憊的身子回家，快速的換好衣服，然後一邊弄洗衣機，一邊開始煮菜、包便當。兄姊都睡了，就我和妹妹兩人陪她聊天；這時她通常會順便弄宵夜給我們吃，連我們睡著了都會被她叫醒來吃，我們答應她吃完宵夜後，替她做腳底按摩，因為她整天在外帶團，都穿著五吋的高跟鞋。

結果，她剛把一桌菜端上桌，還來不及坐下，電話就響起，她用日文和對方交談了十多分，然後掛上，回到桌上；才拿起筷子，電話又響起，她又匆匆忙忙的去接電話。掛上電話後，她說淺田老闆又和那叫小白的情婦吵鬧起來，她一會和淺田講，一會和小白講，就這樣連續兩個鐘頭耗在電話上，最後一通電話講到一半，她突然大叫對方的名字數聲，然後她愣了一會兒，掛了電話，衝回房間換裝要外出，我問她怎麼回事，她竟邊罵邊笑的說：「那兩個笨蛋打了起來，我得過去處理一下。」

她深夜兩點出門，四點多回來，我們都睡了。她一個人換了衣服，坐在大太師椅上看文件，我起身向她問候，問她怎麼不睡？她說小白被淺田打得鼻青臉腫，淺田氣得衝出門，明天她得帶自己的團，還得安排小白的團，另外還有淺田公司的事務。我問她：「公司不是還有另外兩個導遊嗎？」她嘆了一聲氣道：「這些事要那些小傢伙辦，他們早跑人了，只有我這老媽子，才肯不計較代價的替他們作牛作馬，還得處理這些三教九流的爛事！沒辦法，這年頭，有碗飯吃就偷笑了！」

這是我第一次聽她抱怨工作上的事。

母親對處理尋芳客的事有個結論：天下烏鴉一般黑。她說，她把客人帶去高級飯店，根本不要她出面，飯店一看是日本人，自動會處理尋芳客；隔天當她去帶客人出遊時，飯店便會自動塞紅包給她。越高級的飯店越上道，不會讓導遊正面接觸這種事，但卻定會讓導遊拿佣金，免得導遊檢舉飯店，也可讓導遊帶來更多的客源。在當時，正是日本尋芳客在台灣的全盛時期，母親入此行，很難完全避免涉及此事，但她對那些「鳥仔」倒是充分同情，從未聽她講過她們的壞話，倒是時常在出遊的時候，幫忙協調一些刻意找她們碴的刁客。

一九八〇年初，母親帶團去新加坡，回國後，收到一封四位姑姑們寄來的問候信，她們也寄來了最近一次的四姊妹合照——這是我們平生第一次看見自己的姑姑們，原來真有其人，不是抽象的文字而已——由於距上次寫信，已是幾年前的事，這幾年中，全家人的生活及情緒都極端的不穩定，大家都掙扎著過完今天，沒有人想到明天該如何處理，更別說與對岸家人聯絡。以當時生活窘迫難堪的情況，恨不得對岸的家人忘了我們的存在。

---

1980/5/2

我親愛的妹妹們：

昨日由海外回日本，使我最高興的是您們的來信，我行李都尚未放好就先擇讀你的信，知悉一切您們都安好，不勝興奮，妹妹請不要怪我沒回信，讓我細細告訴您這幾年的情況吧！

前一年我身體次佳住院，我長兒代營業務無法上課，次女代管家務也沒有上學，再加上客戶倒帳，這兩年來業務無法拓展，加上外銷市場生意不好做，現在生意不做了。兩個孩子都在大學，三個小的都在私立高中，二胞女喜歡畫，加上美術課。我長子身高已一八二公分，身體很好，男孩子長的英俊，女孩子長的亭亭玉立，如果你哥哥在世，他不知會多麼的高興呢！

久別日本，很多朋友聽我回日，都來看我，電話也在響了，不多寫了，這裡一切請勿掛念，請保重為盼，本想寄彩色電視機給您們，但聽人家說不能寄，寄了就會退回，所以就作罷了，最好您們那裡打聽一下，如果能，再來信告訴我好嗎？

祝健康 高原明子是我的表妹 她人很好 美葉筆 1980/5/2

## 雨落的孤寂

或許是接觸社會複雜面多了，她對自己感情世界的想法，越來越純情，她與岸原之間相處的關係也變了，她的寂寞，使她越來越能容忍岸原對她的沙文，在他面前，母親形同一個少女般，講話的聲音變得又細又柔，像在唱歌一般；岸原則越來越像日本肥皀劇中的幕府將軍。她私下抱怨，岸原常對她炫耀他對中國文化的認識，還取笑她對自己文化的無知，他的口頭禪就是：「你們台灣人就是這樣……」著實傷了母親的自尊。

她曾經陪岸原先生去龍山寺觀光，她開口替岸原介紹那廟宇後，就被岸原先生一路吐槽，害她穿著五吋高跟鞋，站在廟前，連續三個鐘頭聽他講述中國建築史。她說拿人手短，看在自己常受岸原幫助的份上，對他百般容忍，結果岸原先生到最後興奮過頭，連上餐廳吃飯，還要教母親如何有教養的拿筷子。

母親回來後，又好氣又好笑地向我們形容她與岸原的互動，她半開玩笑的說：「那個桃太郎竟然要教我怎麼作中國人，你相信嗎？他見到人就說日本人才是龍的傳人，我不過假裝捧他一下，說他有知識，他竟把我當小孩子一樣教。你爸爸知識淵博，都沒在我面前吹牛皮，那裡輪得到那小日本來講我，可惡！想到就氣！」話雖這麼說，但隔天早上，她又打扮的美美的，去飯店帶岸原到市區觀光了。

母親與淺田一起工作了六、七年，後來母親年紀大了，無法再天天如此忙祿，只好辭職，那時，我們這些孩子也大了，大家的生活重心都在外面，她一個人面臨了空巢期，沒有人安慰她。她已習慣那樣大都會忙祿的生活，一個人靜不下來，她的舊客戶偶而才來找她一次，錢賺得不多，於是她便到一個叫中國青年黨的黨部，去兼差當秘書。

在那裡，有她熟悉的外省人。說是青年黨，其時全是一群退休的外省老兵組成的俱樂部，營業的重點是為老兵介紹本地的中年女性，我想，她可能想去那裡尋求和父親一樣熟悉的身影。她成了紅娘，也撮合了幾對夫妻，但終究沒有她所適意的。

寂寞一點一滴的啃噬她的心靈，她在父親還在時，頂多是一年三大節的拜拜；但父親離開後，她越來越沒有安全感，不但初一、十五要拜，連土地公、地基主、天公……等等以前從未聽過的神祇都要拜，三天一小拜，五天一大拜，每一次拜拜都要一大桌酒菜供品，最怕的就是一堆拜拜的禁忌，好比燒紙錢時沒燒完全、或燒完後要用水壺在火盆邊澆三圈水，若水圈不圓，她便會擔憂或生氣，說那是不好的預兆等，弄得我們步步為營，深怕不小心犯了忌，惹她傷心生氣。

她還開始拚命煮菜，從早到晚的煮，我們的飯廳桌上，滿滿是菜，每天像開流水席，大家隨時回家隨時吃，要到晚上十二點才吃得完，可一到深夜兩點又會被她挖起來，吃她剛炸好的魚肉。哥姊那時已經有自己的世界，所以很少被母親叫起，我們兩個家中的老么，才入大學，也是她永遠的小女兒，所以她便常深夜叫我們起來吃東西，並和我們講述她與岸原之間的事，或她的愛情史，真真假假。我們知道她心裡的寂莫與不安，因為那時我們才發現，岸原其實是有婦之夫，難怪母親一直說他們之間是純淨的友誼；但我們已不是孩子了，那樣的講法對我們已不管用，她想要與我們分享她與岸原之間的愛意，但又怕我們或自己發現那份超越倫常的愛情，她整個人陷入一個不可自拔的自欺世界，我們看了都替她擔心。我很想對她說「要愛就去愛」，但我也害怕在道德上說不過去。

當她對岸原非常的思念難耐時，她便夜夜來找我們談她和岸原之間的事，我想，那大部分都只是她的幻想；我當時正在準備大考，學校因此每天一堆小考，雖然想按耐著性子應和她，聽她講完，但其實心焦如焚。而她常一開講，就講到早上四、五點，當我好不容易被放回臥房睡一下覺，她一個人便開始內疚的哭泣起來，於是我又得趕快起來安慰她，騙她說我昨晚放學一回來就睡了，根本不想睡。她被我哄著收住了淚水，又問我要不要吃早餐，我只好說要，然後她又快樂的去煮早餐，一邊繼續談著她的愛情史（幻想）。

結果我那陣子，在上學朝會時暈倒了好幾次，胃也常鬧絞痛，兩、三次進醫院打點滴。而母親則在我們去上課後會去市場大採購，每天我們一回到家，就有一堆衣服等著我們試穿，正值年少的我們，每天穿得跟中年婦女沒兩樣，家裡的衣服與日俱增，後來，我們要出門上街，她都會硬要為我們裝扮，不讓她弄，她就會像被打敗的小貓，憂鬱的一個人睡在沙發上一整天，怎麼也不想動，也不願與我們說話，最後我們只好讓著她。我到四十歲以前，幾乎從未替自己買過任何一件衣服，連我在美國生活時，她都會一箱一箱的衣服，從台灣寄來。她去世後，留下滿屋子的二手舊古董，兩間兩坪大的房間，從地板到天花板全部堆滿一袋袋的衣服，寸步難行，我和姊妹們花了六年，才把她宅子裡的所有東西清光。

當岸原又回台灣做年度性的造訪時，她就又變得生龍活虎的，有時像個小女生一樣搗蛋，有時又如成熟而有風韻的貴婦。我實在很難想像母親竟可以為了一位又矮又臭臉的日本老頭子瘋癲到這般，不過，當年的她，不也不顧家人的反對，和父親私奔嗎？

而當我們正在生活中打滾地快忘了大陸親人的事情時，就又收到了孃孃們的信。或許是因為年紀大了，她們似乎思念我們的很，很期待我們能回大陸一趟；當然，其中最重要的一點還是希望父親能落葉歸根。

---

1986/11/28

親愛的嫂嫂：

您好，記得是八〇年您從新加坡回日本時，給我們寫過一封信，當時我因病住院，未及時回信，後來因領導照顧，工作地點變動，我搬到達縣城裡去了，各方面都比廠裡方便的多了。當時姊姊四人中，只有我有探親假，很想來日看看你們，因為我父輩雖是兄弟五個，按輩分，大伯中騆家所生樹恩大哥無子，四弟六妹早死，現只有二姊和十妹正保，男的還有正炎。

我們是老二陸中善家（家父是中字輩，我們是正字輩，下面才是祿、惟、德……）正誠是獨子，共餘我們五個姊妹，大姊正雲（按叔伯姊妹排下去的）哥走的第二年已病故，現在的就是正華、正霓、正于、正康四個，除五妹正霓在宜賓，來成都有半天火車路外，我們老三正華、老八正于、十一妹正康都定居成都了，三叔的兩女（即四妹早死，九妹）兩男均未婚，四叔無兒，只生了個七妹巧正，據說已隨夫去廣州了，五叔天仇未婚早死，陶英浪死，我好像記得寫信告訴過嫂子，樹恩也於八三年去世，按叔伯排行，正誠是二哥，可父字輩分家很早。連我沒記憶就分了。

實際上我們這一房正誠是獨子，我們習慣叫哥哥，很少喊正誠二哥，因此，祿悦不僅是我們家的獨子，也是父輩五房人的獨孫子，哥哥已逝無法挽回，能給陸家留下這根獨苗子和四個女兒，我們感到幸福，只是多年來苦了我們敬愛的大嫂，精神上、經濟上、勞累上，都是嫂子一個人承擔，我們就連伸手幫把忙也幫不上，我們姊妹在思想上感激你和想念孩子們。

每逢佳節倍思親，姊妹們都年歲大了，越來越想親人，一年一度的中（秋）節又快到了，五妹本月當來成都，我也退休定居成都，我們四個姊妹共同照了一張相片，我給敬愛的嫂嫂寄來一張，請查收，我們想念嫂嫂，除了向嫂嫂問好，還希望您和孩子回來看看故鄉的泥土。哥哥的遺骨是否要安藏在生長的地方，我們也知道這實費用不小，困難也是有的，不過，只要爭取到了上海，我們可以到上海接，國內的費用可由我們管，這也是我們的心情，海水隔不斷思親的思潮，盼回音。

華西醫科大學（係原四川醫學院），五妹正霓 八妹正于 三妹正華 么妹正康

來信請寄中國四川省成都西華大醫院 陸正華或陸正康 都可收到

## 第十四章

# 霜林已晚，秋蕊猶香

有一回，我挨不過心頭上的懸念，蹲在母親的面前細細的端詳她，她正在看一本日本小說，我問道：「媽，過了六十歲的老人，還會想要愛情，還會有性愛的需求麼？」她當時尚未六十，但接近了。她放空的愣了一下，將視線從那日本小說上轉到我臉上，一點也不含糊的向我說：「會呀，年紀大雖然是一回事，但基本上的需求，和年輕人也是一樣的，他們還是會對愛情或性有渴望的。」我因此感謝她的坦白，便點了點頭走開了

她的一些日本老客戶，在她從業界退休後，還不時來找她，她總是像對待自己的好朋友一般的招待他們。那些朋友回國後，年節都還會寄禮物給她；有來台灣時，還會邀請她一起免費同行旅遊。有一些來過家裡拜訪的日本老客

戶，甚至還會向母親推薦一些人品好、社會地位高的年輕人給母親，因為他們知道母親希望我們嫁給日本人。

大姊是家中最美的一個，當時也已二十好幾，家中於是開始出現一些年輕有為的日本企業家，對母親百般討好；母親曾安排一些相親似的聚會，但大姊總是對這些事諸多敷衍，一年後，母親只好放棄。

不知是不是因為年紀大了，母親對岸原的大男人主義越來越有意見，但他們的相處模式已成形多年，一時間兩人都很難改。母親雖然背著他說他大男人性格叫人難以容忍，但每次一接起岸原從日本打來的電話，她的聲音就從六十歲突然變成十六歲；既便是和他吵架都還一樣，積習難改。不過她自己卻越來越不能容忍這樣的自己，每次與岸原出遊回來，總是怨自己容忍他，說下次絕不再讓他，只是隔天一見面，她又忍氣吞聲。等岸原回國後，她便終日以淚洗面，鬱鬱寡歡，然後拚命採購，直到下一通岸原的道歉電話打來，她才再展歡顏。

岸原老來迷上青瓷，他曾要母親帶他到中山北路的古董店去採購青瓷，帶回日本，放在他店裡裝飾；母親後來又帶他去一些舊貨店尋寶，他也買了一些帶回日本。他回去後，母親每次想念他，就去逛舊貨店，買一堆青瓷回來，但她不會分辨真假；當岸原再來拜訪時，總會到家裡來看她的戰利品，岸原沒有潑她冷水，但他總是找理由拒絕帶回。而母親卻因此私下認為那些是不對他的胃，便又去買更多不一樣的，家裡很小，東西越來越多，也不再僅限於瓷器。後來，我們一些人雖搬出了家裡，但家中總維持三、四人，我那時已搬去學校住，妹卻常來電求救，要我週末回家，趁母親出去餐廳打工時，和她一起偷搬一些東西出去丟。

母親每次到舊貨店買回一些雜物後，她總會說是朋友送的，有時買得太多，她自己也會因為無法自拔而暗夜哭泣；她一心認為，總有一天，她會買到岸原所喜歡的古董，而這使她逐漸走向儲物狂的境地，家中物品堆得寸步難行。當時，我們並不知道如何處理這樣的心理疾病，家中每隔一、二個星期，我和妹妹就得想辦法丟出一、兩大袋的衣服，有新有舊，單就鞋子，已可讓[1]伊美黛夫人失色，還不用講皮包、配件、假珠寶、陶瓷藝品……等。丟到最後，連我自己的日記、存錢筒，都差點被我扔掉，那時我的腦子裡只能想到：少一件，算一件。

1 菲律賓前第一夫人伊美黛（Imelda Marcos），在政壇中有「鐵蝴蝶」之稱號。傳聞其生活奢華，甚至擁有三千雙鞋子，被視為其夫馬可仕總統腐敗政權的象徵之一。

我畢業後做了幾年的工作，因為我學的是藝術，在學時，我總是說我將來想去巴黎或紐約留學，但畢業後，我只想到掙脫貧困，再也沒勇氣想到當藝術家這種幾近自殺的事。而妹妹也在一家外貿公司工作。

當時我已二十五歲，是個標準的上班族，但每年還是舉辦一次畫展，算是對得起自己的良心，我以為自己是認命了。母親看得出我對生活的妥協，一切並沒有我想像的順利……有一回，我下班後回家，她照舊準備好一桌菜飯和一整盤專為我炒的洋菇。我坐下後，一邊吃、一邊與她聊上班的事，我向她吹噓在公司的表現，好不快樂，她聽了後，一直很沉默；我意會到她心底有事，就不敢再多說話，僵了一陣子後，她突然開口道：「阿蒂，不要怕，頭破血流都要出國闖一闖，看看大世界。」我聽了很震憾，那一直是隱藏在我心底的事，她知道我沒有勇氣跨出那一步，給了我臨門一腳——我感謝她對我的鼓勵，她沒有因為自己又老又窮又寂寞，而選擇要留我在她身邊陪伴她；她也不因為我是女生，當時我也有固定男友了，就要我安分成家。一年後，我賺到學費，考上托福，到美國留學。她因此為我而驕傲。

就在我準備出國的前夕，我的么姑寫了一封信給我們，如往常一樣她寄信去日本的聯絡處，結果原信卻被退回四川，當時台灣已經解嚴，但我們對政治還是充滿疑慮。民國七十七年一月一日，政府宣布開放大陸探親後，鄰居的伯伯們到大陸探親時的許多負面消息漸漸傳出——基本上和我們的情形很像。許多老兵回去後卻被久違的親戚哄騙，錢財被掏光還不算大事，而是傷盡許多老兵的心；許多老兵回台後，不是突然病逝，就是自殺，我們所住的國宅區，天天都可聽到這樣的悲劇。母親感嘆的說，父親若在世，發現三姑告訴我們的事情是真的，不知道會如何的傷心。

但我後來在讀父親最後一封去大陸的家書時，我覺得他已漸漸了解了真相，口氣才會如此充滿懷疑；而那封信寄去後，老家的人再也不來信了，或許他們是料到遊戲已經結束。而父親也在半年後，帶著永遠的鄉愁，獨步黃泉。

眼看四下的老兵鄰居，傷痕累累的回台，我們對於和四川老家親人連絡的勇氣，再下一城，所以歲月就趁機過隙，等么姑再來信時，與上一封信相去的時間已有五年了。但這封信到了日本後，由於母親已搬離該地，受託帶信去找母親的人只好將原信帶回；當然，這也不是最後一封被退回的信，這些信要等到我在二〇一一年，與么姑見面後，才有機會拜讀。

1991/5/29

親愛的二嫂及姪兒、姪女們：

你們好，我是陸正康，嫂子哥哥提到過的么妹，就是我，因多種原因，一直沒有給你們去信，自陸樹恩送信到我家（他早知道我的地址的），我立即寄給三姊，她給去信，回信就說哥前已去世，我們都非常難過，姊給你連絡過，後來就一直失去連繫了，不知是地址變動，還是什麼原因，三姊退休後還來成都了，現在因病正在住院（乳線癌），動過手術了，估計時間不多了，為此也特別想念你們，正好我的學生要去日本，特請她用日語代寫封信，並附上我的信，但願能連繫的上，我們十分想嫂子、或孩子能回來看看。現在我們姊妹四人都還健在時，念他們父親，我那哥哥一片思念鄉之情，苦苦找我們，沒能見著，望他的兒子能代他完成這一願望，能將他的骨灰送部分回鄉更好。

現在我們幾個姊妹都在成都，只五姊在宜賓市，我們都很好，請你們放心，三姊正華，八姊正于都早已退休，他們的孩子們都長大成人，各有自己的工作了，我們真心想嫂子或姪兒、姪女回來，一定到北京去接你們。

我在中學教書，我愛人是華西科大學的教授，有兩個孩子，大女兒已婚，女婿是外科大夫，明年出國攻博士，二女是中學教師，小兒子今年考大學，如果我哥在，知道這些會很高興的。我們也很掛念你們，想知道你們的情況，望來信告知。

我的學生在日本要住一段時間，託她找你們，我的情況她知道，願她代我找到你們，因為她走得很急，而且不知你們的詳細地址，沒給捎東西，若連繫上後，想寄些中國的絲綢給你們，好，就寫這些，望你們的回音。

祿悅也許已結婚，已成為父親了吧！願你為你父親實踐他生前思想的願望，盼回信並寄回你們全家的合影。

祝全家幸福 么妹 陸正康（改名陸繼強）1991/5/29

與父親最親近的三姑正華得了重病，住在醫院裡，姑姑們以為她時日不多，知道她心理惦記著她哥的子女，急著想與我們連絡上，剛好么姑的學生要去日本，她便請託對方按從前信封上的地址去找人；對方後來的確找到地址，但母親的表妹早已搬離該地，新的屋主並不知情，還告訴對方說，並不知道有任何中國家庭住在該處，友人據實回報給姑姑們後，她們一頭霧水，猜不出是怎麼回事。

可惜，母親在日時，兩岸尚未開放，並不能告知其在台灣的地址，後來母親定居台灣，因此又陰錯陽差的錯失彼此。

九二年，我在美國讀書時，母親也努力在常青大學上課，她因為視力退化，很少給我寫信，但我們每一、兩週通一次電話，我也會時常寫信給她，報告生活的情況。十多年後，我在她去世後整理她的遺物，發現兩封她寫給我卻不曾寄出過的草稿，至於寫信的時間，我猜測大約是在我去美國的第一年。她並未將其寄出，可能是她報喜不報憂的心思，使她決定不寄出此信；但這信的內容才是她對人對事的真正看法。那第一份稿子的內容如下：

我愛的女兒：

您的人生路還漫長，在這漫長的歲月，難免有困境、挫折，您要有魄力去突破，掌握前景的信心，抓牢手中尚能掌握的一絲半縷仍屬堪用的資源，堅忍前進，自助才有人助也會天助，希望收斂起自我的個人主義，修養內涵，記注媽咪的話要堅強，天下沒有做不到的事，您有信心選擇自己的日標邁進。

您想當您們父親去世，我帶您們兄妹五人，每個親朋長官都為我擔心會沒法生活，吾家沒有恆產，生活用品可說非常簡陋，那個時候是克難時代，您們兄妹正在生長求學時，如果我去做事，就沒有人照顧家和孩子的安全，如果不去做事，又沒有生活費，左右為難，但我憑我的信心，相信自己會帶您們兄妹走上安全、身心健康的大道。

當時您爸爸管教您們，使您們身心都不健全，孩子，人家可以淚泣，我不能，當時我沒有時間去哀泣，為了您們的堅強長大，(我）不能在您們面前淚泣，當時，因為爸爸突然的死，一家人全都生病，尤其是小妹堪嚴重，我本身神經衰弱與狹心病的疾苦……

信到此便停了，她似乎發現越寫越透漏自己的悲愁，於是便重新再寫一份如下的手稿：

親愛的女兒：

幾次來信，知悉一切，不勝興奮，吾兒留學順通，能得貴人相助，師長愛護，學長關懷，吾兒可喜可慶，這一切都能使我高興，放心。切記不要得意就傲慢，傲慢使人自滅，一切要忍耐堅強，對人要尊敬、互親、互愛，慈悲關懷為本，不怕人家對不起我，就怕我對不起人家。這樣的人生才會通順快樂。四海都是我家我友，但不要連自己的原則，信念都改變，去求取生的方法，人為自己的人生觀奮鬥，才是上上者。人生苦短，為自己選擇的人生，應該沒有後悔、遺憾的！您說是否？

我親愛的么女兒，媽咪但願您的人生畫布，用你畫筆畫出燦爛，五彩繽紛美麗的畫面，不要忘記添羅曼蒂克的彩色。我愛的蒂，您的人生還漫長，在漫長的歲月裡，難免有困境、挫折，您要媽媽的心，一點一點的在滴血淚。在這漫長的歲月，疾苦的種種挫折困境，憑我堅忍的信心，突破與舒解。我也為傲慢付出代價。失去發財的機會。

但我這一生為我的信念與原則，沒有遺憾。或許環境歲月的歷練，收斂起我的個人主義和傲慢，選擇了我自己的路，我的人生舞臺戲快演完了，我無悔無憾，寧靜的夜空，憂悽苦悶的情緒，感受深刻的提及這段往事，是要妳知道，遇到認何錯折都不要灰心，為自己的信念與原則活，才有意思。孩子！您的人生戲還漫長，希望您未來有快樂人生為盼！家裡一切很好，你的雙生妹我會關懷，勿念。在這遙遠的台灣，願神保佑吾兒健康幸福，學業邁進。

---

這信中，她壓抑自我的情緒，隱藏起想說的話，以一個長者的地位和我說話，少了些她真正想抒發的事，多了些對子女的關照。

後來母親除了上常青學院外，她也到一家日本老太太開的餐廳去打工了幾年，她喜歡那樣的氣氛，餐廳很隱私，每天來的客戶都是上班族的老客戶，像是一個私人俱樂部。客戶與她們這些老媽媽們都很熟，也不時為她們帶些禮物，最重要的是，那餐廳只講日文。

岸原先生過了六十後，也慢下生活的腳步，不似從前那樣每年都出國旅遊或來台灣兩、三次，但他還是每兩年至少來一次，每兩個月至少來電一次與母親聊天。他開始寄給母親一大堆他在家養蘭的照片，有時也寫些詩給母親。

此時的母親，生活重心漸漸有了轉移，她參加了在林森北路的一家常青大學，與那兒的學員互動很好，常常一起去唱歌或聚餐，也常看她在夜闌人靜時一個人看著學校的書；有時，她會故意問我一學法學知識，或要我幫她口試小考，我想母親是希望我看到她在上大學。姊姊也會幫她搜集作業所需的資料。

等到了大哥、三姊都結婚生子後，有了外孫們的陪伴，她變得比較樂觀，不似從前那樣情緒起伏，除了幫忙哥姊帶孩子外，或是去上大學，或是去日本餐廳打打工，生活算是苦盡甘來。

## 么女兒的婚禮

一九九四年，我完成學業，決定在畢業典禮後與美籍男友走上地毯的那一端，我邀請母親與家人參加畢業典禮與婚禮。母親興奮之餘，要求我親自寫信去邀請在日本的岸原先生，請他代替我父親的位置，扶著我走向紅地毯——理由是，母親認為岸原先生多年來一直在幫助母親撫養我們，她希望能將這份喜悅與岸原先生分享，也可以因此和岸原先生一起旅行。其實，他們之間的戀情已有近二十年，每年母親都會請他到家中吃一次。於是，我答應了，只要能讓母親高興一切都值得。

後來，岸原先生果真應邀。母親和家人先到美西玩，六十八歲的她，到迪斯奈樂園坐雲宵飛車、摩天輪，樣樣不少，然後才再和岸原先生到我學校的小鎮會合。母親驕傲的向岸原介紹我的一切，她長久以來，都認為岸原在她面前太沙文，她也恨自己在他面前太弱勢，如今，她終於有機會在岸原面前抬頭挺胸。那一晚，我滿心歡喜，因為我看到她在岸原面前笑得燦爛且自信。

隔天，畢業典禮的早上，我和未婚夫的家人全到了，我們高興地準備著一切，我穿著碩士畢業生的長袍與帽子，拉著母親一起要照相，但母親魂不守舍的有些慌張，一問之下，才知道原來岸原先生要母親幫他買底片，母親不得已，只好要求我和未婚夫想辦法。她很急，她想盡力滿足岸原的要求，不然岸原可能會認為她辦事不利；但那時我正要入席典禮，無法幫她，而我未婚夫也急著要參加即將開始的儀式，他不想因買底片而錯過那重要的一刻——他不像日本人那樣到哪兒都要照相的，對他而言，親身參與整個過程，比留下到此一遊的證據重要。至於其他的家人都不熟悉此地，也沒車，沒人幫得上忙。

臺上正在唱畢業生的名字，大家依序上臺領畢業證書，我心急得一直往觀禮席看去，我看到未婚夫及其家人高興的向我揮手，但我怎麼都看不見我的母親，我多希望她能親眼目睹這一刻，我也知道她等待此刻多年了，但終究看不到她的身影。

等到我上臺領了證書，回到臺下，我落寞的坐在椅子上。我心裡明白，母親肯定是急著去找買底片的商店了，這是美國鄉下，不像台灣或日本城市那樣，出個門、轉個彎，就會有個便利超商；這裡要買東西，來回都至少有十分鐘以上車程，若是走路，肯定要半小時。我擔心她會心急的到處亂跑，她老了，那五吋的高跟也會很折騰她。

典禮結束後，我去觀禮區和未婚夫會合，我們一起去找她，半小時後，終於在入口處見到她和岸原及我的家人，大家一臉臭，我裝沒事的邀大家去吃學校安排的酒會。路上，妹妹告訴我，岸原堅持要照相，母親請我未婚夫幫忙去買，但典禮開始了，我未婚夫不願離場去買底片，結果岸原生悶氣；母親一心想滿足他，穿著高跟鞋急著到處跑，卻被岸原埋怨，說我們待客不周，她傷心地落淚哭泣，因為自己既沒買到底片，又錯過了重要的一刻。我聽了妹妹的陳述，為母親好心痛，本來是美好的一刻，如今卻弄得她哭的像個孩子。

酒會上，我強裝沒事，本想讓事情過去，哪知那岸原先生卻一直在生悶氣；母親想取悅他，還被他唸了幾句，她便躲到一旁拭淚，我去扶她，她生氣的把我的手推開，我看了快氣炸了，只覺得岸原的任性，毀了母親和我這美好又重要的一刻。我一想到母親竟要看他臉色過日子，便怒火中燒。

酒會完畢後已是中午，大家都累了，決定早點回去休息，約好晚上再聚餐。夫家的人開了一部大車，先載我家人和母親回飯店，但岸原這時卻還堅持要去買底片，因為明天就是我的婚禮。於是我和未婚夫便答應帶他到鎮上去買。

買到底片後，在回飯店的途中，我坐在駕駛座旁，岸原則在後座，他開始用一些簡單的英文與我未婚夫溝通；我發現他會聽些英文後，不知為何地突然覺得機會難得，想到母親的情感這些年來受他主宰與操縱，母親在他背後的暗自落淚與孤獨，令我無法壓抑自己。我打斷他與未婚夫的對話，問他為何早上時要令我母親委屈？為何要強迫母親在我最重要的典禮上，跑去找他要的底片？我越講越生氣，已經不等他回答，便開始用英文狂叫、大罵他沒有好好對待母親，我失控地邊罵邊敲車門，最後乾脆將身子探出窗外狂吼，嚇壞了車上的兩位男士，也嚇壞了一堆路人。

晚上，我夫家邀宴，請我家人去一家當地的日本料理店吃晚餐，我很意外的看到岸原先生也應約出席。宴席間，母親把我拉到一旁，問我為何要對岸原不禮貌？我本以為自己會大難臨頭了，但母親卻很溫柔的勸了我幾句。我很驚訝她的反應。不過她仍要我在私下去找岸原道歉，畢竟來者是客，我心虛的一直向母親賠不是，母親想了想，用手掌輕輕托著我的臉龐，說道：「想不到我小女兒竟會念著我，想替我抱不平。」

後來，岸原先生接受的我的道歉，如計劃的帶著我走過紅地毯。一九九七年，我生第一胎時，母親說要來美國看我，但她希望我寫信去日本再度邀請岸原先生，我順她的意，寫了邀請函。

當時，他們都已上了七十歲。母親先來到美國，與我同住，我住的地方是紐約布魯克林區的威廉斯堡，美國猶太正教的集中區，一間由猶太人的工廠改造的大畫室，同棟樓都是藝術家，有些是同性戀、有些是龐克、還有個表演藝術的女人留著屠夫般的鬍子，母親看傻了眼，她笑著說我們那些穿著傳統猶太正教服裝的鄰居，像是許多企鵝在路上走；她也發現我們的一些桌椅是街上撿來的，一些隔間是用大布幔代替，於是她偷偷的打了電話回家，向姊姊哭訴我婚後的落魄。她唯一高興的是，看到我一邊抱孩子、一邊洗畫筆。

一週後，岸原來到，本性不改，老先生哪肯屈就，他硬是住到曼哈頓的高級飯店，我和夫婿去接他時，他還在我們的面前故意打賞了行李服務員三百美金的小費，氣大財粗到不行。本來我們計劃帶他作平民式的觀光，但他卻指定要去高級餐廳吃生蠔，一顆大大的生蠔要六十元美金，他竟一個人吃了六顆。母親說：「讓他吧！老都老了，還是那麼愛現。反正是他買單。」

那次的造訪，我們都相處愉快，或許年事已高，他和母親果然是相敬如賓，我看見母親與他相處，不再像從前那樣閃閃躲躲，他們倆大方的站在一起照相；母親對他說話雖然仍用假音，但已沒有那般矯飾，聽得出她輕鬆了些。即使是上了七十歲的他們，仍像青少年那般在意彼此的形象。我在母親的眼中，看到她難得的幸福。

一九九八年，我生第二胎，再次邀請岸原與母親同來，母親邀請岸原到家裡來吃晚飯，岸原答應了，那天一大早，她就要我們帶她去中國城。她興奮地採買各種海鮮，回家後，她花一整天做各式各樣的菜。岸原下午到了公寓，她還在忙著煮菜，彷彿是二十年前在我們台灣的家中設宴一樣。岸原坐在一旁與她聊天，聽她笑得很自然，說話也不用假音了。

後來我們安排了一些遠離城市的旅行，省得岸原又要花大錢撐場面。一天下午，當我們來到長島的一片海灘，看到海灘上出現數以萬計的水母在海邊擱淺，並且大量死亡，場面狀觀；母親和岸原兩人，低頭興奮地查看著那些水母，岸原開始滔滔不絕的向母親上起自然課，母親不時用驚訝的語調應和，看起來像兩個孩子般。我和夫婿刻意與他們保持了一些距離，讓她和岸原享受夕陽黃昏的片刻詩意。

## 第十五章

# 翠谷蒼崖幾變，風雨化人來

一九九九年的冬天，我在紐約的家中，接到大姊從台灣來電，她驚恐顫抖的說話方式嚇到了我，等我平靜下來，才聽到她說的話：母親被診斷出癌症，醫生宣布她只剩下三個月的生命。我不知那來的勇氣，竟還可以回頭安慰泣不成聲的大姊。她說，全家人決定不告訴母親真相。我當下立刻決定要回台灣，我想陪她走完剩下的人生。

一週後我和孩子都先到台灣，外子在美國拿了他最後一份薪資後，也接著趕到。母親當時還不知道情況，對我帶全家回國很驚訝，我向她謊稱是帶孩子回台學中文。

記得剛從機場回到家中，我幾乎是本能的走向神祖牌的供桌，要向祖先和父親祭拜。祖先牌是以前父親親手寫在一張紅紙上，用一個小相框裱起；父親過世後，母親將其放在祭壇中央的後方，在前方則是父親的牌位。

母親幫我把三炷香點燃，我手持香，立在壇前發呆，我眼睛一直在小小的祭壇上打轉，尋找那熟悉的祖先牌，我當自己的眼花了，竟不見那神祖牌，於是轉身看了看母親。她催促我：「快替你爸上香呀！告訴他你回來了。」我問她：「媽，祖先牌呢？」母親竟然不悅的說：「要拜你們的祖先牌，就回四川去拜好了，你們這些外省人乾脆都回去算了。」說得我丈二金剛摸不著頭緒，我們作了一輩子的家人，曾幾何時分了你們與我們了！我莫名其妙的看了看一旁的大姊和妹妹，這才發現她們拚命向我使臉色，暗示我別再問了。

後來，妹妹私下才告訴我，這幾年島內「種族」主義盛行，外省人變成了原罪，母親的學校一直在各方面鼓吹民粹，母親在學校將近八年，深受影響，所以我回國的前一年，母親便把陸家的祖先牌給撤了，只剩父親的牌位。自從父親走後，母親再也不回房間睡覺，她每晚都睡在父親牌位前的太師椅上，就如她當年為父親守靈一般，一過就是三十年。

我聽了妹妹的陳述，大為驚訝，以前住在紐約布魯克林區的威廉斯堡時，由於當地的兩大族群——西班牙裔和猶太正教之間種族與文化、生活習慣、宗教、價值觀等各方面都差異太大，曾爆發幾次群眾衝突，我當時覺得自己很幸運，在自己的原生社會中，不必處理這樣天生就不平等、且似乎永遠無法消弭的距離；天知道這種種族的事，現在也可以在光天化日下，後天形成，被創造出來，而且就在自己最熟悉的家中。

和母親相處了一輩子，她生活的事蹟，我們比較了解：她是個愛情的尋夢者，對政治沒有概念，由於她特殊的人格發展，使她在我們生活中成了個謎；我們見證了她在逆境中，掙扎著生活，為母則強的勇氣。

其實，母親在父親走後，她也曾催促我們與父親在大陸的家人設法取得連繫。當時剛解嚴，但家中積債累累，在我們全家都在求生存的狀態下，連繫老家親友，成了件難堪的事。且大陸方面尚未開放，我們也不敢妄動。

後來島內本土民粹氣氛高漲，母親開始在意識形態上與我們產生隔閡，家中自然分裂成三派，深綠本省籍的姊夫和母親拉成一派，每到選舉，深藍的妹妹便和他們吵成一團，剩下的騎牆派就看他們兩邊誰變成弱勢就撐誰，只想弄個家和萬事興。

回國後的我們，很珍惜與母親相處的任何片刻，所以不希望讓意識形態這種鳥事影響到我們與她的關係，所以在家時，大家都盡量不談。我們搬到母親家附近，以便就近陪她，她雖然身子累，老習慣卻難改，每次看到家人回來，就一直想進廚房煮東西，每次稍微煮一會兒，她便累得上氣不接下氣，也因此感到非常挫折。後來，她累得只能煮白蘿蔔湯，所以每次她問我要不要吃些什麼，我都說白蘿蔔湯，她便高興的去燉湯。

岸原偶而還是打電話來聊天，有一天，她和岸原剛聊完天，掛了電話後，她哈哈大笑個不停，我跑去問她怎麼回事？她擦去興奮的眼淚，然後告訴我：岸原被他的老婆給休了！我有些傻眼，然後忽然想給她一個提議；但想到她這一輩子都向我們說，她與岸原之間是從小到老的好朋友，「友情深厚純潔」，所以我想到這兒，就只好把話吞回去。她說岸原與老婆離婚後，兒子接收了餐廳事業，而以前一輩子在餐廳工作的岸原太太，如今也已是上了七十歲的老太婆，現在每天精心妝扮，和一群朋友出去玩；岸原則搬到一個小別墅，靜靜修養殘破的身體。他對母親說，他擔心母親的病，很想再來看母親，但他的醫師不允許。母親說到這兒，無奈的嘆氣。

二〇〇二年三月，小妹被公司派到廣東深圳出差，進駐工廠監貨，發現公司台幹對民工歧視虐待，在與公司溝通無效後，她憤而就地辭職，順水推舟，索性轉進父親的家鄉四川，搜尋親人線索，結果與成都撰寫陸氏族譜的陸正恩大伯與陸正國大伯取得連繫，獲贈一本族譜，透過這本族譜，父親遺留的家書中的許多人物，在我們心中，才有了定位。

透過一些單位的安排，小妹見到了一位老人家，自稱是當年父親家的長工，他倆站在地廟鎮的一個山頭上，他對著小妹說：「你就是大少爺的女兒呀！唉！你爸爸小時候去上學，都是我把他背過山的，你看，你看，這一片望去，都曾是陸家的祖產。」我妹順勢望下山，只見無數丘陵起浮，一片青綠。再看那老人家，個頭不高，年紀頂多比去世已久的父親大個七、八歲。

他還帶小妹去看父親以前的舊家，只是，所住的房子早被拆掉重建，另有他人進駐了，但大約的基地還保持著。房子的後方山上，有一個頹圮的墳塚，他告訴小妹，那是我們祖父的墳墓——我妹聽了大吃一驚，多年來，母親總告訴我們祖父是因地主身分而遭清算，被拖到街上遊街，亂棒打死而棄屍的，沒想到竟有墳？她問：「誰埋的？」那老人說：「你家裡的親戚埋的，因為怕死後還要鞭屍，所以不敢立碑，你們後輩若有心，改日快來修墳。」

么妹在四川弄到一些親戚的電話，她於是打了電話過去，一個老先生接起電話後，她向對方報上自己的名字，說自己從台灣來，然後報上姑姑的名字；對方說：「沒聽說過。」便掛了，她再試，仍是一樣的結果。於是她只好放棄，空手回到台灣。

二〇一一年，與么姑見面後，么姑聽到我陳述二〇〇二年么妹那段尋親往事，她激動的說，其實，當年我么妹打對了電話，她打到的是八姑家，而八姑父是個八十多歲、忠貞的老共黨員，他一聽是台灣來的親戚，壓根想不到自己會與台灣扯上關係，所以就把電話給掛了；等八姑回家，八姑父在聊天時向她提及這通由妹妹打來的電話，八姑也不知自己有任何親戚在台灣，那時她仍以為我們是住在日本；不過當姑父提到么妹的名字後，八姑這才發現是她哥的女兒從海外來找她，於是她立刻通知么姑商量，而么姑找上當地的官員幫忙，一路沿著么妹經過的路線追到廣東，當地地飯店的人說，她前一天已離境去香港了。為此，大陸的親友都很扼腕。

---

2003/2/13

敬愛的嫂嫂：

新年好，給您拜個晚年，並祝您們全家新春愉快，身體健康，萬事如意！我是么妹正康，多年來，您們和我們都在努力尋找對方，但各種原因，陰錯陽差，都沒有能直接連繫上，心理很是不安，我曾拜託去日本的留學生，及去東京、横浜工作的熟人，多次去找您們，按三姊給的地址，都沒有找到。為此，我們很失望，還以為這輩子也許無法再與你們取得連繫了，因為我們都六十、七十歲的人了，有生之年已不長久，尤其是三姊病後，正華三姊現在不能行走，話也說不清處，已相當不好，可能她得了與哥哥同樣的病，腦血栓。

出我意料之外的是，春節期間在成都的親友拜年之際，得知四女兒回四川地廟鎮的消息，使我們喜出望外，立即與有關人員與部門連繫，終於從地廟鎮縣台辦得到你們的地址，故立刻動手與你們寫信；同時八姊的四兒子李峰也給你們去了信，也許這兩封信你們可能同時會收到。想到多年的期盼，將會在不久後實現團聚，我們都興奮不已，熱淚盈眶，久久不能平靜，可惜我哥沒等到這天，但我想他知道我們團聚之事也將含笑九泉的。現在我和八姊（正于）身體還好，五姊還能行走，但不能勞累了，我和八姊商定，你們回來，我們倆完全負責接待，希望你們定好時間、路線後，提前通知我們，便於我們去接你們，回來後通知親友，安排哥哥葬禮等概由我們負責。

這些年哥哥走後，嫂嫂您辛苦了，拉扯幾個孩子不容易，為我們陸家培養了人才，為他們成才，為他們的孝心而高興、自豪、驕傲！為此，我們全家不勝感激您。哥哥生前為能衣錦還鄉，您和孩子此次回來，也算得上光宗耀祖了。了解哥哥生前的夙願，這一切都歸功於我們敬愛的嫂子，再次感謝您！望您多保重，希望能早日見到您！

我的親姪女、親姪子現在何處，生活好嗎？真希望多了解一些你們的情況，現在我們幾個姊妹都健在，而且生活的很幸福，三姊、八姊和我，住四川成都，五姊住四川宜賓。

三姊已退休多年，雖然身體情況不太好，但有褓姆照料，日子算過得去。五姊

（正霓），五姊夫幾年前已去世，有一兒子名甘愓，她的電話是……八姊（正于），姊夫李式，早已兒孫滿堂，幸福地安度晚年，膝下有三兒兩女和五個孫輩，其中大兒、四兒居住在北京，二兒、三女、五女都在成都。我（正康）原在成都中學任教，現已退休，丈夫陽述德，是華西醫大附醫院的內科教授，膝下有兩女一男，子女都算成才，日子過德很好，各有一子，見照片。紙短情長，希望我們盡快團聚！請速回信或回電。

祝 全家安康幸福 正康 敬上 2003/02/13

幾年前寄去的信，被退回來，帶上如果親交你們更好，以上信中有在大陸幾個姊妹的情況及取寄地址。

---

好不容易，百般周折，大陸的姑姑們，終於發現原來么妹自台灣來，且留下地址；正如信上所描述的，她們興奮不已，還以為馬上就可見面了，尤其是當時身體狀況已非常殘弱的三姑，還以為有生之年終於可和她思念的哥哥，再產生某種關連。這信是由八姑的四子李峰親自帶到台灣，由於李峰的妻子是桃

園客家人，每年幾乎都會回來娘家拜年，他趁此機會，帶著信，找到當年小妹留在四川國台辦的地址；不過老天又再次捉弄了陸家的人，我們不巧在二〇〇二年的年底搬家了，這一搬，又斷了好不容易才稍有連繫的兩岸家人。

小妹回台後，向大家報告所見所聞，像是揭開那暗藏已久的秘密一般，母親並未多說什麼，只是當時去中國化的論調正夯，我們也不敢多作回應，免得刺激到母親。母親當時還在修碩士，上課的堂數不多，一星期才一次上課，但她還是會喘著氣，費力的把眉毛畫好、口紅抹上，然後會要我們將她那歪歪倒倒的眉型修好，胡亂塗抹的口紅擦出個唇型，再穿上高跟鞋，一喘一喘的走下樓梯，搭車去上課。雖然那樣很危險，但我們都沒有阻止她，因為，那可能是她之所以繼續存在的原因。

在四川的三姑此時人已半癱，其她的姑姑們都想趁她尚有口氣在時一圓兩岸家人團圓的夢想，因此到處託人找我們。而在台灣的母親的情況則好些，她驚人的意志力，暫時逼退了死神，我們當時不知她還能活多久，只好將每一天都當作她的最後一日，好好的呵護她。她為自己突然的疾痛感到挫折與不安，我們大家輪流陪她去醫院作化療，她脾氣時好時壞，可能與她病情有關，而夫婿在美國的父母也年老了，和她一樣，時時跑醫院，所以當母親向我抱怨身體的殘弱時，我便常常與她談我公婆的狀況，我希望她能感受到她同輩的人都在一起凋零，她不會一個人孤獨的老去

一天，我下班後，帶著一雙女兒去看她，她竟已在餐桌上擺滿一桌菜，然後躺在太師椅上喘氣。看到我進門，她硬是顫動的將身子坐起，我看她雖累，但心情似乎愉快，便坐下和她聊天；她不等我開口，便告訴我岸原打算下週來台灣看她，我聽了很為她高興。她說大家都老到不行了，岸原下個月要動大手術，手術過後，要靜養很長一段時間，他不知此後是否還能見面，因此不顧醫生反對，要和母親見一面。

結果，那天終於來了，他上一次見母親是兩年以前了，大早，母親就開始化妝，她穿一件衣服就休息一會兒，畫隻眉毛就喘一口氣，但她還是興奮得和我聊岸原和她聊天的內容。我看她一輩子沒把話說清楚，事到如今，終於忍不住的問她：「岸原都離婚了，你們沒想過結婚嗎？」她愣了愣，又繼續畫她的眉，等她畫好那眉毛後，她搖搖手說：「我呼吸都會喘，他得包著尿布來見

我，誰也不知下一次是否還有機會見面。這次能見面就很好了。」我很意外她竟沒像從前那樣對我發脾氣，而且願意正面回答我這唐突的問題。

等岸原到達飯店後，他打了電話來，說人到了，但累得無法出門，希望她能去飯店看他。母親答應了。由於她穿上了許久都沒再穿的馬甲束衣和高跟鞋，她也害怕自己撐不住，便邀我陪她前往。我受寵若驚。

一路上她聲音微弱，一會兒感傷，一會兒談笑，夾雜著她呼吸的喘息聲，我捉不住她真正的心情。到了飯店，母親顯得有些緊張，我們在樓下大廳先打了電話知會岸原我們的到來，等我們上樓，出現在他門前時，他花了一段時間來應門，然後步履蹣跚的走向客廳。他衣著整齊，但行李箱已翻的亂七八糟，母親問他怎麼回事？他說自己忘了吃藥，差一點昏倒，情急之下找藥，才把東西弄亂。母親回頭向我解釋後，便和他在客廳聊了幾句，突然，他努力的站起身子，母親追問他怎麼回事？他比手畫腳的指著自己的褲子，然後走向廁所。母親轉身要我迴避，她告訴我，岸原的尿布沒弄好，可能弄濕了衣服；我聽了便留在客廳，讓母親前往幫忙，弄完後，他們回到客廳聊了一陣子，母親說岸原累壞了，需要休息，我們便離開了。

晚上，岸原又打電話和母親聊了一陣，母親在掛上電話後，搖頭又嘆氣，她自己連講個電話也累得喘吁吁的。

第二天，母親說要等岸原打電話來，再決定何時與他見面。結果等了一整天，都沒見他打來，傍晚，母親覺得不對勁，打電話去飯店查詢，飯店人員說，岸原先生中午醒來後，一直覺得不舒服，向飯店反應，飯店人員後來與岸原在日本的醫生連絡上，醫生要求立刻將岸原送回日本；岸原先生當時吃了藥，有些昏沉，飯店代為處理一切，安全的將他送回日本了。

母親聽了一臉穆然，落寞又哀傷，那匆匆的見面，竟是他們彼此的最後一面，連再見都沒來得及說。

後來，岸原從日本打電話來道歉，說他當天本想再約母親到飯店的餐廳吃飯，但自己卻掙扎得連房門都出不去，他不想母親看到他這般難堪，所以沒有打電話給母親，而是直接請飯店介入。母親對我說：「也好，就讓彼此都保有最美好的一面吧！」

母親自知來日無多，預先寫了遺囑，給我們子女每人一份，大約是交代簡約辦她後事，及繼承權的事。另外，她要求海葬，由於傳統台灣人都是土葬，我想不出她為何要海葬？但我尊重她的決定，不敢多問。

二〇〇四年，她身子變得乾瘦，弱不禁風，性格也因疾痛而變得易怒，我們請了一位越南籍的看護照顧她，她氣著說自己生了五個孩子，還會用到看護，就表示子女無心。於是我們只好支開看護，大家輪流去看她。

一天，她學校的碩士班的校友，邀請大家參加畢業慶功宴與補拍畢業紀念照，但那剛好是颱風前夕，風雨忽小忽大，溫度又濕又冷，她要我幫她穿上衣服，我極力阻止，希望她以健康為重，但她堅持要去赴宴，說她不能在畢業照上缺席；我想跟去，但被她拒絕，她說不願同學看到她的殘弱。她穿著華麗，戴上遮去凹陷雙眼的墨鏡，拿了根雨傘當手杖，便搖搖晃晃的下樓出門去。不過中午不到，她就回來了，我問她怎麼這麼快？她說自己快撐不住了，等大家照完畢業照，沒等開宴，她便藉口離開了。

下午，她躺在太師椅上，呼吸很喘，我下班路過她住處，一開門就聽到她用手搥打自己的胸部，我問她怎麼回事？她說她無法呼吸。我發現醫生給她的氧氣罐已用完，於是趕緊去醫療用品店租了一台氧氣幫浦，讓她大口呼吸了一會兒後，這才回神過來。她問我幾點了，我說：「六點了。」她便急忙著要起身，我趕緊請她躺下，問她要做什麼？她說：「天色暗了，快給你爸上香。」我有些遲疑，因為外頭風雨未消，我不敢開門窗，怕她受風吹，且她呼吸又時時需灌氧，我擔心燒香的煙，會令她難以消受；但她三十多年來，每天都如此做，不上香，反而會令她驚恐，所以只好照做了……

暑假，我工作加重，家人紛紛因為母親的病情在情緒上波動很大，我們看得出她將不久人世了，所以一有時間，就溜班去看她。一天早上，我工作弄完後，不到中午，就提早去看她，她那時已常常陷入意識不清的狀態，叫過好幾次救護車，所以我不指望當天她會醒著。

我進門後，想不到她竟從太師椅上坐起，想和我聊天，她喘著氣，上氣不接下氣，半閉著眼睛和我說，說她看到外公來到家門口，要來接她。我聽了心裡一陣涼，還沒來得及回應她，突然覺得眼角餘光中有東西在動，我眼睛盯著她傾聽，偷偷用餘光看那在遠方後門動著的東西——我簡直不敢相信！那是一隻直徑近三十公分的八腳毛蜘蛛，每隻腳的直徑約兩公分，全身漆黑又毛絨絨的，由後門外的頂部慢慢爬入。

我一輩子也沒見過那麼大的蜘蛛，那只有在電視上的自然頻道中才會見得到的東西如今竟會出現在我眼前。

我直覺的想到死神，那不是個好兆頭，於是我強裝鎮定的對她說，我要如廁，請她稍後，便向她身後走。也不知自己哪來的勇氣，沒有一秒的遲疑，我抓了一瓶殺蟲劑就對它猛噴，一路追噴到門外，牠由白牆上掉落下來，縮成拳頭般的大小，我很快地用掃把將它掃起，沖入馬桶裡，心中有種莫名的戰勝感。然後我回到她面前，沒事般的坐下，她問我她剛才說到哪兒？我忽然說不出口……我已不敢再聽到有誰在門口的事了，於是便轉開話題說：「妳在講妳小時候。」

她似乎心情不錯，意識還算清楚，便說起自己對此生的看法。她說自己很幸福，雖然一輩子生活艱苦，但早年有父親深愛她，父親走後又有岸原來相助，然後她拉起我的手說：「老天對我不薄，老來子女個個孝順。」我很感激她對我的告白，那段話後來幫助了我，走出失去她的傷痛！

她說，後來想想，還是父親對她最好。她說：「父親是個好情人，只可惜當年兩人都年輕氣盛，沒有把握好當下。」我聽她如此說父親和自己，心中充滿感激，但不知她是否是真對我說的；因為大姊在她去世後才告訴我，母親曾私下向她說，母親要求海葬，是因為母親和岸原講好，兩人在死後，要海葬太平洋，重聚東京灣。聽姊姊這樣說，我忽然了解為何母親在去世前不久，堅持要去哥哥家找新娘禮服。

母親在最後的一個月裡，兩度進出臺大安寧病房，當她第一次出安寧病房後，在她去世逝前的前四天，回到家後，幾乎無法進食，都用流質的藥物代替，整天躺在太師椅上，意識也很混亂。一天晚上，我去探望她，大哥和妹妹也都在，她要大哥帶她去大哥在土城的家，說她以前曾買了六件新娘的白紗禮服，寄放在大嫂那兒，說是為了家中未出嫁的女兒買的，她要去拿回其中一件有公主袖肩的。我們都傻眼了，她當時已半盲了，眼皮也無力張開，呼吸還不時要用氧氣罩。哥哥說會回去找，如果找到，明天會帶過來；但母親雙手揮舞著，堅持要深夜到哥哥家，找大嫂拿那件白紗禮服。於是我們只好揹她上車，一路坐到哥哥家。

車子到了他家樓下，她又堅持要親自上樓去找，那兒沒電梯，大哥只好把她一口氣揹上五樓，那件白紗不知被大嫂放在那兒，大哥翻箱倒櫃的都找不著，母親便像待嫁新娘找不著白紗般的急哭了。我們也慌了，最後是哥哥再三保證改天一定替她找到，她才在泣聲中，讓哥哥揹她坐上車回家。

隔天，我中午下班後，沒有去接孩子，直接去看她。她那天竟起身坐著，張開眼與我說話，語氣雖弱，卻很清楚，她說要我們別把錢花在葬禮上，留著好好生活；我提起勇氣告訴她，我們已有替她買生前契約，她很意外的看著我，問我何時買的？我告訴她四年前，我就是因為這件事才回國的，也告訴她，當初醫院說她只剩下三個月。她沉靜了一會，這時，我讀小二的大女兒回來，她進門後向母親請安，並將她從路邊採來的野花，串成圈，送給母親。母親問她學校好玩嗎？我女兒點頭，笑得很硬，她因為母親蒼白的病容而有些害怕。母親似乎知道，她突然將花圈放在自己的頭上，雙手舉起，坐在椅子上，跳起夏威夷女郎的舞蹈。

我從未見過這麼美麗的畫面，我知道這是她的迴光返照，因此也跟著她跳起舞來。孩子這才笑開懷。

她不久便累壞了，呼吸急促的躺下休息。下午，哥哥路過家門，順道來探望她，她也還能起身坐著。哥走後，她又喘息起來，我想立刻替她加上氧氣罩，她用手推開，然後握著我的手，閉著眼睛，喘著對我說：「阿蒂呀！就是現在了，我的時候到了，你不要害怕。」我聽了很想放聲大哭，但我怕她難過，於是忍著驚懼，告訴她：「媽，我不怕，媽媽也不怕！」她聽了點點頭，便鬆開我的手，輕輕的躺下，進入彌留狀態。我看情形不對，開始打電話叫家人回來，大姊決定要叫救護車。救護車來接她時，我們全家都到齊了，大家一起陪她進入安寧病房，兩天後，她便離開了我們。我們按她的遺囑，將她的骨灰灑向太平洋。

# 第十六章

# 和淚唱陽關

二〇〇六年，我們漸漸走出了失去慈母的傷痛，開始整理她的遺物。從她的收藏物中，找到許多父親的遺物，我仔細的查看了一次，覺得他們對生活的戮力經營，其實是他們那個時代的一個典型，既悲悽又美好，因此想替他們倆作傳，以記念他們對我們的教養與撫育。

我的父母並不完美，但他們是生活的勇士。

由於父親是軍人出身，又處於一個戒嚴時代，他很少對我們提及他家鄉的事，因為怕我們出去亂講惹禍，只記得他在家中掛了一張放大的黑白照片，是他四川老家全家福的照片，照片上祖父母身穿民國初期的長袍、旗袍，雙雙坐在木雕的椅子上，祖母愁苦著一張臉，祖父則故作輕鬆的翹著腿，手邊還帶著個長煙槍，三位姑姑們站在他們身後，也都穿著旗袍，只有一個小女生，在祖父母腳邊，席地而坐，穿一套類似台灣小學女生的吊帶裙。父親說那小女生就是么姑，與父親有九歲的差距。父親當時在南京求學，所以沒有入鏡。這一張相片在我們家掛了五十多年，我們對四川的印象，也僅止於此。

他偶有提到四川，也是基於愛國教育。我童年時，他告訴我們，四川的水蜜桃有多大、多香甜，入口即化，要我們長大後要記得回四川吃水蜜桃。後來我在學校才學到，原來第一次世界大戰時，日本人也用這一套，教他們的後代侵華。不過，父親的政策有了回饋，他去世的三十年後，我真的成了那到四川吃水蜜桃的孩子，不過台灣的水蜜桃還是真的比較大。

我和父親的相處只有短短十一年，在他嚴格而高壓教育統治下的我，心理上和他並不親近，害怕多於依戀，也產生很多選擇性的記憶；長大後，生活經驗使我長智，才漸漸發現在那些高壓教育背後，具有很多善意與美好的動機，與令人心碎的不得已。直到我自己結婚生子，嘗到幸福的滋味時，這才使我有勇氣回憶過去的成長經驗。

在我充滿喜悅的生了第二個孩子後不久的一個夜晚，夢見了多年來未入夢的父親，他穿著一件他常穿的軍官用卡其風衣，束著腰帶，我和他在一個母親當年第一次帶我去過的二手店的木造閣樓上相見，那兒只有昏暗的小黃燈照著，四下堆滿許多舊的洋娃娃和玩具、古董，我似乎正高興的在揀選一些東西，驀然看見他出現在梯口，雙手插在口袋裡，一如往昔。我有些驚訝，我知道他已去世多年，我突然意識到自己在夢裡，於是開始張望四下，又再仔細看著他。我暗中告訴自己，要珍惜此刻。

父親要我坐下，我聽不到他的聲音，但知道他輕聲的問候著我的一切，並向我道賀；我發現自己不再用小女兒的從屬方式與他對應，而是用一個成年人的態度與他交談。後來，梯口再度傳來腳步聲，似乎有人來接他，他便起身向我道別，向昏暗的梯口走去。夢裡，我知道那是陰陽兩界的會談，我快步走上，與他抱別，我好實在的感受到他的存在，我和他四眼相對的那一刻，在他的懷裡，我誠摯的對他說：「爸，我原諒你了。」父親雙臂環抱著我，靜靜的看著我一會兒，然後微笑的點了點頭致意，便轉身走下樓梯。

那一刻，我驚醒，突然覺得有一個長年堵在我心頭的石頭被拔掉，一股新鮮的空氣衝入我的肺部，我嗆得難受，於是走出臥房到客廳沙發上，將頭栽入毯子裡，放聲大哭。

此後，我似乎解脫了童年的一些心結，我開始有勇氣面對一些童年的記憶。加上自己也為人父母了，對很多記憶上的事情，從不同角度切入後，才豁然理解父母的用意，因此才想到替他和母親立傳。

## 走入父親的過去

我小時曾聽母親這麼說，父親是如何的在老家當大少爺，生於平權時代的我們，很難想像封建社會的生活，二〇〇二年我妹妹到大陸出差時，趁機回父親的故鄉看了看，當時不知從那兒冒出個地陪，被警方指定陪妹妹去尋親，經他安排，找到當地一位老人家，個頭中等，年紀也不比已過世父親大多少；他聽說我妹妹到當地，激動的趕來看她，老淚縱痕的指著自己，用濃濃的四川話說：「就是我呀，就是我呀，你爹……小少爺、小少爺……都我背著去學堂的啊，我背著去的……」、「有時他拗脾氣，不上學，我就會帶他去前面那口湖去游泳……去游游，他就甘願上學了……。遇到流寇來，我就帶他去躲進菜田裡……」後來，在場的公安看他太激動，就找藉口把他支開了。那個從陳年歷史上迸出來的人物，就這麼從妹妹的眼前消失，如黃粱一夢。

妹妹回台後向我作了陳述，頓時之間，爸爸口中童年的神話，突然鮮活了起來！他也說過，他幼年時，家鄉鬧旱災，遍地伏屍，當時人們餓到啃樹皮、樹根，最後連泥巴都挖來吃——他用他的人生經驗來警惕我們要惜福知足，因為當時我們窮到得吃炒西瓜皮丁，我們都很害怕吃它——當時我們以為爸爸說的家鄉事，是唬我們吃飯的鬼扯蛋，直到父親去世的三十五年後，我才在一次無意的網上瀏覽中看到民國二十六年四川大旱災時那人間煉獄的恐怖景象。

多年來，我們一直以為，父親在大陸的家人知道他當年投筆從戎參加國軍與去京求學的事，沒想到二〇一一年，我回四川時，與父親在四川的鄉親會面中，親友都自然的以共產黨員的身分熱烈歡迎我，毫無忌諱；因為他們一直以來，都以為我們家是日僑，只是他們的「海外關係」。這是因為當年兩岸的冷戰時期，在台灣的父親，為了與大陸親友取得連繫，又怕因此拖累兩岸親友，所以假借日本一位友人的位址轉信，謊稱我們是在住在日本，而非台灣。

二〇一一年，我與四川家族取得連繫，親友以為我們還住日本，他們大聲告訴我，因為這個「海外關係」，讓他們在共黨內吃盡苦頭和閉門羹，我這才意外發現，家鄉裡沒有人知道父親當年是青年軍、又參加了國民黨、還去剿匪了，父親似乎刻意的向家族隱瞞了這件事。

我和親友聊天後，當下很後悔自己貿然的在半個世紀後冒出，我面臨兩難——我該繼續替父親隱瞞這祕密，以免影響當地鄉親受到政治迫害或社會壓力？或向他們坦白，然後從此老死不相往來？——懦弱的我，最後選擇暫時繼續隱瞞，等回了台灣後，再從長計議。

母親在二〇〇四年走完她的一生後，我自母親家中，拿到部分父親所遺留的家書，另一部分則留在大姊那兒作紀念。我根據小妹從大陸回來時所帶的資料，與一些在成都的家族遠親連繫，二年內，信件往返幾次，都無血親的著落。父親是他家中的獨子，戰後，他終其一生尋尋覓覓的在找他摯愛的妹妹們，最後抱憾憂鬱而終。眼看著父親的骨灰罈放在善導寺內三十五個年頭，我們為人子的，全都坐四望五了，心中總也有個遺憾，為何父親不能和其他的老兵一樣，落葉歸根。

二〇〇七年，我決定專心將父母親的遺物整理出書，於是辭了正職，除了兼差外，剩餘的時間都用來寫傳記，我將父母的那些家書仔細讀過，掃描存檔。二〇〇八年，大選過後，藍天勝綠地，自覺少了些社會壓力，身為外省人第二代的我才敢提起勇氣，寫信向海基會求助。但海基會要求詳細的親友資料，而文革後，老家親人大都改名了，我提不出來新的名字，公文往返半年無著落。

其實，二〇〇六年時，我曾寫信給陸正恩大伯（二〇〇二年小妹到大陸尋親時連絡到的一位寫族譜的家族長老），告訴他我有意替父母親作傳，但不清處父親年少時的成長過程，請求他代我查訪族人遺老，是否有人認識父親，可提供一些資料。於是他以作學問的態度，作了許多田野調查，將他所擷取到的資料寫給我：「……春節時候，我回了一趟地廟鎮……打聽到一些情況，這次只見到我認為知情者之一，叫陸鐵書……。鐵書兄與正誠伯年齡差不多，也曾經外出求學，彼此應該了解，但已去世了，當問起正誠伯之事，鐵書的姪兒說：『我聽家父講過……』

正誠伯出生於殷實的書香之家，自幼好學，上個世紀的四十年代，就讀於北平（今北京）某個大學，欲留學日本繼續深造，向父親（即中善公，你們的祖父）索要路費，中善不知出於什麼原因，不給，生姓耿介的正誠伯，竟憤而隻身去了日本，（還有兩個細節，一曰考取官費，或旅日勤工儉學。一曰臨行時放火燒屋，但旋被撲滅……）」

陸正恩大伯還在信中提供了一些親友的聯絡方式，其中一則八姑父的名字也出現在其中，由於他在當地政軍界有一定的知名度，在後來的尋親過程中，發揮了作用。

戒嚴時期長大的我，很怕與共產黨有連繫，且當時台灣在一片愛台民粹的聲中，有些外省人連坐計程車都會無故被打，我總覺得若叫人知道我們與大陸有連繫，搞不好有抄家或被扣紅帽子之嫌；雖說此時已是藍綠兩黨都可大鳴大放的時代，但我心有餘悸，也擔心因為對方是部長級的黨員，若與他連繫，可能會為對方帶來麻煩，所以一直沒有利用那條線索。

二〇一〇年，我再度寫信到海協會、四川省政府信箱、成都市長信箱，連電話都打到地廟鎮委辦公室，還是無頭緒，我已漸漸失去信心。

後來，我大姊聽說我在設法尋親，便將她所擁有的另一部分的父親家書也拿給我，我花了許多時間再三研讀，整裡次序，如拼圖一般的將父親的前半生拼湊出來，挖出許多父親不曾也不敢說的祕密，才知道他那沉穩如鋼鐵般的形象背後，有熱血沸騰的過去，也有如孩童般的無助。那些信讓我好痛，淚流滿面的回想和他生活的一些片刻，我好想回到過去，如一個慈母般的給他一些呵護。

是年年底，我再也耐不住性子，等不了那些官僚的回函，因此我開始狂打電話，只要書信中有提到之處，我都到處去問；但大部分的地方都人事已非，四川各大學都重新整併改名，地區也改名，而且由於很多地方講四川話而非普通話，我在溝通上有困難。最後，我氣炸了，乾脆豁出去，循著四川省網頁所刊載的所有單位電話，胡亂打一通，遇人就問是否知道親人？有的人接了我電話，覺得我很無厘頭，開罵的還不少。

有一天，一位無辜的四川人，在電話那一端，耐心的聽了我陳述後，給了我一個建議，要我打去公安單位試試；掛了電話後，我很猶疑掙扎，對我而言，公安可能是個情報單位，那像是自投羅網，等著被找麻煩一樣。不過，我最後還是硬著頭皮打去成都市警局。

接電話的是個會講普通話的年輕人，自稱姓祝，我哽咽著哭訴著打電話的目的，他似乎受了感動，耐著性子聽我把話講完；我提供了我幾個姑姑的名字和舊址，他東問西問的，發現我提供的資料不全，以為我存心來鬧的，同情又無奈的問我道：「那麼，中國有十三億人口，你打算讓我怎麼幫你找？」這時我突然想到妹妹曾說姑丈是軍區部的退修部長，便向他提起；他聽罷，靜默了一會兒，就要求我十五分鐘後再給他打去，我應允了，並掛上電話。結果，當我要再打回去時，才發現自己剛才狂打了四川省政府網站的一堆電話，竟忘了該回打哪個號碼，也忘了他的單位！

我正在焦慮之際，突然電話響起，果然是那祝警官打回來的。我好害怕，平生第一次接到大陸公安單位直接打到家裡來，那瞬間，我開始擔心，電話會被國安局盯上，若發現我姑丈是大陸高幹，我是否從此被標籤為共產黨的同路人、匪諜、或被指為賣台賊？大陸公安是否從此盯上了我？大陸的親友是否會因此被整肅？戒嚴加民粹的危機意識，一時之間全湧了上來。

那祝姓公安告訴我，他找到了我兩個姑姑的地址、電話，要我試著打打看。我半信半疑，我不太相信他可以在十五分鐘之內，找到我們陸家費盡周章，尋覓了半世紀的親人。但我答應他，如果連繫確認後，會打電話向他回報。

於是，我按公安給我的電話打去，我聽到鈴聲響起後，那聲音好像開始鑽入我從前的想像中，在我舊夢中尋找定位；不久，那方電話被接起，一位老太太用四川方言問候我，我立刻知道她就是么姑，我激動到無法言語，她在那頭聽不到我回應，便開始：「喂！喂！喂！」不耐的叫著。在她正要掛電話之計，我說：「么親孃，我是正誠的四女兒。」「你誰？你誰呀你？」老太太叫道。我又重覆向她說明一次。

那一刻，像是打開了塵封已久的古書一樣，原已是歷史的事，再一切又突然鮮活了起來。她像故事書裡走出的人物一般，我似乎一直認為她們只活在父親的書信上，從來也沒認真想過她會在現實中出現；一切有關四川的事，好像都只是文字，並不具象，那像是個比歐洲、美洲更為遙遠的地方，一個充滿禁忌的地方。

她和我都聲音顫抖的對答，我告訴她我們父母皆亡，有心將父親送回四川老家的心願，她立刻同意。我並向她問起是否可為祖父母立墳之事，因為那是父親生前掛念之事，她說會想辦法。她要我立刻和其他的姑姑們連絡，並給了我電話，我也一一和其他的姑姑們取得連繫。

那一夜，整個晚上，我一直望著書桌前那一疊父親遺留的家書，就像一張達文西的畫般，沉默了半世紀後，在一組一組的密碼破解後，隱藏其後的所有故事，都鮮活起來。

過幾天後，姑姑打電話來，她說要替祖父母修墳的事有些狀況，因為祖父當年是被當局捉去後，隨一票人一起拖到街上槍斃；當年大批鬥，到處大開殺戒，屍體太多，軍方都是一大坑一大坑的亂處掩埋，根本來不及讓家人領認屍體。而一九五四年時，祖母當年是由尚未成婚的三姑，帶去下鄉作工的地方撫養，因乳癌病逝，就近埋葬，該處又因開發公路，地型改變，再也找不到祖母的墳了。

因此她與家族商量，決定立個祖父母的衣冠塚，但她只有祖母遺照，沒有祖父的，她說以前曾聽說我父親長得很像祖父，因此問我是否可以送她一張父親的照片，做為祖父的墳上照片。

我向她表示，我有一張父親當年家鄉的全家福照，當中祖父的影像，可用來作墳上的遺照。她好驚訝我有祖父的照片，她說文革時在除四舊，家中大部分的東西都燒掉了，省得被人找藉口批鬥，所以沒有任何東西可作祖父衣冠塚的代表物。我表示手邊還有祖父親筆給父親的家書，可作代表物；我會先發電子郵件給她，去大陸拜望她時，再將物件實體送上。她聽了很感嘆的說，祖父的一切，都早已在他原生的土地上消失多年，沒想到半個世紀後，竟在遙遠的海峽對岸，由一個素昧平生，對他毫不知情的孫女，還留著他的遺物。

由於姑姑們催促我趕快安排見面，二〇一一年初，我依計劃前往四川。出去的那天，我先生 Tom 開車載我去機場，途中，我向他描述自己此刻在心理上，處於虛實難分的境地，覺得自己像一部好萊塢電影[1]《接觸未來（Contact）》的茱蒂．福斯特一樣，在外太空另一個時空中的一個虛構的世界裡，來到一個海邊，見到自己年幼失怙的父親，從海灘走過來歡迎她，她用手去摸眼前的景觀，眼前海景竟如果凍般的輕晃起來。那種虛實的交替就如同現在的我。外子 Tom 安慰我說：「你放心，可以確定的是，你爸不會從海灘走過來迎接你。」

當飛機進入大陸領土時，我心裡好激動，我來之前，還正在整理父親遺留的舊家書，拼湊出他年輕時從抗日到國共戰爭的行軍蹤跡地圖畫片。如今，好像自己卻正在進入那畫片中一般，看著飛機下的江山，想到父親足跡的地圖在

1 一九九七年的美國科幻電影，依著名科學家、科幻小說作家卡爾．薩根的同名小說改編。劇情描述女主角對天文學的熱忱，使她發現到外太空來的訊號，經過解碼後，發現該訊息是一穿越蟲洞的飛行器藍圖。於後，女主角搭上機器，像是做夢般的遇到了以父親身影出現的外星人，但一切似乎都只是在她的意識中發生，沒有留下任何影像的證據。

這一片土地上南爭北討，想到這一大片無際的土地才在半世紀前還烽火燎原、四處伏屍，如今，江山依舊，景物全非。而我，帶著一個兩岸家人共有的魂縈舊夢，企圖重新圓合，完全不知圓這個夢的代價為何？是好是壞？只想一了父親遺願。

不幸的是，原來預定中午就抵達成都的班機，因為成都發生四十年來最嚴重的大霧，四個機場、七條公路都被迫關閉，延誤了飛機的行程將近四個小時。

晚上七點半，我疲憊的出關，一眼就看到人群中，一個老婦人拿著寫有我名字的牌，我忍住情緒慢慢的走向她，她伸出雙手向著我，面對一個素昧平生的女人，我不知自己為何如此激動，迎上前去相擁而泣。等我稍微冷靜後，才發現好大的一家子十多人都站在她背後，一起來接機，他們已安排好了幾桌酒席替我接風。她向我介紹了自己是么姑，另一位則是八姑。

## 記憶的拼圖

我們家多年來一直掛有一張父親舊家的全家福，父親曾向我們介紹過相片中的親人，看了那張相片四十多個年頭了，我還記得么姑穿著如現代小學生的吊帶裙，盤腿席地的坐在祖父母的腳跟前，清秀稚嫩的臉，有兩條辮子順臉頰而下；八姑在祖父後方，留個瀏海短髮，穿著旗袍，像胡適那個年代的人。那原本只是上一代的傳說。如今，她們竟走出了相片，活生生的出現在我眼前。我很震撼。

我隨姑媽上車後，才發現那開車的司機，是個穿解放軍制服的人，這令我很緊張，想起母親曾告訴我，她四十年前在日本中華街上班時，遇到大陸與台灣的留學生在中華街互打情報戰之事。遇到有國慶日或中國新年的日子，兩岸的留學生與僑民，常常爆發街頭衝突，不但日本警方會來抓人，凡是在當地有和大陸留學生接觸的同學，回國後，也都會被情報局抓去問話。我張望四下，很擔心回國後，是否會惹上麻煩。我壓根沒想到自己有一天會和一個共產解放軍在同一個小空間出現，於是滿腦子開始胡思亂想。

到了餐廳後，表姊才告訴我，那開車的解放軍，是她部長爸爸（八姑父）的司機。宴席上，在座親友都有一定的社會地位，而我想到父親和家人在台灣，因是外省人的關係，面對兩岸親友，隱隱晦晦，生活非常的低調窒息。一位表哥半開玩笑的當場對我說，他家一門武將，父親又當了部長，本來他的軍職身涯前景看好，卻因為被查出有個舅舅在日本，被判定有「海外關係」，所以連共青團都不讓他參加，他一氣之下，乾脆去讀大學，最後到法國拿了個物理博士的頭銜，還娶了個台灣老婆。當時他即將升官作將軍的父親，也憤而自請降轉內勤，當了部長，從此再也不帶兵了。

我聽了後，覺得很沉重，沒想到我們在台灣活得如此低調，最後還是拖累了在大陸的一票親友。只不過我在席間，尚未告訴親友我們在台灣的實情。我正在觀察評估，如果我告訴他們，父親在四十九年就來台，而不是去日本，且父親終生都是國民黨員，不知現場親友會不會覺得受欺騙了半世紀而當場走人，從此不相往來？或宴席終止，監聽的軍隊進來捉人？

表哥看出了我的緊張，他勸我寬心，說那些鬥爭的時代已過去了，現在大家都敢大鳴大放，於是他開始高調評論共產黨，在座的其他年輕人也跟著起鬨，我和兩位姑媽都緊張起來，姑媽們忙著揮手叫他別再說了，我則亂扯些話題想轉移注意。

在飯桌上，兩位姑媽開始向晚輩們話當年，提及到她們記憶中，我父親的種種事蹟，我也針對父親信中所得到的一些資訊提出核對；么姑曾提起當年父親被族人設局，騙了他辛苦經營鞋店所賺的錢，么姑說當年的法幣還很值錢，對方寫了借據，事後賴帳，八姑接著說，為了那欠款，我父親還拿槍抵著她頭，要她去討債。

我聽她們說完後，便補充的說：「我知道這事，父親的家書有提及，么姑說的那借據，我還保留著，那是法幣三萬三千元，欠錢的親戚姓徐。」在座的親戚聽了，無不輕聲驚叫，眼大如銅鈴，我繼續往下說：「那比在八姑頭上的槍，我也知道，那槍為父親所有，在警局登記有案的。」這回換八姑傻眼了，她張著嘴好久，半天才迸出句話說：「連我都不知道那槍的來歷，你爸有向你提這事呀？」我回話說：「沒有，但我是由父親遺留的家書中發現的。」就這樣，席間就像在作拼圖一般，陸家上一輩的歷史就在飯桌上，一塊塊的把當年的真相拼了出來。

## 思鄉的色號

席間，么姑提起么姑父是前華西協合大學畢業的醫科學生，後來華西大併入四川大學，他因成績優異，留校作教授，直到現在，年近八十了，仍在教學。我一聽華西大，眼睛一亮，那不就是父親當年在金陵大學寄讀的大學校區嗎？於是我向姑媽說明父親與華西大的一段歷史，么姑很狐疑，姑姑們都以為我講錯了，她們異口同聲的說，父親是在南京上金陵大學，而不是四川，我們為此吵成一團。最後，么姑父以華西大畢業生的名譽擔保，我所言確實。為此，他說隔天，要帶我和么姑去華西大的舊校區一看究竟。

第二天早上，我們吃完早餐後，么姑父便興奮的帶我和么姑去他天天上課的地方——四川大學，舊時的華西大校區參觀。由於當地的許多舊建築物都被完好的保存，我可以想像自己眼前的景像，可能就是父親當年的目睹之物。我覺得自己好像偷偷進入了父親的秘密花園，一個他從來不敢與我們子女們分享的世界。我心裡一直在想，如果父親發現我偷跑到他的世界裡，他會怎麼樣的驚奇！

由於在讀過父親的書信後，我曾到網站上查過一些華西大的歷史照片，如今，一切全出現在眼前，親身經驗，得到印證的感覺很棒，彷彿可以和過去有某種聯結。

么姑父也很樂於向他人提起從前的華西大，他為我和么姑導覽華西大校區，並刻意帶我們來到校區的一個不起眼的角落，他指著一塊大石頭給我和么姑看，我看見石頭上方是個黑色大理石的亮面，刻著許多字，仔細讀來，原來是個紀念碑，記載著當年到西南流亡的各個寄駐華西大校區的名校，么姑父用手指著金陵二字，要我么姑看，么姑瞪大了眼，這才了然於心。我則又在現實中，找到父親的某種真實感，不再僅是記憶中，一個半虛半實的影像而已。

我們在華西大照了一些相片，我忽然注意到那些古色古香的教室窗戶很熟悉，對了，那窗戶的窗框是石楠綠，窗櫺是紅色，奇怪的紅配綠組合；這使我想到小時在眷村的舊家，父親將客廳的窗子漆成石楠色、窗櫺是紅色，不就正是華西大窗子的顏色嗎？我們當時都覺得那配色奇特，和全村他戶都不一樣，現在，我忽然了解那隱藏在顏色後的暗號，那思鄉的色號標記。

在父親的家書中，只有三姑因和父親年紀相仿，所以書信往來較多，五姑則只有一封，八姑和么姑和父親因年紀相差大，長幼的倫理的階級意識大，與父親的關係，尊敬大於親近，在當年並沒有較親近的接觸。

當我聽到父親最親近的妹妹，三姑，前兩年才病逝，我有好深的遺憾，原來我也可以在現實生活上和她這麼接近，卻在最後的關頭錯失她，讓她永遠只能活在那些家書中。我們都是如此深愛著我的父親，卻無緣相見。由於她當年對父親的愛護，我好想親口對她說聲謝謝，於是請求么姑幫忙，安排我改天到三姑的墳前致意，么姑應允，但她說三姑的骨灰是暫放在骨灰塔內，尚未下葬；我一聽，立刻表示希望未來能將三姑的墳，立在我父親的墳邊，讓他們兄妹倆在生前雖然尋覓無處，死後終能團聚。么姑很感動，當下立刻答應了，並告訴我，她為了我要回四川修墳的事，特地將祖父母的墳先修好了。我於是又與她約好改天先去看祖父母的新墳。

## 揭開難言之隱

由於姑媽們都自老家地廟鎮搬到成都市區多年了，我本想請他們帶我去父親的童年舊地去看看，可是由於當年在地廟的老家時，陸家被當地鄉親批鬥又抄家，么姑說：「陸家的每個人，從山邊大灣逃出時，都是九死一生。」所以她們都不願再回傷心地了。我表示可以理解，但決定過幾天，自己單獨到地廟鎮——父親的老家看看。

由於五姑身子欠安，不能趕來與我們聚餐，於是我們一行人，決定到宜賓去看五姑。在此之前，我有看過她當年寫給父親的一封信，所以我也期盼見到她由書信中走出來，應證這一切。

五姑的先夫，曾是該地人民醫院院長，五姑以遺族身分，住在該院宿社養老；宿舍老舊不堪，她的愛人、兒子和和女兒都去世了，只有一個二十好幾的孫女，在該醫院做事，和她相依為命。我帶了些我們在台灣的舊生活照片去給她，如同走入時光隧道，大家涕泗縱橫，無不唏噓。

針對舊信件的內容，我也向她請教，她才一一破解那半世紀的謎，突然之間，許多片段的記憶才產生奇怪的相連，我覺得自己在太空漫步，很虛幻，我從不認為「四川老家」會和在我同一個時空中出現，我已經習慣了「四川老家」存留在信紙上、在父母親的回憶裡、在意識形態裡。

看著父親一輩子形影孤獨，他逝世後的三十五年，從空氣中突然冒出一堆親人在談論他，我好感傷，好遺憾。在我們談及過往時，五姑也一直問我為何要從日本搬到台灣，我心裡忐忑不安，一直避開話題，但我知道自己必須盡快找機會向親人解釋，否則誤會會越來越大；幸好，當天因為到宜賓的時間太晚，並沒有時間多聊，我們一夥人決定住宿當地，隔天再出發回返成都。

晚上，我剛好和么姑分在同一房間，我認為機不可失，或許可私下先與她溝通；於是，在入睡前，我躺在床上，靜靜的等候姑媽上了她自己的床，我想，一定要等她放鬆心情、躺在床上後，再提父親加入國民黨的事，這樣，如果她有不好的反應，我可以假裝入睡，避免尷尬。

終於，她洗好臉，上好護膚液，輕鬆的躺在她的床上，主動開始和我聊起她和父親的童年往事，這時我才發現，她對於我父親當年上哪所大學、或去從軍之事，毫無所知，因為當時她只有九歲，又是住校，放假才回家，與父親互動不多。她在閒聊中，又問起我們在日本生活的狀況，她說她在上個世紀的九〇年初，曾經依母親由日本寄給大伯（父親和姑姑她們的表哥）的信上位址，託人去日本橫浜找我們，但對方說我們早已搬離了。

我想了想，便坐起床來，硬著頭皮和她說：「姑媽，對不起，前兩天在大家聚會時，我不方便說明一些早年的事，因為在場有許多親友，他們在這個

（共產）社會有一定的地位，我不想因此令他們為難……其實，我父親在四九年時，並不是去了日本……他是跟隨國民黨的將軍孫立人的部隊到台灣的……」么姑一聽，驚訝的坐了起來，說：「是這樣嗎？他早以前就是國民黨了嗎？」我點點頭，心裡在想，此刻的她，一定有種上了當的感覺，虧她努力安排大陣仗的為我這個「海外歸僑」接風，結果弄到最後，竟然發現我們騙了她們大家三十年，根本就是打台灣來的死對頭國民黨，這一接觸，肯定毀了她們這輩子忠貞的共產黨的清譽。

么姑想了想說道：「哦……難怪，我當年在家時，有看他帶著一本厚厚的法律書，封面的內頁，有一個國民黨名人的簽名，我當時還在想……他怎麼會有那國民黨大官兒的親筆簽名呢？原來他這麼早就是國民黨的人啊！」

我想她口中的那本法律書，應該是一本暗紅色的《六法全書》，內頁有孫立人將軍的親筆簽名，父親一直把它放在書桌上，我們小時候常去看它，因為它厚的可怕；但父親去世後，母親不知將其收藏到那兒去了。不過我只知道，父親是在民國三十八年才加入孫立人將軍的軍系，卻不知他早在四川讀書時，就已經景仰孫立人將軍，還弄得到他本人的簽名。

我繼續向么姑解釋：「父親大概上了金陵大學半年後，就加入國民黨，去當兵了，抗戰完，他回華西大學校區的金陵大學就讀，沒想到金大要遷回南京，他執意要跟著金大走，才回老家找祖父商量，我想，你之前說他不知為何事和你父親爭吵，一氣之下放火燒祖宅，大約就這事吧。」姑媽聽了張口結舌，一句話也說不出，口也沒闔上過，我見她沒有要翻臉的跡象，於是又繼續說：「當年父親到了台灣，一直處在軍事戒嚴時期，他是軍人，如果被發現與大陸親友有任何往來，會被判通敵，所以他不敢直接與家鄉連繫。因為母親曾是個日本人的養女，在日本有些關係，她幫父親打點了通路，編好故事，謊稱是流亡日本的庶民，與政治脫勾，才可以平安的傳家書，而不致於造成兩岸親人不必要的麻煩……。這不得已的善意謊言，還請姑姑原諒。」

我並且告訴她，其實已逝的三姑知道父親是個國民黨員，她還曾寄信去父親從軍的部隊，也和他的一些同學認識；但三姑守口如瓶，一輩子也沒向其他的姑姑們提及此事。

姑姑聽了後，紅著眼，無奈的搖著頭，她哽咽的說：「我哥這麼做是對的，當年在我們這兒也批鬥的厲害，上級要求我們要交代自白『坦白從寬』，若稍有隱瞞，就會弄到抄家槍斃的地步。在那樣的壓力下，若我們知道此事，一定會不得已的去坦白自首，我不敢想像，若向上級說明，我有個國民黨的哥哥，會有什麼下場，我哥和我三姊一直都在保護我們，一直都是……。他們這麼做是對的……」她老淚縱橫的低頭拭淚，我感受到他對我們這不得已的謊言有所諒解，但我也在觀察，么姑在親情與意識形態之間，如何取得平衡，她並非年輕人了，不可能在一夜之間改變想法，去接受一個只與她相處九年卻有著完全不同意識形態的哥哥。當初雖然她自已並未選擇成為共產黨，但她在這個體制下生活了半世紀，生活富足，開始因這個體制受益而產生共生關係，她將如何面對與她信仰相對立的親人？我好奇，因為我也在同樣的困境中。

姑媽回神後，若有所思的停頓了一下，便說：「我想這事兒我們就在此說，暫時先不要向其他人提起。省得又要解釋半天。」我想她是考慮到家族中會因此有意識形態的芥蒂。我開始覺得，此時父親的地位非常尷尬，他選擇了一個既不……也不……，兩岸皆非的信仰，使他有永世流浪的無奈。是個政治上的[2]波希米亞族，而遺傳到我們身上的局面，我有說不出的委屈與無奈。我理解姑媽的立場，所以也答應她的要求。

2 「波希米亞人」是指稱那些過著非傳統生活、不受社會習俗約束的人的一群人，通常是藝術家、作家與對對傳統不抱幻想的人們。這個指稱是源自十九世紀時，法國人對流亡於國內的吉普賽人（他們被波希米亞國王趕出國內）的印象。後來經過不斷演變，與二戰後垮掉的一代及嬉皮文化等皆有相關。

## 藉故鄉八尺之地

我們從宜賓回到成都的第二天，姑媽招集親友，準備帶我去看新蓋好的祖父母衣冠塚，我們大家共開了三部自小客車，走上近三小時的車程才到那墓園。在車上，我問么姑，她是基於哪一點，而選則此墓園？她說由於去年（二○○九）八姑丈去世，此地風水好，就葬在此，作的是夫妻墓；八姑說她的未來在此，會常和兒女們來替丈夫掃墓，所以如果祖父母的墓也設在此，掃墓就會勤快方便許多。么姑還說，因為看八姑立了自己的陽墓，覺得還不錯，沒啥好怕的，所以也替自己和姑丈的未來，在另一墓園先買一塊墓地。

當我們到達墓園後，我放眼望去，那兒好像一個足球場大，三面環繞梯層，一排排墓碑整齊而立；園區內設計成龍潭虎穴樣，還有無數個雕像佇立，很像個觀光古蹟。墓園經理特地出來招待我們，他知道我們要來看祖父母的墓，還要再買夫妻墓給我的父母，於是便帶我們先四下參觀選地。

我們看了半天，親友們意見無法整合，我本來都乖乖謹守我作晚輩的分寸，不作意見；終於在離八姑夫妻墓不遠處，再高兩階處，我發現有一塊地，是連接著三塊墓地形成，我也不知哪來的勇氣，告訴么姑我要那塊地來葬父親，並請求她將三姑的墓也建在一旁。她看我很篤定，便答應了我的請求。

選好了地，么姑問經理，是否可帶我們去看祖父母的新墳？么姑因我要來四川祭祖，透過電話訂購了祖父母的墳，她自己也都尚未看過。經理說在上階處，結果我們越爬越喘，八姑七十九歲了，老人家上不去，只好坐在中途涼亭等我們。七十六歲的么姑，一口氣忍不下，一路走一路罵，拚死要上來看個究竟，好不容易，我們終於看到了祖父母的墓，我心思很亂，覺得不舒服，一想到未來要掃墓都得要拚老命的爬上來，我就為難，何況姑姑們都上了年紀，未來肯定變成無人祭拜的荒墓。親人著實的狠批了那經理一頓，經理只好積極的勸慰說，已立的墳，再挖起改建不太好等。眾人看墳都立好了，也只好接受。我身為第三代晚輩，沒什麼地位置評，卻心有未甘。

看完了祖父母的新墳，我們循原路線下山，又經過剛才替父親訂的那兩塊墓地，我靈機一動，指著預定地旁的一塊地說：「上方那祖父母的墳空墓尚未作請魂的儀式，也沒埋下任何衣物，當然可以搬遷到此，修在我父母的墳旁。」姑姑們聽我說完，眼睛一亮，八姑先心動的說：「是嘛！否則，墳立那麼高處，我是不可能爬得上去的。」有了八姑言語上的背書，我積極勸進，最後終於讓大家同意，買下三塊連著的墓地，為祖父母、我的父親、三姑夫婦做家族的合墓。

此次相聚，我們除了計劃將我父親靈骨移回他四川老家之外，更希望完成他生前最大的遺願，將祖父母的墓也建在他墓邊，讓一個因上個世紀戰爭而破碎的家庭，雖然生前被迫分離，但在死後還能重逢。

墓地選定了，但由於我工作關係，我無法待在當地等墓建好，只好請表姊夫代為處理，約定好在三個月內處理好。我們敲定，我和我大哥將會在二〇一一年的五月初，將父親的骨灰帶回四川安葬。表姊夫慷慨的表示願意幫忙。

## 探訪父親的失樂園

第四天，我按計劃要去一個人去地廟鎮一看父親故居，么姑已通知她的好友文姨，請她在地廟鎮縣招待我。文姨是么姑在地廟鎮的好鄰居，兩人從小一起長大，後來兩人一起到當地的一位校長家補習後，文姨考上地廟鎮學校，么姑則考到成都的學校；么姑不得已，只好將與她同住的祖母託付給文姨，祖母每個月會收到八姑寄來的生活費，文姨會幫她去郵局領取，然後根據她的要求，購買物資，並且每個月替祖母記帳。她照顧祖母如自己的母親，未曾收過一毛錢，和么姑情如姊妹，所以么姑很放心的請她代為招待我，也要我替文姨帶上些禮物。

我從成都出發又轉車，終於到地廟鎮，巴士沿途接人，上車的人都講方言，我一句都不懂，不似父親所講的四川話。當地的鄉下人上車時，多半都背著一個大竹簍，我忽然想起母親說，父親小時去私塾上課，都是長工用竹籃子背去學校。我不免多看了那些大竹簍一下，發現車掌小姐在客人一上車後，會主動把乘客的大竹簍拿到司機右方的引擎蓋上放著，一些籃子裡，有雞有菜，還有黑山羊。車掌小姐一邊收錢，一邊顧籃子，不時還要將跳出籃子的雞捉回籠子，或是拍打偷吃隔壁竹籃內青菜的黑山羊，那景象忙的很可愛。

沿途經過鄉下許多頹圮的舊房屋，一些當年批鬥的字句還留在牆上，令人心寒。

我到達當地後，先入住飯店，放下行李後，先到附近走走，那是個山城，許多建物都在坡地上，我看見許多三輪車，也看見人來人往，我一直在他們的臉上尋找父親熟悉的眼神。隔天我搭車入山，終於到了地廟鎮，小鎮上正在開發，許多的山頭被挖得一片泥濘，無路可走，大巴強行過去，土石亂飛，車身劇烈搖晃，使我想起我的二姑，她便是因此在巴士上撞破了頭上的天庭蓋而死。我一直盯著從眼前飛逝的路，想像著父親在這一條路上，騎著白馬，一路奔馳，逃離家鄉的景象；而今，我們卻千心萬苦的想為他找到回家的路，所為何來？

我告訴車掌小姐我想去山邊大灣，她便在一個山間的小路前叫我下車。車走後，山區無人，大霧四起，我一個人向那山徑走去，突然，在一個轉彎處遇到一群手中拿著丈量工具的人；我向前尋問如何去山邊大灣，他們說，原來的山路已很少人走了，因為那兒已開出一條新路，直接與通往地廟鎮的大道相連接。

其中一個老人看我不會講四川話，問我是不是外省來的——我在台灣時，也被稱為外省人，如今在此，也稱我外省人——這著實讓我愣了一會，然後我點點頭，老先生說自己是當地的地委，問我去山邊大灣作啥？我說要去父親的故居，然後向他報了父親的名字，問他是否知道？他一聽父親的名字，便說：

「你就是他的女兒呀！」旁邊的四個年輕人全都盯著我看。老先生轉向他們說：「他就是那個燒掉自家的少爺，後來去留日的那個……」老先生向年輕人解釋了那故事的內容，年輕人便點頭表示似乎以前聽過這回事。老先生要他們繼續作丈量的工作，他則要親自帶我走小徑去山邊大灣。

路上，他問我是否從日本回來？我只好硬著頭皮點頭，我相信他一定也看過父親寫回四川的家書，否則如何知道這些細節。我問他是否知道父親離開家鄉前的事跡？他說：「他以前是搞地下黨的，後來才逃去日本。」我聽了有些害怕，便不敢再多問。

後來，他向一位田中的老農夫招呼著，跟著向那老農夫提了父親的名字，對方很驚訝的看我；他請老農夫接手，帶我去山邊大灣的莊子。那是個馬蹄形的山灣，父親的故居座落在背山望灣口的半坡處，灣外一片湖泊，像是國畫山水的村莊景緻，大灣莊子的居民並不多，若大的山谷裡，就不到十幾戶人家。

老農夫帶我走向父親的故居，我心中好激動，想到他曾經在此生長，在這兒度過他的年少，他的人生觀在這山灣中形成，這兒曾是父親的心中隱藏的另一個世界，一個不曾有我的世界，如今卻讓我也能一腳踏入。

老宅在坡地的林間，坡地大約被開墾為三層。最低階的坡地，前方是一大片竹林，後方被小一片菜圃覆蓋；再上一階是一片臺地，臺地的兩邊各有一排側廂房，左邊就是當年被父親放火燒了的灶房，右邊則為祖父當年藏大刀的馬房；再上一臺階，則為正宅，有兩個大門，已被兩戶人家占去。

二〇〇二年，妹妹也來看過，那其中一戶人家，一聽妹妹是這宅子原始主人的孫女，還以為她是來要地的，破口大罵地便要趕她走。我因此不敢太接近主宅。根據老農夫所說，當年的宅地都已拆掉重建，但基本上的基地架構是一樣的，主宅後又一階平地，堆放了許多農作物，那就是從前的後花園，原本有兩顆樺楊樹，每棵樹幹都要一個大男人雙臂環抱那麼粗，當年被祖父砍下作成棺材，結果被鄉公所以「盜伐國有財產」之罪加罪一條，連同私藏大刀，地主身分，三罪併判死刑。

花園後有一高高的臺地與擋土牆，再上去就是林地與菜圃夾雜的山地。老農夫要我一直向上走，他說這小徑可通到剛才進來的那條道路，看來他似乎不想要我久留，頗有送客之意，我只好隨他帶路。

在山坡的頂端，一片林間，老農夫突然停下腳步，嘰哩咕嚕的講了一串四川話，他不會講普通話，我聽不清四川話，兩人比手畫腳的扯半天，他越講越耐不住性子，我看四下無人，最好識相點，別惹他生氣，只好耐著性子，看他繞著一堆石頭又叫又跳的，努力去猜他的意思。這使我想到當年在台南祖宅附近吃早餐時，店裡的阿媽們和我用台語話當年的模樣，此刻我只恨自己身邊沒有帶著一位懂得四川話的小表弟。

弄了個半天，那農夫看似氣瘋了，高高舉起鋤頭，我著實愣住了，還當他是要往我頭上敲！但幸好，他是向石堆上的一堆朽木敲下，朽木被擊破撥開，他指給我看那下方的一個塚，我這才明白，原來他說那個塚是我祖父的墳，要我有機會要回去修祖墳。由於那墳與父親的祖宅很接近，使我覺得有可能是，但明明么姑說祖父當年是在拖到刑場後嚇死，然後被鄉公所丟到城外亂葬崗，屍首無處可尋，怎麼又會在這兒呢？此時，我才想起妹妹當年由四川返回台灣後，確實有向家人提起祖父的墳塚之事，為了確認事情，於是我刻意的問：「這是誰埋的？」那農夫說：「你家裡人埋的，因為怕被鞭屍，沒立碑，你們後輩要記得來修墳。」我心中充滿狐疑，但基於禮貌，還是答應他了。我拍了張照片存證，便隨他下山。

由於當晚，我與文姨有約，便匆匆的趕回地廟鎮鎮上，一路上我看四下的景色，一片好山好水，那環境有些孤絕，像個世外桃源；父親是怎樣讓自己從這個大陸內地與世無爭的小村莊裡踏上了歷史的洪流，被沖到海上的小島，上了枷鎖，再也無法生還呢？那枷鎖為何？是政權，還是他自己的信仰？

晚上，文姨的女兒從電台下班，與我約好吃飯，她年紀與我相當，一個孩子的媽，風韻猶存，一看就知她是女主播，她後來說已經轉調後台的管理工作了。她普通話很好，我們聊了一些文姨和我姑媽的當年事，吃完飯後，她帶我去她家見文姨。

在文姨家，她很興奮的招待我，並拿出一本厚厚的照片，向我話當年，聊她和我姑媽是如何的在還是個毛頭孩子的時候，就得與天爭命，還得照顧我那已是半個癱瘓了的祖母。那個時代走過來的人，每個人的背後，都有一本血淚史。

隔天，我回到成都，因為明天就要回台灣，所以我請么姑的二女兒帶我去看看三姑正華的靈骨，她答應了，所以就和我約好在我巴士下車的地方接我。直接去靈骨堂。

在車上，我與她表示，父親和三姑很親近，當年父親在京城讀書，多處都依靠三姑的支持，所以生為晚輩的我，基於感念，希望臨行前向三姑致意。她表示自己對這些事並不清楚，因為她雖由么姑過繼給三姑，與三姑同住，但她性情沉默，到後來甚至有些古怪，很少聽她談及這些事，她對我父親的了解，大部分還是透過么姑才知道的。

正華三姑命運乖舛，一生為他人犧牲奉獻，年紀輕輕時，就得為她全家人打拚。么姑後來回憶時說，三姑在一九四八年中，入了川北大學，遇到一位令她心儀並曾經論及婚嫁的白姓男友，對方才貌雙全，但淪陷後，共黨正大搞各種清黨活動，正華三姑因是知識分子（那時她在讀大學二年級），又是地主之女，還有海外關係（當時共產黨以為父親逃到日本），擺明是黑五類；而白姓男友身家不錯，又是當時國家重點培養的人才，後來上級聽說他們要結婚，於是便找正華三姑談話，要她不要拖累了國家人才。她基於愛護對方，只好退婚，並把自己的好友介紹給白姓男友。這位白先生據說和她的好友結婚後，不久就被高昇到北京，做了副文化局長。

一九五四年，三姑帶著情感的傷痛，與因乳癌而癱患的老母，被下放到蠶絲工廠作工，未再有任何愛人，直到五十歲時，么姑才介紹一個文化界的學者與她，兩人老來為伴罷。愛孩子的她，卻一生未有子女，感恩於三姑的么姑，又將自己的女兒過繼給三姑做養女，也算是正華三姑的福報吧！

到了靈骨堂，二表妹將三姑的靈骨搬出時，我頗為震撼。這幾年細細的讀了又讀父親的家書，許多是由三姑手筆的，每次看那書信，就似乎聽到她說話的聲音躍出紙面，幾年之間，聽到她是如何從一個夢幻清純的少女，轉變為務實求生存的女人，信中看得出生活在她心靈刻下的痕跡；如今見到她的靈骨，放在祭壇上，我一邊上香，一邊激動地落淚，在我腦海裡，她所有的聲音都突然嘎然而止，一片死寂。想到我們竟以這樣的方式初次相見，倍感唏噓！

因為我明天一大早就得趕飛機，晚上，我住在么姑家，親友都一一來送行。表姊夫答應一手承辦修陸家墓園的事，他說大約四或五月可建好，到時再通知我，何時可將父親骨灰移靈，我滿心期待。

由於剛來大陸時，我曾向大家說，我有父親當年與姑姑們通信的家書電子檔，可以和姑姑們交換一些她們手中留有的家書副本。但等我拿到姑姑們的副本家書後，卻發現姑姑們對父親的國民黨員身分有心結，我想可能大家都需要些時間來接受一些事實，加上么姑私下要求我暫時別提此事，所以為了不要引起不必要的難堪，我決定暫時不要將手邊的家書電子檔交出，因為家書上有提到父親在軍中的事實，尤其是信封上有提到徐州（剿匪）總司令部隊。

但來送行的表妹夫婦，卻帶了手提電腦過來，希望能當場下載，這讓我緊張到大冬天的汗流浹背，不知所措，一直找藉口推託；但表親們執意要留作記念，我只好裝作在找硬碟，謊稱不知放到那兒去了，拖延時間。那時我心想，對方會不會懷疑我是老千，裝作是失散多年的家屬，來這兒騙吃騙喝，如今，等對方要證據時，我竟拿不出來！我很尷尬，但告訴自己千萬得忍著，不能在此刻交出。表親們等了一個鐘頭，看我摸東摸西，結果他們的孩子打來電話，說要等他們回去睡覺，他們這才不得已的離開；不過，他們交代了電腦留下來，明天來送我的另一位表姊夫婦會等我找到硬碟後，再幫我下載。我心想今晚肯定不好睡了。

在思索一個晚上後，我終於想到法子，大早，么姑媽作了早餐讓我吃，么姑一提起父親當年，又紅了眼眶。我說要留一些電子檔的父親舊時家書給她作紀念，便把硬碟插上電腦，叫出檔案，很快的當場殺掉一些敏感的書信片段，然後留下其他的文件在電腦上。等三表姊來時，她一見到我，立刻問我硬碟找到了沒？我告訴她我已將其下載到電腦裡，她這才安了心。

在他們送我去機場後，我才覺得有些真實感。我想起從前母親去日本時，因為我沒有空間的概念，所以在看不見她後，心裡還一直偷偷的認為，她定是以某種形式躲進我腦門後的某個角落偷看我，日本也在那個角落。對之前的我來說，四川老家則根本不存在於腦袋裡，它只在照片上、信紙中；而今，我覺得這幾天的經歷，慢慢的也可以收回到腦子裡的某個角落了。

當飛機飛到大陸沿海，突然側飛轉彎，準備出海，我正盯著陸地看，只見一整塊陸地板塊，直直的站了起來，山脈水線一清二處，活像一張地圖；我想起當初在書桌前，拿著國共戰爭的地圖，在研究父親的從軍行跡，不就是眼前窗外的這張地圖嗎？！看得我當場崩淚，早不顧其他旅客的眼光了。

六月，大陸的親友來了消息，墓園已砌好，於是我們也開始安排父親的移靈。他在善導寺已足足等了三十五年，就等待此刻，等待我們在心理上、客觀的各方面條件完全成熟後，他才有機會踏上這歸鄉之路；這個時機是天意，完全不能由我們自行決定，當年我們也時時在想帶父親歸鄉的事，但時空及現實的條件難以配合，許多事不知怎麼的，總是陰錯陽差，如今能有此刻，除了謝天，還是謝天。

我們先將父親的骨灰帶回在萬華的舊家，我們考慮了許久，最後還是將小妹珍藏的母親的一小塊骨骸，用錦盒裝起，並帶著父母親的結婚證書，然後隔天便搭飛機前往成都，這回，大哥和大嫂一起同行。

由於成都在此之前的兩天，才經歷了五十年來最嚴重的暴風雨，四處積水坍方，風雨雖有減弱，但仍有餘威。我們人到成都時，已經是深夜十一點多了，風雨交加，但親友全到齊了，墓園也派車來接靈，眾親友接完靈後，便先行離去。正華三姑和她夫婿的靈骨，已從原來的靈骨塔遷出，先在車內，等候著她二哥的靈骨到來。我和哥哥、嫂嫂與表妹上了靈車，直接前往墓園，將父親與母親、正華三姑與其夫婿的靈骨，一起寄放到墓園的靈堂。

第二天，我們一行人在近中午時刻，重新回到那墓園，我在之前，曾和么姑討論過整個接靈的儀式，我對於無神論的共產社會沒有認識，但姑媽說一切都會循傳統而作。我心中不禁納悶，傳統在此刻意味著什麼？傳這半世紀的統？或復古？我們之前為母親作的，是台灣傳統的喪禮儀式，我們都先入為主的接受了這樣的傳統，我不知道家人是否能接受當地的「傳統」，所以對於儀式很害怕。

當天，所有親戚都到齊後，哥哥捧著父親的骨灰，我女兒捧著我母親的骨灰，表妹與其夫婿捧著三姑與三姑父的骨灰，么姑捧著祖父母的衣冠靈盒，內含有一封祖父親筆寫給父親的信，我們魚貫的進殿請靈，將所有親人的靈骨移入禮堂的祭壇上。

祭壇的後方陣列著白色的布幔，左側坐著四個穿著黑色道服的樂師，道袍上有許多八卦圖案，戴著道士的帽子；一位身穿紅色道袍的祭司，手持招魂旗，開始作法，我們站成一橫排，每個人手撚三炷香。祭司用四川話開始唱詞，邊唱邊攤開了一張黃紙，上列我們去世親人的名字，許久，我終於聽到他唱到我父母的名字，那嗩吶高拔的聲音，捲入繚繞在祭壇前陣陣的雲煙，被祭司的招魂旗在空中撥劃，如同軍中的號角，在滾滾黃塵中再度響起，指引遠處長征的戰士，一條歸鄉的路。

在祭壇前招完了魂，祭司於是作前導，我們捧著親人的骨灰，隨祭司到已設好的墓前，親手埋葬了我們的摯親。

那家墓共有五個穴，正中為祖父母的衣冠塚，緊臨其左右兩旁的，則為我父母及三姑夫婦的骨灰墓。最邊上左右兩側是兩個陽上人的空穴，我么姑說她和夫婿的未來在此左穴，我么妹則認了右穴。

為人子女的我們，終於按父親在家書中所陳述的「生不能承歡膝下，死當長眠二老墓側」，為他實踐這心願。就這樣，一個被戰亂打散了近七十年的一家人，終於能團聚，雖說是人間天上，漫漫長路，但這一天終於來到。我的父親與母親，與他尊敬的雙親，他摯愛的三妹，在這同時同地，安息在他們生長的地方。

# 當號角響起　一九四九年的這些人，那些事

（國民政府播遷來台70週年紀念版）

| | |
|---|---|
| 作　　者 | 陸　蒂 |
| 發 行 人 | 林敬彬 |
| 主　　編 | 楊安瑜 |
| 編　　輯 | 陳亮均、何亞樵 |
| 內頁編排 | 林子揚 |
| 封面設計 | 黃宏穎 |
| 編輯協力 | 陳于雯 |
| 出　　版 | 大旗出版社 |
| 發　　行 | 大都會文化事業有限公司<br>11051台北市信義區基隆路一段432號4樓之9<br>讀者服務專線：（02）27235216<br>讀者服務傳真：（02）27235220<br>電子郵件信箱：metro@ms21.hinet.net<br>網　　　址：www.metrobook.com.tw |
| 郵政劃撥 | 14050529 大都會文化事業有限公司 |
| 出版日期 | 2019年07月修訂初版一刷 |
| 定　　價 | 350元 |
| ISBN | 978-986-95651-7-2 |
| 書　　號 | B190701 |

First published in Taiwan in 2013 by Banner Publishing,
a division of Metropolitan Culture Enterprise Co., Ltd.



4F-9, Double Hero Bldg., 432, Keelung Rd., Sec. 1, Taipei 11051, Taiwan.
Tel: +886-2-2723-5216　Fax: +886-2-2723-5220
web-site: www.metrobook.com.tw　E-mail: metro@ms21.hinet.net





國家圖書館出版品預行編目（CIP）資料

當號角響起一九四九年的這些人，那些事 / 陸蒂 著.
-- 修訂初版. -- 臺北市，
大旗出版：大都會文化發行, 2019.07
384面；14.8×21公分
ISBN 978-986-95651-7-2(平裝)

1.台灣傳記 2.國共內戰

783.3186　　107017399

# 當號角響起

一九四九年的這些人，那些事

北區郵政管理局
登記證北台字第9125號
免貼郵票

大都會文化事業有限公司
讀者服務部 收

11051 台北市基隆路一段432號4樓之9

寄回這張服務卡〔免貼郵票〕
您可以：
◎不定期收到最新出版訊息
◎參加各項回饋優惠活動

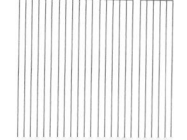

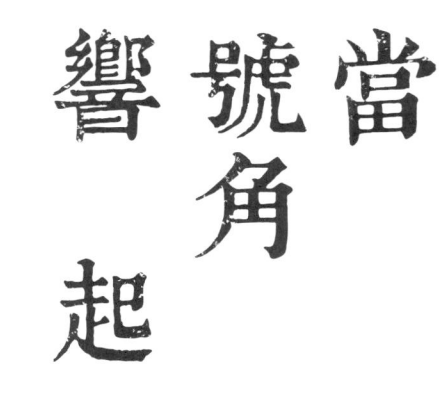